知识分子的精神家园

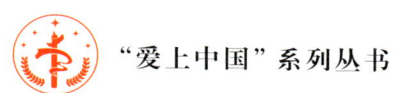 "爱上中国"系列丛书

小故事读懂大中国

爱上海尔

FALL IN LOVE WITH HAIER

龚阿玲 ◎ 主编

光明日报出版社

图书在版编目（CIP）数据

爱上海尔 / 龚阿玲主编 . -- 北京：光明日报出版社 , 2025.1. --（爱上中国）. -- ISBN 978-7-5194-7722-6

Ⅰ . F426.6

中国国家版本馆 CIP 数据核字第 202472BC51 号

爱上海尔
AISHANG HAIER

主　　编：龚阿玲

责任编辑：舒　心　胡慧红　　　责任校对：许黛如
封面设计：李彦生　　　　　　　责任印制：董建臣

出版发行：光明日报出版社
地　　址：北京市西城区永安路 106 号，100050
电　　话：010-63169890（咨询），010-63131930（邮购）
传　　真：010-63131930
网　　址：http://book.gmw.cn
E - mail：gmrbcbs@gmw.cn
法律顾问：北京市兰台律师事务所龚柳方律师

印　　刷：北京紫瑞利印刷有限公司
装　　订：北京紫瑞利印刷有限公司
本书如有破损、缺页、装订错误，请与本社联系调换，电话：010-63131930

开　　本：170mm×240mm
字　　数：262 千字　　　　　　　印　　张：19.75
版　　次：2025 年 1 月第 1 版　　 印　　次：2025 年 1 月第 1 次印刷
书　　号：ISBN 978-7-5194-7722-6

定　　价：68.00 元

版权所有　翻印必究

"爱上中国"系列丛书编委会

朱佳木　中华人民共和国国史学会会长
张树军　原中共中央党史研究室副主任、中国中共党史人物研究会会长
杨冬权　国家档案局原局长、中央档案馆原馆长
张星星　中华人民共和国国史学会秘书长
董俊山　中央宣传部宣传教育局原副局长、学习出版社原社长
洪向华　中央党校（国家行政学院）科研部副主任、教授
班永吉　中央党史和文献研究院第七研究部副主任
王晓伟　中华人民共和国国史学会副秘书长
邓永标　中华人民共和国国史学会光明读书会会长
曲建文　中华人民共和国国史学会光明读书会秘书长

本书编委会

编委会主任：周云杰　海尔集团党委书记、董事局主席、首席执行官
编委会副主任：王梅艳　海尔集团首席品牌官
主　　　编：龚阿玲　海尔智家产业顾问
编委会成员：滕新为　海尔集团品牌管理部副总经理
　　　　　　宁良春　海尔集团品牌管理部公关总监
　　　　　　徐永杰　海尔集团品牌管理部公关传播经理

没有成功的企业,只有时代的企业。

——张瑞敏

一个系统要能够适应环境的变化,就必须具备与环境挑战相匹配的多样性和复杂性。

——周云杰

序

讲好中国故事　让世界读懂中国
——"爱上中国"系列丛书序

中国是人类文明的发祥地之一,是一个有着辉煌文明的古老国度。在数千年的历史进程中,中华民族以不屈不挠的顽强意志、勇于探索的精神和卓越的聪明才智,谱写了波澜壮阔的历史画卷,创造了光辉灿烂的物质文明与精神文明。万里长城、大运河、明清故宫等恢宏的遗迹以及种类丰富的出土文物,无不反映出祖先们非凡的智慧和高超的技术;同时在思想文化和科学技术领域涌现了许多杰出人物,产生了许多发明创造,为中华民族和人类文明进步做出了重大贡献。

党的二十大报告指出:"坚守中华文化立场,提炼展示中华文明的精神标识和文化精髓,加快构建中国话语和中国叙事体系,讲好中国故事、传播好中国声音,展现可信、可爱、可敬的中国形象。"这对新时代讲好中国故事提出了新要求,我们必须在世界文化传播格局中确立鲜明的中国气派和中国风范,让世界读懂中国。

当今世界,中国对世界的影响之深远、世界对中国的关注之高前所未有,软实力成为影响我国国际地位提升的重要因素。讲好中国故事,讲好中国式现代化的故事,围绕中国式现代化进行话语阐释和叙事传播,既是我们全社会坚定道路自信、理论自信、制度自信和文化自信的重要途径,也是我们扩大中华文化影响力、促进人类文明交流互鉴的现实要求,更是我们打破西方话语霸权、推动形成客观公正积极健康的全球舆论生态的必然选择。

"爱上中国"系列丛书，最大的特色是突显地方特色，挖掘并阐释各地文化资源、自然资源的内涵和价值，提炼中华文明的精神标识，以讲故事的形式介绍中华文明精髓，让各族人民在小故事中读懂中国、爱上中国，让广大读者从中真切地感受到中国历史文化的光辉灿烂。

本丛书由中华人民共和国国史学会光明读书会组织编写，中央直属媒体出版社等10余家出版单位出版，全国发行。其中，《爱上中国：小故事读懂大中国》通过广阔视角和宏大的时间尺度，深入挖掘中华人文、历史、风景、建筑、饮食等方面的优秀文化，讲述生动有趣的中国故事。该书于2023年1月出版后受到国内外读者的欢迎，版权已输出俄罗斯、巴基斯坦、英国、埃及等8个国家。

光明读书会于2023年10月由中华人民共和国国史学会发文成立，主要职责是做宣传、阅读推广活动，面向社会推荐优秀出版物，承担国史教育、爱国主义教育、科学家精神进校园以及"爱上中国"系列丛书编写工作。

《爱上海尔》是"爱上中国"系列丛书其中一册，讲述海尔如何从1984年亏空147万元的街道小厂，发展成为2023年营业收入3718亿元、全球利润总额267亿元、15年蝉联全球大型家电品牌零售量第一，并在全球布局35个工业园、143个工厂，进入全球200多个国家和地区、服务超过10亿用户家庭的世界500强企业。本书分为"海尔的发展历程""海尔的生态布局""海尔的全球创牌""海尔的'人单合一'""海尔的创新之道""我与海尔"六部分，精选适合国内外读者认知、具有一定代表性的文章，以生动故事的形式介绍海尔的历史、文化、管理、思想等，多角度、全方位介绍海尔，挖掘并阐释海尔企业文化资源的内涵和价值，让广大读者在小故事中读懂海尔、爱上海尔。

编者

2024年10月

导 言

世界前沿的产业系统工程探索
——从系统观念看新质生产力及海尔进化之道

钱学森学派产业系统工程团队成员
常远 龚阿玲 叶涛 江晗

在开放、动态的复杂系统中，任何成功与失败都是可预见或不可预见的若干内因与外因相互作用的结果。**在充满复杂性及不确定性的"虚实融合时代"（"灵境时代"），如何大幅提高成功的概率，是任何主体均须面对的世界化的空前挑战与空前机遇。**

在产业领域，人类需求的多样化以及满足人类需求的人造系统（产品与服务）的复杂性，持续增加到前所未有的水平，存在于系统的整个生命周期以及各层次结构，这给生产和使用人造系统（产品与服务）的所有主体或攸关方（无论是组织还是个人），都带来了空前挑战和空前机遇。[①] 海尔集团（以下简称"海尔"），作为旗下拥有"世界500强"企业"海尔智家"的行业佼佼者，正是在这片复杂性的海洋中，涌现出的一匹世界瞩目的"黑马"。海尔坚守以人为本、追求人的价值最大化的核心原则，通过透彻洞察用户及所有攸关方的需求与人性本质，同时敏锐捕捉世界技术革命和产业革命的大势，勇于在重塑新型生产关系与推动新质生产力发展的大变革中，进行了处于世界领先地位的产业系统工程探索。

---

① International Standard, ISO/IEC/IEEE 15288:2023, *Systems and Software Engineering — System Life Cycle Processes*, Edition 2, 2023.

一、令世界瞩目的"海尔现象"

2024年是海尔诞生40周年。在这中国古人眼中的"不惑"之年，**海尔以人的价值最大化为第一性原理的、后科层化时代的"人单合一"**（"人"指组织员工，"单"指产品用户）管理思想初步实现了系统化。这家与全世界许多企业一样，一直将爱迪生创建、曾位列"世界500强"企业第一名的美国通用电气公司（GE）作为标杆的中国企业，却在2016年以高达55.8亿美元的当时中国家电业最大的海外并购，整合了通用电气家电公司（GEA），并以海尔的"人单合一"模式显著提升了其经营水平，做到8年来收入翻一番、利润增长三倍的佳绩。

短短40年，海尔便从一家濒临破产的小厂，发展成为一家年营收超3700亿元、超12万名员工、15年蝉联全球大型家电品牌零售量第一的高度开放的世界级企业集团。 物联网之父凯文·阿什顿（Kevin Ashton）称赞"海尔是我见过的在物联网方面做得最好、准备得最彻底的企业"[①]。海尔率先思考和探索的"用户全流程参与的大规模定制"模式，得到了国际标准化组织的广泛认可；ISO、IEC、IEEE三大国际标准化组织均指定海尔工业互联网平台"卡奥斯（COSMOPlat）"牵头制定大规模定制的国际标准。

2018年，世界经济论坛（WEF）公布了**世界先进制造领域的领跑者——第一批全球"灯塔工厂"名单（Global Lighthouse Network）共16家，中国企业仅海尔获此殊荣**。2024年，世界经济论坛（WEF）公布了第12批全球"灯塔工厂"名单，产品出口130个国家和地区的海尔胶州空调互联工厂成功入选，成为全球首个外销空调的"灯塔工厂"。目前，海尔已打造出10座"灯塔工厂"——包含中国本

[①] 张瑞敏：《永恒的活火》，北京：中国财政经济出版社，2023年12月第1版，第XVI页。

土首座"可持续灯塔工厂"以及冰箱、洗衣机、家用空调、智慧楼宇、热水器等多类产业的"灯塔工厂",成为**全球拥有"灯塔工厂"数量最多的企业**。2024 年 11 月,海尔的"卡奥斯"(COSMOPlat)工业互联网平台荣获中国工业和信息化部"2024 年跨行业跨领域工业互联网平台动态评价结果"中最高的"A 级"评价,且位居第一。

多位诺贝尔经济学奖得主到海尔调研,并对海尔"人单合一"模式的探索和实践给予认可。2006 年诺贝尔经济学奖得主埃德蒙·费尔普斯(Edmund S. Phelps)认为该模式破解了物联网时代管理难题,开拓了属于物联网时代的管理模式,也适用于其他行业。[①]"人单合一"模式作为一种开拓性的模式,也引起了诸多创新性理论奠基人的共鸣。核心竞争力理论提出者、世界战略管理大师加里·哈默认为"人单合一"是一个世纪以来最重要的管理突破。2023 年,海尔创始人张瑞敏荣获被誉为**"管理界奥斯卡奖"的"Thinkers50"**(全球最具影响力 50 大管理思想家)之**"终身成就奖"**,这是第一位从事经营实务的企业家,也是首位获此殊荣的中国人。

海尔"知行合一"的前沿探索所带来的"海尔现象",正在日益引起世界管理学界、企业界乃至更广泛领域的关注。越来越多的用户、创客、学者、企业家甚至政界人士发现、关注乃至喜爱海尔。

二、海尔:自觉运用系统观念的世界产业系统工程前沿探索者

工欲善其事,必先利其器。"海尔现象"在方法论层面的最显著特征之一,就是在哲学及先进的系统方法论(尤其是复杂系统方法论)层面进行自觉的思考及实践。思想决定行为,行为改变世界。复杂系统现象是人类探索未知的前沿领域。超越常识的科学发现,总是引领那些伟

---

① 周云杰:《人单合一,人工智能时代的新引擎》(2024 年 9 月 20 日,青岛),海尔集团官网。https://www.haier.com/press-events/news/20240923_251338.shtml.

大的人物或组织实现超越常识的创新及进化。**海尔以非同寻常的创新思考与创新行动，站在了产业系统工程理论、技术、实践探索的世界前沿。**

量子系统是复杂系统探索的最前沿领域之一。张瑞敏推崇的量子管理学之母丹娜·左哈尔（Danah Zohar）基于量子系统"亦此亦彼，而不是非此即彼"的互补性[①]所提出的**"量子自我"**（The quantum self）——"既是一个独立的自我，又是一个为他的自我"，正是"人单合一"模式及海尔"创客制"背后**深刻的复杂系统思维和理性基础。**[②]左哈尔称赞海尔的"量子式实践"是"一个既完全不同于西方企业，又**不同于其他中国企业的实践方式**"，甚至"**这个种子可以发展为一种新的社会模式**"[③]。

复杂系统探索的"美国学派"代表人物、复杂经济学之父布莱恩·阿瑟（W. Brian Arthur）强调，复杂经济学"让我们展示了一个永远自我创造的经济、一个永远创造可能性以供利用的经济、一个永远对回应开放的经济"，他称赞"海尔打造生态系统的举动代表着未来"。

海尔基于先进方法论所进行的产业系统工程前沿探索，诞生于中国改革开放以及世界科技革命引发产业革命的交叉变革大时代。**新中国最高领导层始终倡导系统观念及先进的系统工程方法论**，并对世界工程控制论以及中国系统科学和系统工程奠基人、战略科学家钱学森的深邃科学思想给予高度评价。从一定意义上讲，**坚持系统思维是中国改革发展实现历史性转变的重要原因之一。**[④]正如习近平总书记强调，"**系统观**

[①] 丹娜·左哈尔（Danah Zohar）、克里斯·瑞（Chris Wray）：《量子系统动力学方法论及其应用》（钱学森系统科学与系统工程讲座），江晗译，欧强校，载中国航天系统科学与工程研究院研究生管理部、中国航天社会系统工程实验室编著：《系统工程讲堂录——中国航天系统科学与工程研究院研究生教程》（第2辑），北京：科学出版社，2015年1月第1版，第220页。
[②] 张瑞敏：《永恒的活火》，北京：中国财政经济出版社，2023年12月第1版，首页，张瑞敏手书《永恒的活火》。
[③] 张瑞敏：《永恒的活火》，北京：中国财政经济出版社，2023年12月第1版，第XII—XIII页。
[④] 吴瀚飞：《思维方式论》，中央党校出版集团大有书局出版社，2023年11月第1版，第75页。

念是具有基础性的思想和工作方法"。在经济及产业领域,习近平总书记也指出,"构建推动经济高质量发展的体制机制是一个系统工程","**推进新型工业化是一个系统工程**"①。数年来,我们钱学森学派产业系统工程团队在与海尔的广泛、深度交流中,一次次深切地感受到**海尔在产业系统工程领域进行世界前沿探索的勇气和担当**。

三、从产业系统工程的主客体双层结构看海尔进化之道

ISO 56000:2020 国际标准《创新管理——基础和术语》将"创新"定义为"实现或重新分配价值的、新的或变化的实体"②;其8大"创新管理原则"中的方法论原则便是"系统方法"③。基于过程系统观,ISO 9000 标准强调:"只有将活动作为相互关联的连贯系统进行运行的过程来理解和管理时,才能更加有效和高效地得到一致的、可预知的结果。"④

基于国际系统工程委员会(INCOSE)关于"系统工程是一种使成功的系统得以实现的跨领域方法和手段"的定义⑤以及 ISO 9000 关于"满足顾客需求并努力超越顾客期望"的关注焦点,我们对涵盖一、二、三产业的"产业系统工程"提出了一个简单定义:"**一种使成功满足用户需求并努力超越用户期望的产品系统(含服务)得以实现的跨领域方法和手段。**"

作为复杂系统探索"中国学派"代表人物的钱学森早在 20 世纪 80

---

① 新华社北京 2023 年 9 月 23 日电:《习近平就推进新型工业化作出重要指示强调:把高质量发展的要求贯穿新型工业化全过程 为中国式现代化构筑强大物质技术基础》。
② International Standard ISO 56000:2020, *Innovation management—Fundamentals and vocabulary*, Edition 1, February, 2020, 3.1.1 innovation. "实体"指"任何可感知或可想象的事物"。
③ International Standard ISO 56000:2020, *Innovation management—Fundamentals and vocabulary*, Edition 1, February, 2020, 4.3.8 Systems approach.
④ International Standard ISO 9000:2015, *Quality management systems—Fundamentals and vocabulary*, Edition 4, September 15, 2015, 2.3.4 The process approach.
⑤ "Systems Engineering (SE) is an interdisciplinary approach and means to enable the realization of successful systems." INCOSE, *Systems Engineering Handbook: A Guide for System Life Cycle Processes and Activities*, Wiley, July, 2015.

年代便指出，信息技术革命（第5次产业革命）的特点之一是"一个生产组织面临的生产任务是变化的，由于订户的需要不同，因此要求生产组织灵活化"[1]。如果从基于主客体双层结构的产业系统工程框架来理解钱学森涵盖一、二、三产业的真知灼见，并概括海尔之道，我们可以看到：

（1）主体层面——任何主体或攸关方（无论组织及其员工，还是组织的外部用户及合作伙伴）所追求的目标都是实现价值。"攸关方的概念超越了仅关注顾客的范围，**考虑所有相关的攸关方**是重要的。""组织的成功有赖于获取、赢得和保持有关的攸关方的支持。""识别攸关方是理解组织环境的过程的组成部分。"[2]海尔在生产关系创新方面的核心理念"人的价值最大化"及张瑞敏追求的"永恒的活火"愿景，令人不由得联想起镌刻在美国商务部门口、有趣描述生产关系与生产力的前总统林肯的名言"专利制度给天才之火浇注了利益之油"。在价值工程（VE）视角中，"价值"（V）指产品（含服务）等对象所具有的功能（F）与获得该功能所需成本（C）之比，即 $V=F/C$。相对于传统企业基本上只将员工作为被动执行的"工具人"（等同于机器）而非"自主人"，海尔"人单合一"模式则追求组织（包括股东）与其员工之间的平等共赢，是"人才系统工程－人生系统工程"的融合架构。同时，"人单合一"模式尊崇并敏锐洞察及实现用户的个性需求及价值。价值工程视角能令我们更深刻地领悟**海尔以"上善若水""海纳百川"的博大胸怀，向所有攸关方开放，与所有攸关方实现利益"零距离"融合的高度自觉。在充斥竞争与对抗的世界上，这甚至还在更高层面上展现了中华优秀传统文化中"退其身而身先"的非竞争智慧**。这也是人才系统工程的整体性原则所强调的，要重视个人与个人、个人与组织、个人与社会之间基于复杂系统特征的非线性关系，最有效地发挥"系统级"的良性群体效应

---

[1] 钱学森讲、吴义生编：《社会主义现代化建设的科学和系统工程》，北京：中共中央党校出版社，1987年12月第1版，第52页。
[2] International Standard ISO 9000:2015, *Quality management systems—Fundamentals and vocabulary*, Edition 4, September 15, 2015, 2.2.4 Interested parties.

（"1+1＞2"），甚至通过群体力量的涌现性创造奇迹。①在"虚实融合时代"（"灵境时代"），为了组织国家乃至整个人类社会的持续进化，我们应该学会更好地识别、融入、打造具有强大活力、合力、创造力的正能量燃爆的团队，做快乐的知行合一的更高价值实现者。②

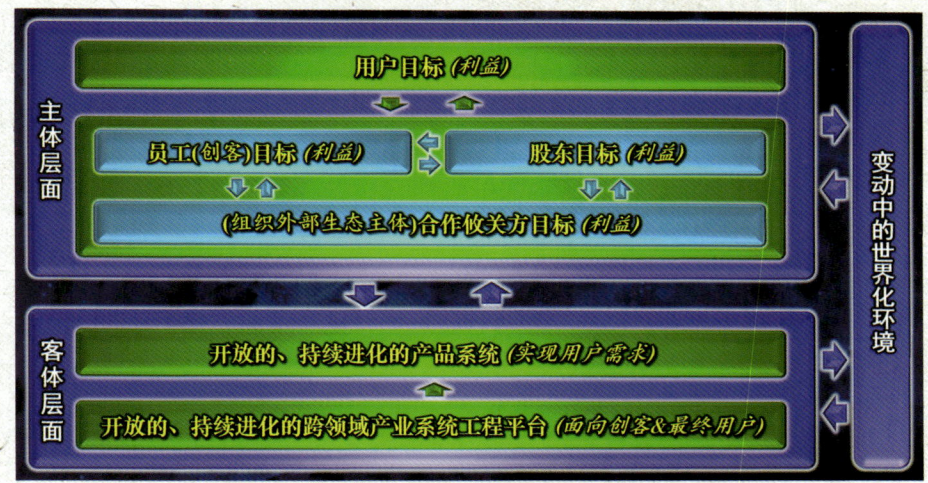

基于主客体双层结构的产业系统工程框架

（2）客体层面——相对于**产业革命200多年来传统制造业的经济引擎——标准化流水线上低成本、高速度的大规模制造**，海尔基于用户需求导向，运用其工业互联网时代进行柔性制造（Flexible Manufacturing）的产业系统工程平台——"卡奥斯"（COSMOPlat），创造了**个性化的"用户全流程参与的大规模定制"模式**。这是**互联网、物联网时代全球首家引入用户全流程参与体验的大规模定制的产业系统**

---

① 江晗：《人才系统工程：打造强大人才优势》（钱学森系统科学与系统工程讲座），中国航天系统科学与工程研究院研究生管理部、中国航天社会系统工程实验室编著：《系统工程讲堂录——中国航天系统科学与工程研究院研究生教程》（第2辑），北京：科学出版社，2015年1月第1版，第340页。
② [美]乔恩·戈登（Jon Gordon）：《正向团队：如何成为一支正能量燃爆的团队》，龚阿玲、章志飞译，北京：中国人民大学出版社，2022年4月第1版，译者序。

工程平台，突破了传统产业思维中低成本、高速度的"量产"与高成本、低速度的"非量产"之间的界限。柔性制造没有固定的加工顺序和节拍，可以在不停机调整的情况下，自动变换为另一种产品的制造程序，自动完成多品种小批量制造，具有高效率的自动加工及自动换刀以及自动检测和故障诊断功能，可以显著提高生产率。在产品系统（含服务）及产业系统工程中，随着对一、二、三产业中多层次系统共性及规律的深入研究，以及"基于模型的系统工程"（MBSE）带来的全生命周期的"模型-原型融合"技术和生成式人工智能（AIGC）技术的推动，柔性生产技术（包括智能机器人）的方法论正在从"半复杂系统"走向"复杂系统"，向高度智能化、通用化的方向加速进化，只适合特定行业、特定类型产品的传统柔性生产技术局限性正在日益突破，在农业及各类服务业中也将同样大展身手。

四、从系统观念及产业系统工程看新质生产力与生产关系

近年来，中国经济系统的资源禀赋条件已经发生了深刻变化，经济增长动力正日益加快，从主要依靠资源要素外延式投入转向依赖劳动者（劳动主体）、劳动资料（包括自动化、智能化的劳动工具）、劳动对象（全生命周期的产品形态）等生产要素的优化组合和更新跃升而涌现的新质生产力，带来全要素、系统级的生产率大幅提升。这代表了生产力系统的进化大趋势。尤其在人类历史加快进入全新的"虚实融合时代"（"灵境时代"）后，几乎所有不顺应浩荡进化大趋势的行业，都在数字化革命中或快或慢地遭遇着被颠覆的命运。

从产业系统工程的"输入（I）→加工（P）→输出（O）"框架来看，新质生产力是基于以创新为主导的新发展理念（创新、协调、绿色、开放、共享），摆脱了传统经济增长方式、生产力发展路径，在产品（含服务）的全生命周期过程中，以高科技、高效能、高质量为特征，实现用户需求的生产力系统。

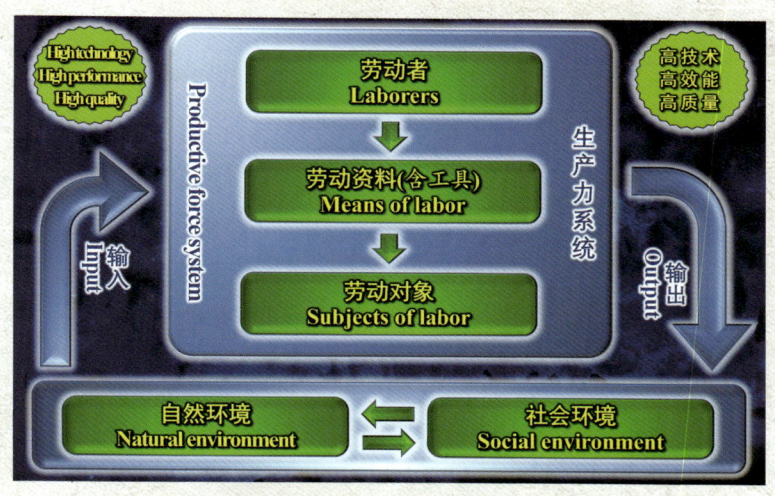

从产业系统工程的"输入（I）→加工（P）→输出（O）"框架看新质生产力

人工智能领域第一定律"阿什比定律"（Ashby's Law）指出：任何有效的控制系统必须与其所控制系统的复杂性相适应。发展新质生产力必须有与之相适应的新型生产关系。包括科学家、研发人员、工程师和技术工人等在内的劳动者，是新质生产力系统中最具活力、日益重要的主体要素。**充满空前挑战和空前机遇的复杂市场环境中，大多数组织仅仅依赖其内部少部分成员（尤其是精英成员）的创造性，并无法可靠地应对不确定性；只有像海尔那样，调动起全员的创造性，才能更可靠地应对不确定性，更可靠地实现持续安全与持续发展（S&D）。**[1]正如张瑞敏充满复杂系统思维的言论："所有企业的所谓'成功'，只不过是踏准了时代的节拍，但你不可能永远踏准时代的节拍。如果你变成一个个创业的平台，总有一部分创业的企业一定会踏准时代的节拍。""企业不应该依靠一个英雄CEO、传奇CEO，而应该依靠企业的每一个人，

---

[1] 霍宪丹、常远、杨建广、薛惠锋：《"安全与发展"（S&D）：通用的双层目标框架》（钱学森系统科学与系统工程讲座），载中国航天系统科学与工程研究院研究生管理部、中国航天社会系统工程实验室编著：《系统工程讲堂录——中国航天系统科学与工程研究院研究生教程》（第2辑），北京：科学出版社2015年1月第1版。

否则，企业不管怎样做，都不可能长久。"建立新型生产关系的核心，是如何通过管理创新或治理创新，在主体方面最充分地释放所有劳动者的潜能，在客体方面打造能够在产品（含服务）全生命周期中支撑主体开放创新的、先进的产业系统工程平台，努力使企业以更高概率持续"踏准时代的节拍"。

以同一性、标准化为特征的传统制造业一直是大工业的专利，作为**"简单系统时代"的产物和传统生产力的代表**，在很大程度上让消费者屈从于产品，剥夺了消费者对个性差异的渴求。但历史洪流滚滚向前。科技越来越先进、产业（包括一、二、三产业）越来越发达、产品（含服务）越来越丰富，必然令用户对产品（含服务）的需求越来越个性化、对产品（含服务）的选择余地越来越宽广、对产品（含服务）的性价比（$V=F/C$）越来越挑剔。世界市场一直在呼唤**积极拥抱"复杂系统时代"的新质生产力代表**，引领产业（包括一、二、三产业）及产品（含服务）追随消费者、满足消费者对个性差异的渴求。

如果我们接受了更加符合真实世界的复杂系统观，就会从用户立场高度自觉地意识到：

（1）供方眼中的"产品（含服务）"，在用户眼中最终体现为满足其需求的、由产品系统（含服务）构成的直观应用场景（包括一、二、三产业融合以及"虚实融合"的更复杂的混合场景）。用户关心的是满足自己的需求，而非供方头脑中的产业类型或产品类型。

（2）供方自认为其所属的狭窄"行业"，最终将进化为更能满足用户多样化需求的、跨行业的、世界化的开放生态系统。

这也正是海尔创始人张瑞敏反复强调的"产品会被场景替代、行业将被生态覆盖"理念背后的系统观念。

海尔集团现任董事局主席周云杰认为："传统科层制企业只会自僵化，不能自进化。'人单合一'重塑了传统经济模式和企业管理的底层逻辑，使组织具备了自我进化出新引擎的能力。而生成式人工智能技术则加速了新引擎进化的速度。"[①]这是海尔在涵盖所有产业类型（不限于工业）

的新型生产关系与新质生产力方面大变革的关键,并进行了以人为本、人机并重的深刻概括及前瞻性展望。

因此,我们看到,薪火相传的海尔领导人进行生产关系革命的核心,就是**自觉地与组织内外的所有攸关方"零距离"地融合如一,成为平等共赢的自身价值和尊严的实现者,从而使整个开放的生态系统获得强大的不竭动力,并实现新质生产力的持续进化**。这也体现了诺贝尔经济学奖得主、世界著名博弈论大师埃里克·马斯金(Eric S. Maskin)的"机制设计理论"的精髓——基于攸关方利益的因势利导。在中国目前产业体系大而不强、全而不精,且许多关键核心技术受制于人的局面尚未根本改变的情况下,海尔基于自组织系统理念,进行了颠覆传统科层制的创客模式及其背后蕴含的生产关系变革,难能可贵。

从主客体双层结构来看,在引领世界产业方向的产业系统工程中,**作为"活火"的创新主体自身的能力,及其通过低成本"大规模定制"乃至"任意规模定制"(含定制服务)来实现创新价值的先进平台的能力,**是缺一不可的。确保上述"双能力"或"双引擎"都能实现可持续进化并非易事。

海尔的"人单合一"在第一种能力建设的理论方面,具有世界化的引领性,其以实践完美实现理论构想方面也正在积累更多的宝贵经验。

与海尔"人单合一"配套的、大规模定制的产业系统工程平台"卡奥斯"(COSMOPlat)(被誉为"工厂的工厂"),在第二种能力的建设中开了一个好头。从2018年至今,"卡奥斯"(COSMOPlat)已累计打造了12座"世界经济论坛(WEF)"评选的智能制造领域的风向标——"灯塔工厂",成为中国赋能"灯塔工厂"数量最多、覆盖行业与领域最广的产业系统工程平台。用户需求导向的海尔,在打造柔性产业系统工程平台方面的巨大潜能并不限于工业,正在更有效地扩展到包

---

① 周云杰:《人单合一,人工智能时代的新引擎》(2024年9月20日,青岛),海尔集团官网。https://www.haier.com/press-events/news/20240923_251338.shtml.

括农业、服务业（健康、养老、教育等）在内的所有产业领域，乃至非产业领域（以实现社会效益为目标的事业等）。

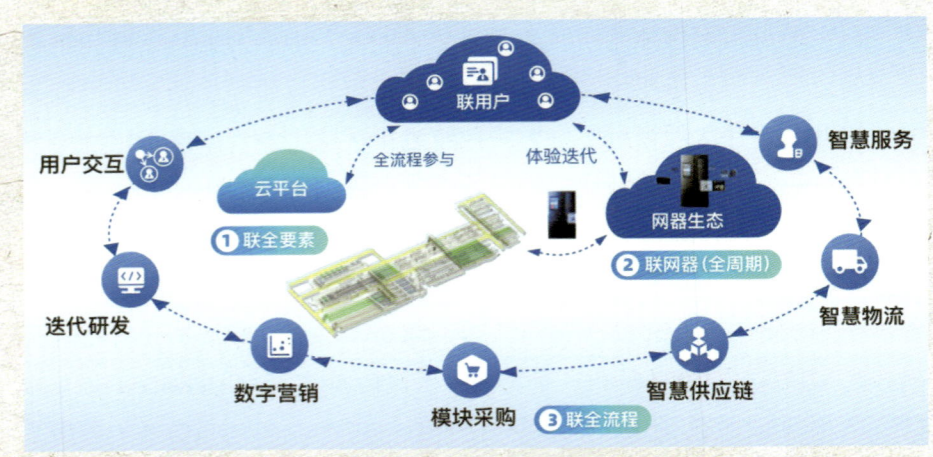

海尔产业系统工程平台"卡奥斯"（COSMOPlat），创新大规模个性化定制概念

"如今，那些离用户最近、主要收入来自生态平台的企业，享受着比同行业高出 25% 的利润。"[①]生成式人工智能技术以及不断涌现的技术革命，必将在一、二、三产业领域，不断提升甚至**奇迹般地**提升上述"双能力"或"双引擎"速度，涌现出**跨领域、高度智能化和柔性化的超级产业系统工程平台**，为所有规模和能级的创业主体（包括最微不足道的个体）的广义产品全生命周期过程，提供**理想化支撑**。这种未来超级平台，才是**世界产业系统进化的关键"序参量"**（Order Parameter）。

[①] ［美］彼得·韦尔（Peter Weill）、斯特凡妮·沃娜（Stephanie L. Woerner）：《数字化商业模式》，龚阿玲译，北京：中国人民大学出版社，2025年1月第1版，引言：构建新一代企业。

五、展望与祝愿

从复杂系统及价值工程（V=F/C）视角来洞察产业系统的进化趋势时，我们就会发现：用户对产品（含服务）的个性化需求在不断提升，但传统产业系统大规模生产的标准化产品（含服务）越来越无法满足用户的个性化需求。虽然在产业系统的传统思维中，**个性化与高效率一直是一对矛盾**，这也曾经是价值工程中常常遇到的悖论——满足用户个性需求的功能（F）越强，生产成本（C）往往越高。但**用户需求主导的、不可抗拒的市场洪流，还是带动了产业系统**（目前主要是第二产业）**朝着更加兼顾"个性与效率"的大规模定制（Mass Customization, MC）系统模式进化**，并在20世纪80年代末以来日益引起有识者的关注。这是一种大范围提供个性化产品（含服务）的产业策略，主要通过（**基于系统观的**）多层次模块化产品（含服务）设计、供应链成员之间的要素集成以及灵活的流程来实现[①]，旨在以大规模生产的低成本、高速度为所有用户提供任意数量的定制产品（含服务）。

如果从复杂系统观及"目的与手段"（E&M）视角来展望人类产业系统的进化方向，我们又会洞察到：基于复杂系统方法论，涵盖产品（含服务）全生命周期，具有高弹性供应链的高度智能化、高度柔性化的超级产业系统工程平台（包括一、二、三产业），必将不可思议地赋能任何规模主体（甚至经济实力极弱却充满创意的创业个体及最终用户）实现自己渴望的、便捷的、任意规模的自动定制。这将催生更高层面的产业标准化体系——以最高效率提供最个性化产品（含服务）的产业标准化体系。**这也将是令所有创业者渴望的、能够极致轻装上阵并彻底实现低门槛大众创新的产业愿景**，甚至是所有最终用户在彻底去中心化、去

[①] Davis, 1989, Pine et al., 1993. 转引自 Fogliatto, F.S., Da Silveira, G.J.C. and Borenstein, D. (2012) *The Mass Customization Decade: An Updated Review of the Literature*. International Journal of Production Economics, 138, 14-25.

中介化的终极性"零距离"状态作为产业平台的主人，彻底实现以最低成本直接而便捷获得最个性产品（含服务）的未来生活愿景。也许正是这样的产业系统进化趋势，才令管理学大师德鲁克在2000年做出预言："据我们所知，公司在未来25年后不可能得以幸存，从法律和财务方面来看可以，但从结构和经济方面来看无法做到。""利用先进信息技术沟通的，能够跨越时间、空间和传统组织边界的，可实现传统组织目标的**虚拟组织**，正在应运而生。""在世界化时代的地平线上，**在开放、高效而友好的、跨越时空的人－机高度协同环境**中，每个人都将进化成为综合集成人类才能的'超级个人'，人与人之间、人与机器之间将实现高效合作，个人与个人、个人与组织、个人与社会高度和谐、高度共赢的**未来文明愿景**，已依稀可见。"[1]任何有为政府也应当从"**事业＋产业**"融合的高度，推动这种引领未来世界产业形态的新质生产力乃至新文明建设。

习近平总书记指出，"实施创新驱动发展战略是一个系统工程。……'盖有非常之功，必待非常之人'"。在海尔诞辰40周年之际，我们祝愿上善若水、海纳百川的海尔[2]：在科学技术快速发展和普及的复杂性海洋中，汇聚全球"非常之人"及"大成智慧"（钱学森语），不懈打造"虚实融合时代"（"灵境时代"）以"三高"（高技术、高效能、高质量）为特征的新型生产关系与新质生产力，以其**在世界舞台上跨领域、跨文化无界融合创新中持续进化的超级产业系统工程平台，与更加满足用户需求并努力超越用户期望的卓越产品（含服务）**，为中国式现代化以及人类未来产业形态的探索，为实现中国人民乃至全人类对美好生活的向往，创造"非常之功"！

---

[1] 江晗：《人才系统工程：打造强大人才优势》（钱学森系统科学与系统工程讲座），中国航天系统科学与工程研究院研究生管理部、中国航天社会系统工程实验室编著：《系统工程讲堂录——中国航天系统科学与工程研究院研究生教程》（第2辑），北京：科学出版社2015年1月第1版，第364、366页。
[2] 在汉语中，"尔"作为词尾，相当于"地""然"，故在哲学层面，"海尔"二字也可理解为：像大海那样，上善若水，海纳百川。

目 录
CONTENTS

第一章
海尔的发展历程

003　一、名牌战略阶段　　创电冰箱行业的名牌（1984—1991）
008　二、多元化战略阶段　　成为中国家电第一品牌（1991—1998）
013　三、国际化战略阶段　　创出世界级的中国品牌（1998—2005）
017　四、全球化品牌战略阶段　　建立全球最大的家电品牌集群（2005—2012）
021　五、网络化战略阶段　　从制造企业转型为孵化创客的平台（2012—2019）
025　六、生态品牌战略阶段　　成为引领全球的物联网生态品牌（2019年至今）

第二章
海尔的生态布局

032　一、聚焦三大板块，以无界生态共创无限可能
044　二、原创科技驱动，领航生态品牌高质量发展
046　三、彰显企业担当，全面推进绿色可持续发展
049　四、向物联网生态企业迈进

1

第三章
海尔的全球创牌

052　一、创造世界级品牌
054　二、国内市场　打造三级品牌体系，创造最佳用户体验
057　三、国外市场　坚持"三步走"战略，走难而正确的路

第四章
海尔的"人单合一"

072　一、物联网时代呼唤新的商业模式
073　二、什么是"人单合一"
077　三、"人单合一"的生态系统
079　四、走向世界的"人单合一"
085　五、"人单合一"的自进化：从1.0到2.0

第五章
海尔的创新之道

- 092　一、海尔模式的理念创新
- 092　　　融入永恒活火的"人单合一" / 张瑞敏
- 113　　　复杂性与"人单合一"体系 / 布莱恩·阿瑟
- 120　　　"人单合一"模式创造美好生活 / 丹娜·左哈尔

- 126　二、海尔模式的组织创新
- 126　　　链群合约诠释量子组织,开创生态经济体系 / 张瑞敏
- 147　　　专访周云杰:追求人的价值最大化,提升员工幸福感 / 爱德华多·布劳恩
- 156　　　机制设计是理论,"人单合一"是实践 / 埃里克·马斯金
- 160　　　动荡时代的领导力 / 加里·哈默

- 166　三、海尔模式的技术创新
- 166　　　全球最多!海尔10座灯塔工厂点亮智能制造全球坐标
- 170　　　"灯塔工厂"探路工业未来 / 杨光

第六章
我与海尔

178　一、共创共赢篇

178　有一种致敬／樊泽顺

182　我与海尔共成长／何伊凡

185　国民共进，绿潮奔涌——中核与海尔携手的新能源之旅／千弈

187　志合者，不以山海为远／吉训明

188　领投A轮融资，上海城投控股与海尔共创共赢／上海城投控股股份有限公司

189　天道酬勤不忘初心，海纳百川向前行／于晓宁

191　构建"产学研用"新生态，以青春创造无限可能／中国物流学会

193　如鹏展翅，与海共荣／张冬明

195　二、砥砺前行篇

195　卡泰驰：让"牛哥"变成"牛群"／曹伟强

197　创业创新，永不止息／陈录城

201　以海尔创业精神带动一个新西兰标杆品牌转型／Daniel Witten-Hannah

205　"智爱"无界，创赢未来／丁来国

208　活火于心，坚定前行／杜毅林

211　踏着时代节拍，我与海尔共成长／管江勇

215　"鲤鱼"找到了"龙门"／侯永顺

217　与海尔共赴转型与创新之旅／Kevin Nolan

222　用赤诚与梦想奋战上海滩／李计坤

225	海外入"海",乘风破浪	/李建武
228	为海尔的40岁喝彩	/李攀
230	做一名坚定的探路者	/李晓峰
232	从跟跑到领跑	/刘占杰
233	以科技之力奋进拼搏	/鲁效平
234	做大健康产业医疗服务的坚定探路者	/沈旭东
236	关于"休克鱼"的故事	/舒海
238	风雨40载,我与海尔共成长	/宋玉军
242	我在海尔向三类人学习	/孙丹凤
245	永远离用户更近一点	/王晓强
248	藏地筑基石,真诚架桥梁	/王志伟
249	在海尔,努力成为一团活火	/吴勇
253	深植海尔沃土,探寻无限可能	/夏涛
256	干市场就是打桩,每一下都要脚踏实地	/肖隆彬
259	从工厂实习生到"青岛大工匠"	/徐传洲
261	"创"出现在,"新"造未"莱"	/徐俊
262	一场品牌的翻身仗	/杨光
265	以感恩之心服务客户,真诚到永远	/姚群
267	我的海尔转型之路	/张政汇
269	在海尔,最好的成长就是承担	/赵夲锋
273	在海尔,我成为更好的自己	/赵宇

275　三、匠心服务篇
275　我想要一个更有幸福感的家／戴蓝
276　海纳云助力实现从"治水"到"智水"／合肥经开区建设发展局
277　郯城依托卡奥斯工业互联网平台实现高质量发展／山东郯城
278　海创汇拨回了我们的暂停键／孙雷蒙
279　携手卡奥斯工业互联网打造数字新引擎／延长石油集团信息中心

280　四、寄语未来篇
280　跟着时代走，让别人说去吧／张瑞敏

288　**后记**

第一章

海尔的发展历程

乘着改革开放的东风，
中国市场上出现过不少叱咤风云的企业。
它们中的许多已经不复存在，
或者失去了活力，不再被人记起。
在浓缩了巨大变迁的时代里，
想取得一时的辉煌并不难，
难的是在时代变化中屹立不倒。

从一家亏空147万元的街道小厂，发展成为年营业收入3718亿元、利润总额267亿元、15年蝉联全球大型家电品牌零售量第一，并在全球布局35个工业园、143个工厂，进入全球200多个国家和地区、服务超过10亿用户家庭的全球化品牌，在40年时间里，海尔经历了名牌战略、多元化战略、国际化战略、全球化品牌战略、网络化战略和生态品牌战略阶段。

2024年，海尔第六度蝉联凯度BrandZ最具价值全球品牌100强中唯一物联网生态品牌，排名持续攀升。旗下6家上市公司，其中子公司海尔智家连续7年上榜《财富》世界500强。

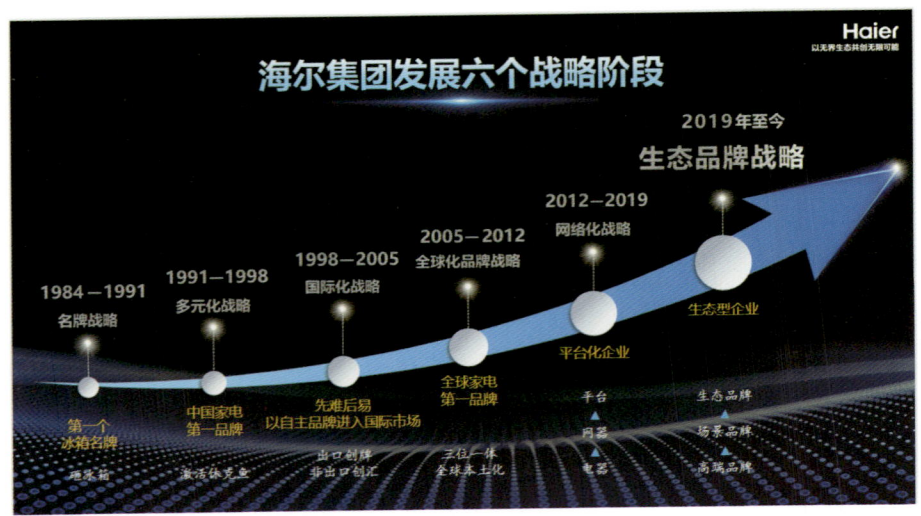

海尔集团发展六个战略阶段

一、名牌战略阶段
创电冰箱行业的名牌（1984—1991）

1984年，青岛电冰箱总厂大门

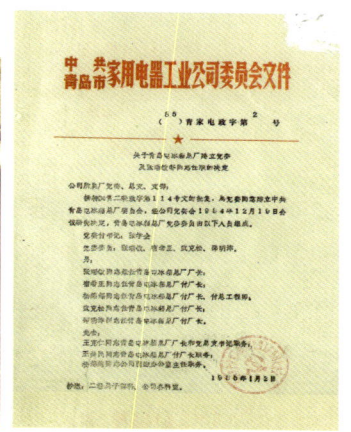

1984年，张瑞敏调任青岛电冰箱总厂任厂长

海尔的前身，是青岛电冰箱总厂。1984年，两个濒临倒闭的集体小厂合并，成立了青岛电冰箱总厂，当时担任青岛市家电公司副经理的张瑞敏出任厂长。

改革开放提供了"引进外国设备与技术"的机遇，青岛电冰箱总厂和德国利勃海尔公司签约，引进了亚洲第一条四星级电冰箱生产线。为了体现中德双方的合作，张瑞敏将产品名称定为"琴岛－利勃海尔"（琴岛是青岛的别称），并设计了象征中德儿童友好的吉祥物"海尔兄弟"。

海尔兄弟

然而，当张瑞敏带领新的领导班子来到青岛电冰箱总厂时，却发现电冰箱总厂负债147万元，产品滞销，许多工人都想着离开。工厂里臭

20世纪80年代,青岛电冰箱总厂破旧的车间与设备

气熏天,工人们想来就来,想走就走;有些工人还把木头窗户卸下来烤红薯。

工厂面临倒闭,人心涣散。张瑞敏到农村大队借钱给600多人发工资,才让全厂工人过了一个年。

为了改变局面,张瑞敏先从规章制度着手,制定了《青岛电冰箱总厂劳动纪律管理规定》,订下13条厂规,其中包括"工作时间不准喝酒、不准在车间里大小便"。这些规定放在今日来看让人啼笑皆非,却反映出当时国有工厂司空见惯的恶习。

一开始,经常有工人违反规章制度,张瑞敏就从重处罚,让工人们对制度重视起来。随着制度的严格执行,工厂的情况逐渐好转,没有人

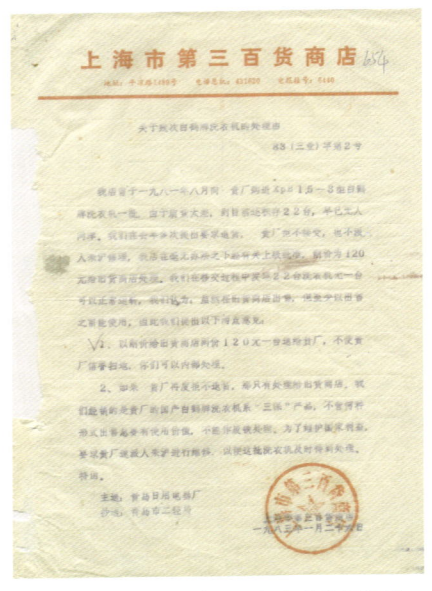

1983年,上海市第三百货商店的退货单

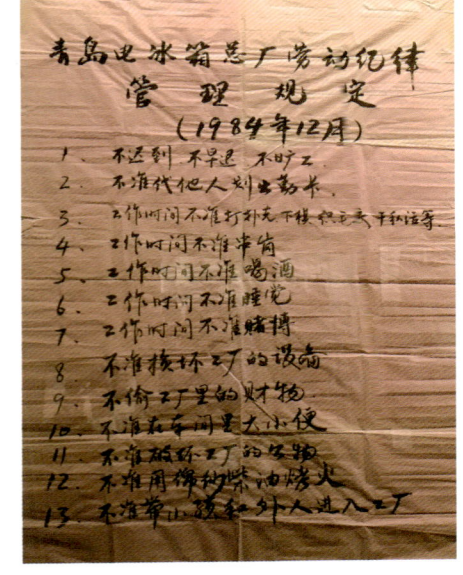

张瑞敏制定的13条厂规

迟到早退，工人们也有了生产积极性。

中国电冰箱市场在1984年开始进入迅速扩张时期。从1983年到1988年，中国电冰箱销量从25万台迅速扩大到了733.5万台，几乎每年翻一番。同时，中国电冰箱产能也急剧增长。

面对当时中国电冰箱市场品种繁多、竞争激烈的状况，张瑞敏提出了"名牌战略"计划。名牌战略的开端，则是著名的"砸冰箱"事件。

1985年，有一位用户来信抱怨说自己攒了多年的钱买的海尔电冰箱上有划痕。张瑞敏立刻带人到仓库检查，发现仓库的400多台电冰箱中，有76台电冰箱有瑕疵。在物资极其匮乏的年代，一台电冰箱价值1760元，相当于一个人两年的工资。然而，为了彻底唤醒员工的质量意识，张瑞敏在第一时间便宣布要把有瑕疵的电冰箱全部砸掉。他亲自砸了第一台电冰箱。

9月20日，张瑞敏厂长在青岛电冰箱总厂中层以上会议上明确提出"创优质、夺金牌"的目标，并按照"起步晚、起点高"的原则，制定了海尔发展的名牌战略。

1985年，海尔工人亲自砸毁有瑕疵的冰箱

1985年，青岛电冰箱总厂生产出国内第一台具有速冻、深冷、节能等功能的四星级电冰箱，使中国电冰箱生产技术跨入世界先进行列。创业第一年，海尔的销售收入是348万元。1986年9月，琴岛－利

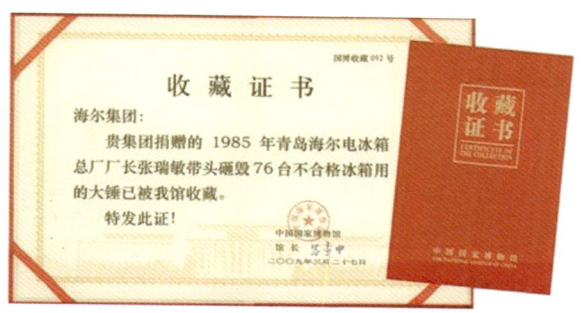

2009年，海尔砸冰箱的大锤被中国国家博物馆收藏

勃海尔电冰箱正式投产。时任西德驻华大使裴培义先生从北京专程到青岛电冰箱总厂考察，工厂紧张有序的工作场景让裴大使十分佩服年轻的厂长张瑞敏。

由于产品质量过硬，青岛电冰箱总厂的产品逐渐打开了局面，在北京、天津、沈阳等城市开售时，一度出现了抢购的现象。1987年，在世界卫生组织进行的招标中，青岛电冰箱总厂的电冰箱战胜了10多个国家的冰箱产品，第一次在国际招标中中标。

1988年，国家经济委员会评选国家优质产品奖。青岛电冰箱总厂生产的琴岛－利勃海尔牌四星级BCD-212升双门电冰箱参加评选，以优异成绩一举获得中国电冰箱行业的第一块国家优质产品奖金牌。从此奠定了海尔电冰箱在中国电冰箱行业的领头地位。

自1989年开始，中国电冰箱市场开始遇冷，全国电冰箱连续两年销量大幅度萎缩。大批电冰箱厂家被迫关门倒

1986年，裴培义向张瑞敏竖起大拇指

1987年，海尔冰箱中标世界卫生组织进行的招标后，外国政要来访

1988年，海尔集团荣获第一块"国家优质产品奖"金牌

1989年，消费者抢购琴岛－利勃海尔冰箱的场景

闭，没倒闭的电冰箱厂家为了生存拼命搞促销降价。然而，青岛电冰箱总厂不但没有降价，反而提价12%。由于质量过硬，海尔电冰箱仍然在各地被抢购。

到20世纪80年代末90年代初，琴岛－利勃海尔冰箱在中国已是家喻户晓，成为优质产品的代名词。

1989年，海尔开始实行OEC（Overall Every Control and Clear）全方位优化管理法，即每人每天对每件事进行全方位的控制和清理，目的是"日事日毕，日清日高"。这一管理法为海尔集团创造了巨大的经济效益和社会效益，也成为海尔创新的基石，因而获得全国企业管理优秀奖（金马奖），朱镕基总理曾批示在全国推广这种管理经验。

1990年，海尔先后获得国家颁发的企业改革创新奖（风帆奖）、国家质量管理奖，为今后规模扩张与事业腾飞积蓄了管理的经验与人才。

1990年，张瑞敏厂长（左二）领取企业改革创新奖（风帆奖）

1990年，海尔获得企业改革创新奖（风帆奖）

二、多元化战略阶段
成为中国家电第一品牌（1991—1998）

1991年9月，琴岛－利勃海尔牌电冰箱荣获首批"中国驰名商标"称号。11月14日，经青岛市政府批准，青岛空调器总厂和青岛电冰柜总厂整体划入海尔，将海尔的经营范围从电冰箱扩展到电冰柜和空调器，企业名称改为"青岛琴岛海尔集团公司"，产品商标也同时改为"琴岛海尔"。

随着企业进军国际化市场步伐加快，1991年12月，企业名称改为"海尔集团"，产品品牌与集团名称均过渡到中文"海尔"。由此，海尔从名牌战略阶段进入多元化战略阶段。

1992年春，邓小平发表了南方谈话，给中国经济带来了巨大的生机。同年6月，海尔决定抓住机遇，在青岛市东部高科园征地800亩，准备建设中国家电行业的第一个工业园，但遇到了资金问题。这个工业园预算是15亿元，但当时海尔可以支配的资金只有8000万元，打完地基就没钱了，银行也不给贷款，所以工业园做了基础工程后就停工了。

邓小平的南方谈话给沉寂许久的中国资本市场注入了新的活力。

1991年，琴岛海尔集团公司成立暨新闻发布会

1992年，青岛海尔工业园奠基

1993年9月4日，上交所宣布向国内法人机构开放A股交易。当时在青岛的驰名商标有两家，一家是海尔，另一家是青岛啤酒。此前，青岛啤酒已经得到国家的特别指标，分别在A股和H股同时挂牌上市。青岛市政府为全力支持本市优秀民族品牌发展，经过与多方反复沟通，力排众议，将5000万股配额全部给了海尔。1993年11月19日，海尔股票在上海上市，筹集到的资金使海尔工业园得以顺利建成。工业园建成之后，海尔相继研发了分体式空调器、柜式空调器、滚筒式洗衣机等产品。

20世纪90年代初，海尔开始探索员工自主管理。1994年，冰箱二分厂门封条班组从全厂第一个"免检班组"升级为全厂第一个"自主管理班组"，刘梅兰、韩美丽是第一个"自主管理班组"的班组长。他们班组生产的门封条可

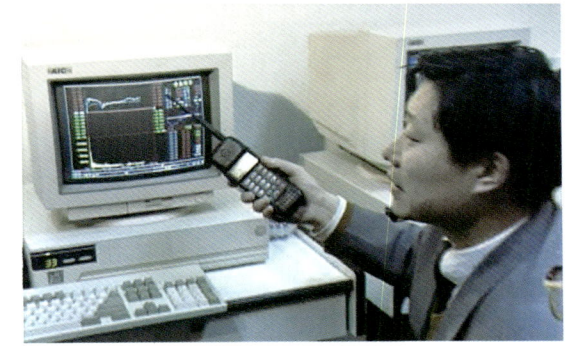

1993年11月19日，青岛海尔股份公司（股票简称：青岛海尔）在上海证券交易所上市

以免检，免检班组的员工收入也比其他班组高。时任青岛海尔电冰箱总厂二分厂厂长周云杰撰文《跨越另一种高度——从电冰箱股份有限公司二厂门封条班组获评自主管理班组说起》，鼓励员工创新。

1997年前后，海尔继续抓住国家优惠政策，以"激活休克鱼"思路先后兼并了国内18家企业，使企业在多元化经营与规模扩张方面，进入一个更广阔的发展空间。

在兼并其他企业的过程中，海尔独创了著名的"休克鱼疗法"。张瑞敏用"鱼"来比喻企业，将兼并扩张称为"吃休克鱼"。"休克鱼"的肌体没有腐烂，"休克"是因为企业思想观念有问题。海尔兼并企业之后，可以通过注入新的管理思想"激活休克鱼"。

青岛红星电器厂曾是我国三大洗衣机生产企业之一，年产洗衣机70多万台，拥有3500多名职工。但由于缺乏科学的管理和市场经营的理念，

出现了资不抵债现象。1995年7月，青岛市政府决定将红星电器公司及所属五个厂整体划归海尔。兼并后，海尔只派了三个人，员工还是原来的员工，设备还是原来的设备，兼并当月企业亏损700万元，第二个月减亏，第五个月盈利100余万元。后来，这次并购成为哈佛大学的"海尔文化激活休克鱼"经典案例。

1995年12月，海尔收购武汉冷柜厂60%股权，迈出了跨地区经营的第一步。

爱德电饭煲曾多年市场占有率全国第一，爱德洗衣机也是中国著名的家电品牌。20世纪90年代，由于受洋品牌的冲击，1996年爱德集团宣告破产。1997年3月，在当地政府的支持下，海尔出资60%与广东爱德集团公司合资组建顺德海尔电器有限公司，并创下了"第一个月投产，第二个月形成批量，第三个月挂牌"的"海尔速度"。并购后，海尔很快在中国南方市场、东南亚市场上取得了霸主地位。

1997年1月，海尔与莱阳家电总厂以"定牌生产"的方式合作推出了海尔"小松鼠"系列电熨斗；8月，又进一步组建了莱阳海尔电器股份有限公司。海尔首次以无形资产折股投入合资企业，开辟了低成本扩张的新途径。

杭州西湖电子集团

1995年，红星电器有限公司整体划归海尔集团

1995年，红星电器有限公司整体划归海尔集团

资产 1.7 亿元，是国家一级企业，拥有国家级技术中心，连续 8 年为中国轻工业 500 强，在彩电生产、电子产品设计、数字技术开发与应用、专业集成电路、工艺设计等方面，处于全国先进水平。但企业在市场开发和品牌运营方面有较大短板，为了迅速弥补这一缺点，西湖电子集团一直在寻找有实力的公司进行合作。海尔集团很快抓住这一机会，实现了强强联合，优势互补，造就了一条活鱼。

当时，家电市场竞争激烈，质量成为用户的首选。海尔在国内率先推出星级服务体系，当家电企业纷纷打价格战时，海尔凭借差异化的服务赢得了竞争优势。1996 年 6 月，海尔获得美国优质科学协会颁发的五星钻石奖，张瑞敏个人被授予五星钻石终身荣誉。海尔是首次提出"星级服务"的中国家电企业。

1997 年 2 月，莱茵河畔掀起"海尔潮"，海尔参加了在德国科隆举行的世界家电博览会。海尔向老外颁发产品经销证书的消息，不仅使中国人在国际市场上扬眉吐气，更标志着海尔品牌在国际市场上崭露头角。

1996 年 6 月，海尔获得美国优质科学协会颁发的五星钻石奖，张瑞敏个人被授予五星钻石终身荣誉。（新华社图片）

1997年，海尔德国科隆博览会新闻发布会暨海尔专营商证书颁发仪式

1998年3月25日，张瑞敏应邀登上哈佛讲台，讲授海尔"激活休克鱼"的成功案例。张瑞敏是应邀登上哈佛讲坛的第一位中国企业家，海尔是第一家以成功案例进入哈佛案例库的中国企业。海尔在多元化发展战略阶段，以无形资产盘活有形资产，"激活休克鱼"，这一创新的文化引起国际管理前沿的广泛关注。

1998年，张瑞敏应邀前往哈佛讲课期间与林佩恩教授合影

三、国际化战略阶段
创出世界级的中国品牌（1998—2005）

20 世纪 80 年代，以松下、索尼为代表的外国资本开始进入中国，中国人开始感受到世界名牌的魅力。

背靠制造大国的供应链和劳动力优势，家电是国内较早走出国门的行业之一。1986 年，国务院印发了《国务院关于鼓励出口商品生产扩大出口创汇的通知》，中国工厂纷纷走向海外。它们中的大多数走上了代工贴牌的捷径，而海尔选择了更难的路：自主创牌。

1992 年，大量跨国公司在中国制造红利的吸引下，开始到中国找代工厂，寻找可以并购的中国制造企业。美国通用电气看中了海尔的成长潜力，积极开展并购洽谈，并承诺给海尔管理层丰厚的待遇，但遭到海尔的果断拒绝，因为张瑞敏不愿意失去海尔这个品牌。

从 1998 年起，海尔开始了国际化战略阶段。

20 世纪 90 年代末，中国申请加入 WTO，很多中国企业响应中央号召走出去，但出去之后非常困难，又退回来继续做贴牌。海尔认为，走出去不只为创汇，更重要的是创中国的品牌。因此，海尔提出了"走出去、走进去、走上去"的"三步走"战略。以"先难后易"的思路，首先进入发达国家创名牌，再以高屋建瓴之势进入发展中国家，逐渐在海外建立研发、制造、营销的"三位一体"本土化模式。

1990 年，海尔品牌出海的第一站，选择了发明冰箱的"制造强国"德国。尽管海尔冰箱通过了德国安全认证，但德国经销商不相信海尔这么快就可以和德国货竞争。他们把海尔和德国市场上十几个品牌的冰箱放在一起，进行盲测。结果 10 个指标，海尔得了 9 个第一，成绩是最好的。德国经销商当即下了 2 万台订单，海尔的出口自主创牌由此迈出了艰难

1999年4月,海尔第一个海外产业园在美国南卡罗来纳州奠基

的第一步。

1999年4月,海尔在美国南卡罗来纳州奠基了第一个海外产业园,迈出了开拓国际市场的关键一步。

随后,海尔在全球主流国家开展本土化研发、本土化制造、本土化营销的"三位一体"布局,以坚实的基础设施支撑全球品牌建设。

这一阶段,海尔推行"市场链"管理,以计算机信息系统为基础,以订单信息流为中心,带动物流和资金流的运行,实现业务流程再造。这一管理创新,加速了企业内部的信息流通,激励员工使其价值取向与用户需求相一致。

2001年6月19日,海尔集团并购意大利迈尼盖蒂公司所属一家冰箱厂的签字仪式在海尔集团总部举行。这是中国白色家电企业首次实现跨国并购。继美国海尔之后,海尔在欧洲实现了本土化研

2001年,海尔集团并购意大利迈尼盖蒂公司所属一家冰箱厂的签字仪式

2002年3月，标志性建筑纽约原格林尼治银行大厦被海尔收购，并作为其北美总部

发、本土化制造、本土化营销"三位一体"布局。

2002年3月4日，海尔在美国纽约曼哈顿百老汇大街购买原格林尼治银行大厦这座标志性建筑作为北美的总部。此举标志着海尔的"三位一体"战略上升到新的阶段，海尔已经在美国树立起本土化的名牌形象。

2004年7月1日，在与海尔美国总部大楼仅隔三个街区的曼哈顿广场，有大批美国消费者排起了长队在等候购买海尔空调，7000台海尔空调在7小时内销售一空。

2003年8月20日，位于日本东京繁华商业区银座广场四丁目的七宝楼楼顶亮起了海尔霓虹灯广告。这是中国企业在东京银座竖起

2004年，曼哈顿广场，美国消费者排长队等候购买海尔空调，7000台海尔空调在7小时内销售一空

第一章 海尔的发展历程

2003年，日本东京银座广场亮起了海尔霓虹灯广告

的第一个广告牌，被日本媒体誉为中国品牌进入日本的标志。

海外创牌，这是"知重负重、攻坚克难"的责任担当。尽管在海外建立工厂迅速拉升了海尔在国外的销售数据，但从1991年批量出口开始，海尔用了26年的时间，才实现海外市场的营收平衡。

1984年海尔创业之初便立下誓言："要么不干，要干就干第一。"这句口号不仅是海尔人的精神写照，也是其品牌理念的生动体现。

2004年12月26日，集团启用新的海尔标志——由中英文（汉语拼音）组成。新标志延续了海尔20年发展形成的品牌文化，同时，更加强调时代感。

海尔企业标志

英文（汉语拼音）每笔的笔画比以前更简洁，"a"减少了一个弯，表示海尔人认准目标不回头；"r"减少了一个分支，表示海尔人向上、向前的决心不动摇；英文（汉语拼音）海尔新标志的设计核心是速度，因为在信息化时代，组织的速度、个人的速度都要求更快。英文（汉语拼音）新标志整体结构简约，显示海尔组织结构更加扁平化，每个人都充满活力，对全球市场有更快的反应速度。汉字海尔的新标志，是中国传统的书法字体，它的设计核心是动态与平衡，风格是变中有稳。这两个书法字体的海尔，每一笔，都蕴含着勃勃生机，视觉上有强烈的飞翔动感，充满了活力，寓意着海尔人为了实现创世界名牌的目标，不拘一格，勇于创新。

四、全球化品牌战略阶段
建立全球最大的家电品牌集群（2005—2012）

"国际化"是以企业自身的资源去创造国际品牌，而"全球化"是将全球的资源为我所用，创造本土化主流品牌。在全球化的浪潮中，中国企业如何在世界舞台上站稳脚跟并绽放光彩，成为众多企业家关注的焦点。

从2005年开始，作为中国家电行业的领军企业，海尔凭借其出海创牌、本地化布局和"人单合一"的创新模式，深度推动研发、产品、渠道等全球各类资源的有效配置，形成了跨国企业独有的全球竞争力，在全球化进程中取得了显著成就。

2006年10月27日，海尔与日本三洋株式会社在日本大阪签署合约，双方合作成立合资公司——海尔三洋株式会社，以中日两国市场为基础，互换市场资源，在网络竞争的时代建立一种新型的竞合关系。2011年7月28日，

2006年10月27日，海尔与日本三洋株式会社签约仪式现场

海尔收购日本三洋电机株式会社在日本、印度尼西亚、马来西亚、菲律宾和越南的洗衣机、冰箱和其他家用电器业务。这标志着海尔在日本以及东南亚地区形成了本土化架构，此举成为海尔全球化战略中的重要一步。

品牌出海的意义深远，不仅是中国产品和服务在全球舞台上的展示

和输出，更代表着中国文化和精神的传递。通过品牌的国际化发展，企业能够拓宽视野，扎根全球市场，促进国家间的文化交流。

巴基斯坦由于工业制造能力相对薄弱和工业体系不完善，长期以来依赖进口来满足国内庞大的市场需求。自20世纪八九十年代以来，日韩家电品牌纷纷进驻该国并一直主导着当地家电市场。

2001年，海尔开始在巴基斯坦拉合尔市投资建厂，并于2002年5月成功下线第一台海尔洗衣机。此后，海尔对巴基斯坦的投入持续扩大。海尔-鲁巴工业园于2006年正式投产，主要产品线包括冰箱、空调、洗衣机、冷柜、电视、微波炉等。2006年11月26日，时任中国国家主席胡锦涛在拉合尔出席了巴基斯坦海尔-鲁巴经济区的揭牌仪式，并发表讲话。海尔-鲁巴经济区是中国在海外建立的第一批工业园区之一，是中国首批境外经济合作区之一。海尔在进一步服务和融入共建"一带一路"倡议中，扎根当地、服务当地、贡献当地，助力绘就更加壮美的丝路新画卷。

海尔集团成为北京2008年奥运会白色家电赞助商签约仪式

2005年8月12日，北京奥组委在青岛奥帆基地正式宣布：海尔集团成为北京2008年奥运会的白色家电赞助商。海尔作为奥运会赞助史上第一个中国白色家电制造商，向北京2008年奥运会和残奥会、北京奥组委、中国奥委会以及参加2006年冬奥会和2008年奥运会的中国体育代表团提供资金和白色家电产品及服务。在2008年北京奥运会上，中国体育健儿每夺得一枚金牌，海尔集团就捐建一所海尔希望小学。

海尔的全球化是品牌的全球化，要争取成为全球经济"奥运会"的冠军。至今，海尔已经连续6年作为全球唯一物联网生态品牌蝉联"凯度BrandZ最具价值全球品牌100强"，连续8年入选"谷歌＆凯度BrandZ中国全球化品牌"十强，连续15年稳居"欧睿国际全球大型家电品牌零售量"第一名，连续20年入选世界品牌实验室"世界品牌500强"。

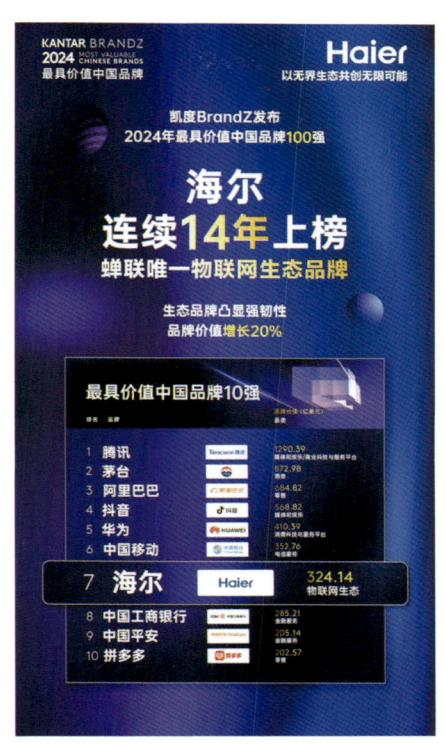

凯度BrandZ 2024年最具价值中国品牌100强榜单　海尔连续14年上榜

2010年3月27日，海尔集团与山东省上海世博会参展工作领导小组办公室在上海签署战略合作协议，正式成为上海世博会山东馆的合作伙伴。之后，美国海尔、欧洲海尔、大洋洲海尔等贸易公司陆续赞助了美国馆、意大利馆、新西兰馆。通过上海世博会，海尔将当今全球领先的"创新、智慧、环保"的美好生活体验带给全球消费者。

海尔在数十年的实践中，形成了独特的"全球化"方法论——以本土化推进全球化，以全球化服务全球化，以此来构建强大的供应链交付能力和及时识变应变能力。

2010 年，海尔赞助中国 2010 年上海世博会山东馆签约仪式

海尔坚持原创科技，布局智慧住居、大健康和产业互联网三大板块，在全球设立了十大研发中心、71 个研究院、35 个工业园、143 个制造中心和 23 万个销售网络，不断迈上全球化的新高点。

多年来，海尔的观念是"国门之内无名牌"。海尔的全球化，是以全球用户为核心，针对全球不同地区用户的特殊需求，实行研发、制造和营销的"三位一体"本土化布局。

目前，海尔已拥有丰富的产品矩阵，满足全球不同用户需求。七大品牌集群包括海尔、卡萨帝、Leader、GE Appliances、斐雪派克、AQUA、Candy。为适应全球市场不同层次用户的需求，在不同区域采取以用户为中心的差异化多品牌策略，实现了广泛而深入的用户覆盖。如在美国市场，通过 Monogram、Café、GE Profile、GE、Haier、Hotpoint 六大品牌，全方位覆盖高中低端各细分市场，以满足不同类型客户的喜好和需求。

五、网络化战略阶段
从制造企业转型为孵化创客的平台（2012—2019）

2012年，海尔步入第五个战略发展阶段——网络化战略阶段。

2000年1月，张瑞敏应邀参加第30届世界经济论坛年会，在瑞士达沃斯发表《新经济之我见》主题演讲，并提出：不触网，就死亡。

"当时大家都觉得危言耸听，但他当时就认为互联网的时代一定会到来，很有远见。2012年启动的网络化战略是正式把我们对互联网的思考从战略化层面落地到了具体的规划部署阶段，我们现在正在推进这一战略。"时任海尔集团轮值总裁周云杰说，"移动互联网时代已经到来，消费者的消费方式和消费习惯也随之发生了巨大改变。在这种情况下企业若想踏准时代节拍，必须在互联网领域里走在前列。"

互联网时代的到来颠覆了传统经济的发展模式，市场和企业更多地呈现网络化特征。在海尔看来，网络化企业发展战略的实施路径主要体现在三方面：企业无边界、管理无领导、供应链无尺度。即大规模定制，按需设计、按需制造、按需配送。

2013年7月28日，海尔在创新全球论坛上正式发布了步入网络化战略阶段之后品牌的新形象，公布了全新的海尔企业标志及品牌口号。新口号是"你的生活智慧，我的智慧生活"。

新形象主要有三大变化。

一是海尔主色调从红色回归蓝色。在新的战略阶段，海尔向着提供专业服务及解决方案的科技形象转变，新的品牌主色彩随之转变为蓝色，以体现科技创新与智慧洞察的视觉感受。

海尔企业标志及品牌口号

二是"I"上的点由方点变为圆点，象征着地球，体现海尔创互联网时代的全球化品牌理想，也表现了海尔对网络平台中每一个个体的关注；正是个体的智慧汇聚成海尔的网状平台。

三是辅助图形为网格状，以象征海尔节点闭环的动态网状组织。网格没有边框，无限延伸，寓意网络化的海尔无边界，没有层级，而是共同直面用户需求的节点。

2013年12月9日，海尔集团与阿里巴巴集团联合宣布达成战略合作。双方将基于海尔集团在供应链管理、物流仓储、配送安装服务领域的优势及阿里巴巴集团在电子商务生态体系的优势，联手打造全新的家电及大件商品的物流配送、安装服务等整套体系及标准，该体系对全社会开放。

网络化战略阶段就是把企业变成一个创业和创新的平台，上面聚集了无数个创新主体和资源。网络化的组织是一个全员充满活力、激发了全社会创造力、激发了市场活力的开放的大平台。

阿里巴巴集团·海尔集团战略合作暨日日顺物流合资协议签约仪式

为了支持转型，海尔提出了"三化"的改造目标，即企业平台化、员工创客化、用户个性化。周云杰介绍道："当海尔变成一个让全球最优秀资源能够无障碍进入的开放平台，提供创新的流程和机制，所有为海尔创造价值的全球一流资源就都成了我们的在线员工。他们都可以组成'创客'经营体，每一个'创客'经营体都是一家小微公司。他们可以直接面对用户来创造大的市场，最终目的是实现用户个性化，满足用户的个性需求。"

"三化"所对应的前景是，企业从靠自身资源求发展颠覆为并联平台的生态圈，员工从原来的执行者颠覆为创业者，用户从被动的购买者变成主动的参与体验者。

2015年3月10日，中国家电博览会期间，海尔连续召开U+智慧生活创新大会、卡萨帝新品发布会、海尔智慧生活战略发布会、海尔工业4.0战略发布会、智慧浴室智慧厨房发布会五场不同主题的创新论坛会议。其间，海尔发布了洗护、用水、空气、美食、健康、安全、娱乐七大智慧生态圈，每类生态圈都有全新网器发布上市。另外，海尔集团还对外公布了工业4.0战略的实践，并同时上线了用户交互定制平台和模块商资源平台。

海尔U+智慧生活标志

2017年12月底，总部位于美国纽约的电气和电子工程师协会（IEEE，全称Institute of Electrical and Electronics Engineers）新标准委员大会通过了一项由海尔主导的大规模定制国际通用要求标准的建议

2017年，IEEE通过了由中国海尔COSMOPlat主导的大规模定制国际通用要求标准的建议书

书。这是电气电子工程师学会创办半个世纪以来,唯一以制造模式为框架制定的国际标准,也是全球首个大规模定制的国际标准。全球舞台上的中国制造元素,除了中国产品、中国品牌,还新增加了一个"中国模式"。

2018年5月,海尔首次提出"生态品牌"。这是继产品品牌、平台品牌之后,又一次品牌内涵的升级。

2018年9月11日,山东省人工智能产业联盟成立大会在烟台召开。海尔当选第一届轮值理事长单位。

2018年12月18日,在庆祝改革开放40周年大会上,张瑞敏从习近平总书记手中接过"改革先锋"获奖证书的时候,说:"感谢总书记,这不仅仅是对我的鼓励,更是对所有中国制造业企业的鼓励。"总书记说:"这是党和政府对你们的肯定、期许和鞭策。"

2019年7月1日,海尔集团的上海上市公司青岛海尔公司股票名变更为"海尔智家",股票代码"600690"保持不变。

六、生态品牌战略阶段
成为引领全球的物联网生态品牌（2019年至今）

2019年12月26日，在海尔集团创业35周年暨第六个发展阶段战略主题和第四代企业文化发布仪式上，海尔开启了第六个战略阶段——生态品牌战略阶段。

张瑞敏多次提到"产品会被场景替代，行业将被生态'复'盖"。这既是他对物联网时代的判断，也是海尔打造生态品牌所抓住的时代机遇。

海尔生态品牌战略的实质就是要跟用户交互，借助区块链、物联网等新工具，提供用户所需要的产品和服务。具体而言，在物联网语境下，将持续以用户需求为导向，让员工发挥最大价值为用户创造价值；以生活场景为目标，突破产品和行业的边界，深度挖掘和掌握用户动态的需求，持续为用户提供个性化产品和场景服务，打破过去价格交易的传统

2019年12月26日，海尔正式启动第六个战略阶段——生态品牌战略阶段

产品售卖逻辑，从而开启新的价值交互模式。

自2019年进入生态品牌战略阶段后，海尔在生态品牌之路上的探索不断提速。围绕用户需求打造了衣、食、住、娱、康、养、医等全场景体验，构建了高端品牌（卡萨帝、海尔、斐雪派克等）、场景品牌（三翼鸟）、生态品牌（卡奥斯、盈康一生等）三级品牌体系。

这意味着，海尔已经不再是传统意义上的家电品牌，如今的海尔已经打通了行业界限，建立起多个"生态方"共创共赢的链接。

2020年6月30日，全球最大的传播集团WPP与品牌资产研究专家凯度集团（Kantar）联合发布了2020年BrandZ最具价值全球品牌100强。海尔以全球唯一物联网生态品牌蝉联百强，全球排名较2019年提升21位。品牌价值显著提升，生态品牌持续引领。同时，海尔还获得BrandZ授予的全球第一个物联网生态品牌奖。该奖项旨在表彰海尔在全球品牌进化方面的标杆引领。

全球知名咨询机构凯度集团发布的这份榜单，将严谨的财务分析与广泛的品牌资产研究相结合，量化了品牌为企业的财务表现所做的贡献，是全球唯一将消费者意见囊括在内的品牌价值榜单，被誉为品牌界的"奥斯卡"。

2020年9月27日，由中国管理科学学会举办的2020中国管理科学大会暨第七届管理科学奖颁奖典礼召开。张瑞敏被授予第七届管理科学特殊贡献崇敬奖。管理科学特殊贡献崇敬奖是中国管理科学奖体系的最高荣誉奖项。此前在2008年首届评选中，为宋健、张劲夫、赵南起、袁宝华、钱正英、钱学森6位学界泰斗颁发了这一奖项。张瑞敏是获得此奖的首位企业家。

2021年9月17日，第五届"人单合一"模式引领论坛在青岛召开。论坛上，凯度集团携手百年顶级学府牛津大学赛德商学院、被誉为"管理圣经"的权威学术媒体《哈佛商业评论》，向全球重磅首发"生态品牌认证体系"。这一体系由三方共同制定，并对海尔集团等企业的生态品牌实践进行案例研究和试点验证。这意味着，海尔首创的生态品牌——

2020年,张瑞敏获第七届管理科学特殊贡献崇敬奖,成为首位企业家奖得主

这一中国企业于第四次全球工业革命首创的新范式,有了成熟的落地路径,而对正在生态品牌建设进程中的企业来说,将有标可依、有路可循。

2021年6月29日,BrandZ颁发了历史上的首个个人荣誉,张瑞敏荣膺"物联网生态品牌创立者"称号。

2021年11月5日,海尔集团第八届职工代表大会召开,张瑞敏主动提请不再参与新一届董事提名。职工代表大会选举产生了新一届管理委员会和董事局。新一届董事局邀请张瑞敏担任新一届董事局名誉主席,选举周云杰为新一届董事局主席,聘任周云杰为首席执行官、梁海山为总裁。

2022年9月2日,全球首座家电再循环互联工厂——海尔绿色再循环互联工厂在山东青岛正式投产。海尔绿色再循环互联工厂是落实国家"双碳"战略的具体实践,是履行社会责任、践行ESG绿色发展的重要举措。

2023年6月14日，BrandZ全球品牌百强揭晓：海尔五度蝉联唯一物联网生态品牌。9月14日，海尔旗下的卡奥斯工业互联网平台主导的"ISO PAS 24644-1 大规模个性化定制价值链管理第1部分：框架国际标准"正式发布。作为中国主导的首项智能制造模式类国际标准，此项标准顺利发布意味着中国企业代表未来先进制造业，推动国际"制造强国"战略的信心、决心、恒心。

在每一个发展阶段，伴随着用户需求的不断迭代和海尔发展战略的持续升级，海尔的品牌形象、品牌口号也在持续更新。在名牌战略和多元化战略阶段，海尔高品质的产品和真诚的服务走入千家万户，海尔品牌口号"真诚到永远"也随之深入人心；进入国际化战略阶段，海尔坚持出口创牌，发出了"海尔中国造"的自信最强音；开启全球化品牌战略之后，将"一个世界一个家""把世界带回家"确定为品牌口号，致力于成为当地用户喜爱的品牌；迈入网络化战略阶段，海尔品牌口号升级为"你的生活智慧，我的智慧生活"，寓意海尔与用户持续交互，不断提供智慧生活新体验；进入生态品牌战略阶段之后，时代背景、用户需求均发生了巨大变化，更多的界限被打破，更多的价值关系被建立，更多的共创会发生，世界的未来充满无限精彩和可能。

2024年1月27日，在海尔集团举行的2023年创新年会上，海尔集团董事局主席、首席执行官周云杰发布了海尔在生态品牌战略阶段的品牌口号：以无界生态共创无限可能。

新的品牌口号，包含三大要素：

"无界生态"，寓意海尔致力于构建身份无界、知识无界、地域无界的开放生态，打破价值创造和价值分享的界限，重塑人与人、人与物、物与物、人与组织、组织与组织之间的价值关系。

"共创"，代表海尔一以贯之的宗旨"人的价值最大化"，激发每个个体的创新活力，让消费者变成产消者，全流程参与体验，让生态伙伴在海尔生态中共创价值、共享价值。

"无限可能"，表达的是当更多界限被打破，更多的个体和组织的创造力被激发，新的价值也将不断涌现和持续裂变，共创美好生活的无限可能、产业发展的无限可能，犹如热带雨林，绿荫繁茂、生生不息。

2024年6月18日，海尔集团成功完成战略入股上海莱士血液制品股份有限公司的交易交割。这是海尔集团大健康产业发展的一座重要里程碑。

2024年6月28日，在内蒙古自治区赤峰市，巴林左旗海尔希望小学正式揭牌。今年是海尔集团创业40周年，这也是海尔援建的第400所希望小学。在此次活动上，海尔集团董事局主席、首席执行官周云杰宣布将继续携手中国青少年发展基金会等相关部门和组织，启动全新的海尔希望小学公益项目——"海尔小科学家"计划，在希望小学孩子们心中播种科技创新的火种，激发他们创新创造的潜能，实现更好的全面成长。作为公益道路上的积极探索者、实践者，海尔将持续汇聚教育公益的无界生态，为更多孩子共筑无限可能的未来。

2024年，海尔第400所希望小学巴林左旗海尔希望小学揭牌，海尔启动全新教育公益计划

张瑞敏《永恒的活火》全面展现
对中国企业管理之道与实践的探索与演进

从一个濒临破产的小厂，到年营收超 3700 亿元、全球创客超 12 万名、15 年蝉联全球大型家电品牌零售量第一，这是海尔用 40 年的艰苦奋斗交出的答卷。

40 年来，海尔人披荆斩棘，不断创造商业传奇。面对赞誉，张瑞敏说："没有成功的企业，只有时代的企业，所谓成功只不过是踏准了时代的节拍。"

从制造工厂到服务商，从中国的家电名牌到引领的生态品牌，海尔人始终在为让不同国家、不同民族的用户都可以享受物联网时代的美好生活而不懈努力。对此，周云杰表示："创新是企业家精神的核心要素。"

从"海尔是海"——海纳百川，到"海尔是云"——云联万物，再到"海尔是火"——薪火相传，海尔走的路，是中国制造到中国智造跃迁的典范，也是中国企业走向世界一流企业的管理之道和发展模式。

海尔在时代的浪潮中勇立潮头，对中国式现代化的科学理论和实践探索做出了巨大贡献。

2022 年 1 月，周云杰在海尔集团创新年会发表主旨演讲

聚焦实业,布局三大板块,引领高质量发展

智慧住居　　　大健康　　　产业互联网

第二章

海尔的生态布局

一、聚焦三大板块，
以无界生态共创无限可能

进入 21 世纪以来，随着移动互联网的蓬勃发展，数字化革命席卷全球，把人类快速推向万物互联的物联网时代。时空关系在物联网时代被解构重生，曾被信息壁垒遮蔽的个性化需求浮出水面、海量爆发。

张瑞敏曾经说："在物联网时代，企业不应再是有围墙的花园，而应该是一片热带雨林。热带雨林不会死亡，因为它是一个生态系统，自己能够繁衍出新的物种而生生不息。"2018 年年初，海尔在全球首次提出物联网背景下的"生态品牌"概念。2019 年，海尔宣布步入生态品牌战略阶段。

"产品会被场景替代，行业会被生态'复'盖。"海尔希望通过生态化布局，建立全球生态品牌矩阵，使用户追求的好用的产品体验、高

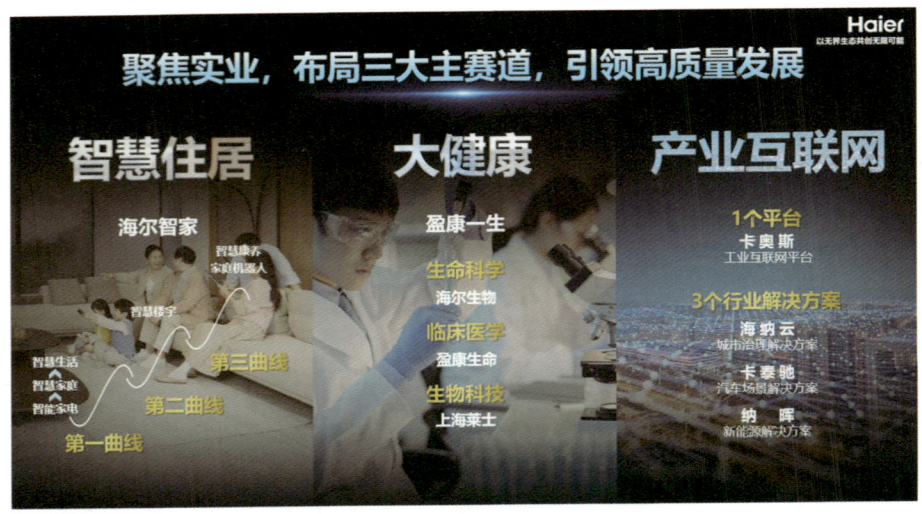

海尔集团布局智慧住居、大健康、产业互联网三大板块

品质的美好生活，最终都能通过海尔的全球生态品牌背书和科技创新研发体系实现。

作为实体经济的代表，海尔持续聚焦实业，始终以用户为中心，坚持原创科技，布局智慧住居、大健康和产业互联网三大板块，在每个板块都成为行业引领者。

（一）智慧住居板块

以海尔智家为主体，海尔明确了三条发展曲线：第一条曲线是从智能家电到智慧家庭，再到智慧生活的递进发展；第二条曲线是商用暖通、智控系统等智慧楼宇综合解决方案；第三条曲线是提升老年人生活质量的智慧康养产业及家庭机器人产业。

1. 第一条曲线：从智能家电到智慧家庭，再到智慧生活

海尔智家顺应时代潮流，发展出高端品牌、场景品牌、生态品牌的三级品牌战略，带给用户从产品体验升级到场景化体验升级，再到生活

海尔的三级品牌体系

方式的升级，提升消费者体验。

在高端品牌方面，海尔智家打造了包括海尔、卡萨帝、Leader、GE Appliances、斐雪派克、AQUA、Candy 在内的全球七大高端品牌集群，可以满足全球各市场不同层次用户的需求，在一定程度上实现了广泛深入的用户覆盖。如在中国市场，通过斐雪派克、卡萨帝、海尔、Leader 四个品牌分别实现对超高端、高端、主流、细分市场人群的覆盖。

在场景品牌方面，2020年海尔创立全球首个场景品牌"三翼鸟"，打破传统，将家电、家具、设计等各行业联通，围绕用户生活的衣、食、住、娱需求，打造全屋智慧场景解决方案。

在生态品牌方面，物联网时代，海尔不断打破行业边界，联合生态伙伴共同为用户创造衣联网、食联网等解决方案，不断为用户创造最佳体验。以衣联网为例，海尔衣联网与某焦煤集团达成战略合作，通过技术创新和智能化手段，打造出一条煤矿更衣管理新模式。针对矿区的特殊需求定制矿区工服管理方案，海尔衣联网在矿区建设智能更衣柜及管理系统，彻底解决传统澡堂的安全隐患问题。

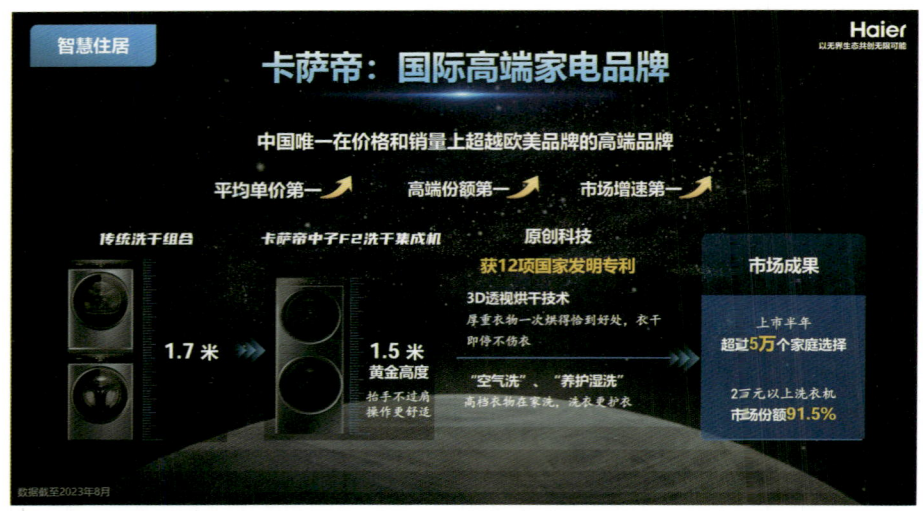

卡萨帝：国际高端家电品牌

2. 第二条曲线：智慧楼宇综合解决方案

海尔智慧楼宇产业积极响应国家"双碳"目标，致力于成为高效可持续绿色智慧建筑引领者。海尔智慧楼宇打造具有自主知识产权的智慧楼宇大脑，聚焦高效暖通、楼宇智控、热泵供热、工业环境等业务板块，为政府公建、商业、轨道、学校、医院等行业用户，提供科技＋体验＋空间有机融合的绿色智慧建筑解决方案，全面助力建筑楼宇智慧升级。

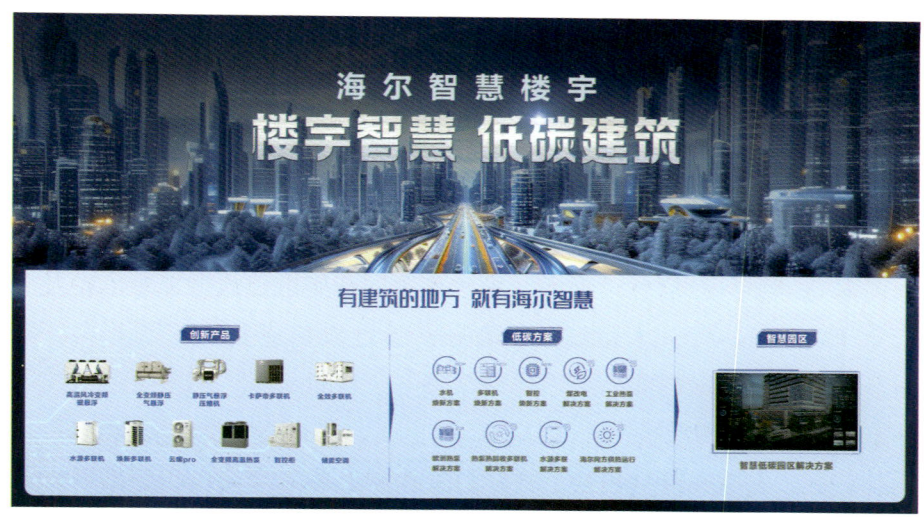

海尔智慧楼宇低碳解决方案

3. 第三条曲线：智慧康养产业及家庭机器人产业

海尔智慧康养以"智慧科技，成就乐活人生"为使命，围绕活力、介助、介护、照护人群的需求痛点，整合海尔全球研发与国际行业巨头资源，布局智能卫浴、家庭医疗、智慧睡眠三类业务板块，聚焦睡眠、卫浴、健康、出行四大核心场景，为用户提供具有中国特色的居家智慧康养全场景解决方案，用智慧科技守护用户乐活人生。

海尔机器人始终坚持科技创新，以差异化产品满足用户需求，首创浸泡洗自清洁洗地机等多种创新产品，并获得认可。2023 年 8 月，日本

海尔智慧康养战略布局

知名家电购物指南《家电批评》公布最新的家电测评排行榜，海尔新品洗地机 MIZUKI 凭借其 4kg 的轻量化设计荣登洗地机排行榜第一。

2008 年至 2023 年，海尔品牌的冰箱、洗衣机、酒柜、冷柜零售量在全球大家电品牌中分别获得 16 连冠、15 连冠、14 连冠、13 连冠。截至目前，中国家电产量已经达到全球家电产量的 56%，但中国家电在海外市场品牌份额只有 8.5%。在这 8.5% 里面，有 62% 是海尔贡献的。

此外，在智慧住居板块，海尔打造了智慧住居少海汇和场景物流日日顺供应链。

少海汇以"让生活更智能更美好"为使命，致力于创建中国最大的智慧家居产业生态平台，深耕物联网、人工智能、装配式等技术在智慧住居领域的应用，打通家居、家电两大行业鸿沟，不断引领行业向高端化、智能化发展。

日日顺供应链是海尔旗下物联网时代引领的场景物流生态品牌。它致力于成为中国领先的供应链管理解决方案及场景物流服务提供商，积极围绕多品类 VMI、仓储、运输、"最后一公里"等供应链全链路开展数字化探索，依托订单优化管理、仓储管理、运力调度等核心技术，以及超过 40 套信息系统，实现全节点的可视化和信息化管理。凭借在数字技术应用方面的持续深耕、探索,日日顺供应链也为家电、家居、汽车、消费品、冷链、新能源、跨境等行业客户输出众多数智供应链管理解决方案。

(二)大健康板块

海尔大健康板块致力于通过科技和服务的创新,服务于每个人的一生盈康。盈康一生是海尔集团旗下大健康生态品牌,布局医疗健康产业近20年,深耕生命科学、临床医学、生物科技三大领域,拥有海尔生物(688139.SH)、盈康生命(300143.SZ)、上海莱士(002252.SZ)3家上市公司。盈康一生致力于为全球用户提供生命科学高端装备与科研服务,聚焦临床痛点的医疗技术与服务、创新的生物技术制品与方案。

盈康一生积极在环渤海、长三角、大湾区、成渝经济带等地开展产业布局,拥有六大研发中心、八大科创产业园和两家三甲综合医院等多家医疗机构。并携手生态方成立了全国首个聚焦脑科学、生命科学、血液生态、女性健康等创新赛道的医工科技产业化平台"海医汇",构建起科技与数智驱动的大健康产业生态。目前,盈康一生的业务已覆盖全

海尔集团旗下大健康生态品工牌盈康一生

球160个国家和地区。盈康一生通过研发、生产、营销、服务的一体化网络，为全球用户提供智慧的科研服务、前沿的医疗技术以及创新的临床应用。盈康一生是世界品牌实验室认定的"大健康产业生态品牌"，连续四年上榜《中国500最具价值品牌》。

1. 海尔生物医疗

海尔生物医疗成立于2005年，2019年在上海证券交易所科创板上市，是海尔集团大健康板块盈康一生在生命科学产业的重要战略布局，为用户提供智慧实验室、智慧合规制药、数字医院、智慧公共卫生、智慧用血等数智场景综合解决方案。海尔生物医疗的产品与方案服务于全球150多个国家和地区：在国内，覆盖上万家医院、医药生物企业、高校科研机构、疾控、血浆站等；在海外，建立用户体验培训中心和仓储物流中心，并与世界卫生组织（WHO）、联合国儿童基金会（UNICEF）等70余个国际组织保持长期合作关系。

2. 盈康生命

盈康生命成立于1998年，2010年在深圳证券交易所创业板上市，是海尔集团大健康板块盈康一生在临床医学产业的重要战略布局。经过20余年转型发展，已成长为国内领先的围绕肿瘤预诊治疗产业链，提供关键设备及关键场景的综合解决方案服务商。目前，旗下经营管理8家综合医院及康复护理医院，医疗器械服务全国600多家三甲医院和数千家各级医院以及全球近百个国家和地区。

3. 上海莱士

上海莱士成立于1988年，2008年在深交所上市，是海尔集团大健康板块盈康一生在生物科技产业的重要战略布局。上海莱士血液制品生产规模居全国前列，是国内同行业中血浆综合利用率高、产品结构和品种齐全、质量领先的血液制品生产企业。目前，上海莱士拥有上海、郑州、合肥、温州、南宁5个血液制品生产基地和全国44家单采血浆站。主要产品包括白蛋白、球蛋白、凝血因子三大类，共12个品种，产品已经在20个国家注册。

（三）产业互联网板块

海尔布局卡奥斯工业互联网平台，并打造了三个行业解决方案，即城市治理解决方案、汽车场景解决方案以及分布式智慧清洁能源解决方案。

1. 工业互联网平台

卡奥斯COSMOPlat（以下简称"卡奥斯"）是海尔基于40年制造经验，于2017年4月首创的以大规模个性化定制为核心、引入用户全流程参与体验的工业互联网平台。以创全球引领的世界级工业互联网平台为使命，构建了跨行业、跨领域、跨区域立体化赋能新范式，赋能多个行业数字化转型升级。

经过快速稳健发展，卡奥斯平台估值超164亿元，品牌价值达1027.77亿元，成为行业首个突破千亿元的品牌；连续五年位居国家级

卡奥斯COSMOPlat智能+5G大规模定制虚实融合示范验证平台

"双跨"平台首位；主导、参与制定 ISO、IEEE、IEC、UL 四大国际标准，并牵头制定了首个工业互联网系统功能架构国际标准，填补了国际空白。目前卡奥斯赋能海尔智家入选国家首批"数字领航"企业，位居首位，打造了 12 座世界"灯塔工厂"，孕育了化工、模具、能源等 15 个行业生态并在全球 20 多个国家推广复制，助力全球企业数字化转型。

卡奥斯以根植于"人单合一"、引入用户全流程参与体验的大规模个性化定制模式为核心，解决了制造业同时降低成本、提高效率和满足定制需求的"不可能三角"。

以大规模个性化定制模式为基础，卡奥斯构建了完善的数字产业化生态。在工业互联网通用架构的基础上，卡奥斯首创了集成工业机制模型、知识图谱、数字孪生体等模块的 BaaS 引擎。基于大链接、大数据、大模型的平台技术体系，形成三大核心竞争力：大规模个性化定制套件、BaaS 工业大脑、BaaS 工业操作系统。卡奥斯通过低代码平台打造了覆盖工业 APP 开发、交易、运行的应用生态，形成围绕"一体两翼"的产业布局，涵盖 AIoT 与数字化创新、采销两端资源配置，以"端+云"一体打造爆款产品和解决方案，形成"灯塔工厂"和"产业云脑"两大高端系列产品，持续为千行百业提供智能制造解决方案和数据增值服务。

面向不同行业领域，卡奥斯以跨行业跨领域赋能推动产业数字化。通过"大企业共建，小企业共享"的方式，卡奥斯结合龙头企业的行业 Know-How 与自身平台能力，共建垂直行业平台，与中小企业共享 SaaS 应用，帮助企业提质增效降本、做优做强做新，推动智能化制造、平台化研发、个性化定制、网络化协同、服务化延伸、数字化管理等新模式的普及。

面向不同区域，卡奥斯以"1+N+X"工业互联网赋能模式，助力城市数字化。通过"政企共建、市场化运作"的机制，卡奥斯在青岛、德阳、芜湖等城市与当地共建 1 个区域工业互联网综合服务平台、N 个垂直行业平台和 X 个产业示范园区，打造政府数字治理决策的工具箱、企业高质量发展的加速器，被亚太经合组织（APEC）评为"中国数字经济示范样本"。

2. 城市治理解决方案

海尔的城市治理解决方案——海纳云，拥有自主知识产权的软硬件产品平台和产业生态，聚焦数字城市应急安全和基础设施数字化运维，致力于成为数字城市应急安全解决方案的引领者，以"技术＋场景"让城市更智慧、更安全。

海纳云承接安全城市、韧性城市的国家战略，聚焦"1+8"中长期战略落地规划。即以海纳云"星海数字平台"为引擎，围绕To G和To B两个市场，做深做透城市生命线、燃气安全、水务安全、能源安全等8个核心场景。现已沉淀出40+个细分场景解决方案，承担监测预警平台国家级试点城市建设和10余个省、20余座城市、20余个部门的数字城市建设项目。

在青岛，海纳云针对"山、海、湾"城市特点，融合数字科技，构建"一网络、一中心、一平台、广应用"的城市安全风险综合监测预警体系。通过部署相关行业1.6万余台智能感知设备，建设了青岛市安全风险综合监测预警平台。平台汇聚9个部门176项数据类目以及40余种应急

青岛市安全风险综合监测预警平台

安全算法，助力燃气、供排水、道路桥梁、电梯等九大场景实现"能监测、会预警、快决策、同响应、精处置"的风险综合监测智能效果，打造"青岛样板"，形成全国可借鉴的"青岛经验"。

在合肥，海纳云助力打造的合肥经开区智慧排水综合管理平台，针对排水领域管道淤堵、污水偷排、雨污混接等问题，通过深度融合物联网、大数据等先进技术，构建覆盖"排水户—雨污管网"的精细化监测防控网，形成"监测预警—问题处置—结果反馈"全流程高效闭环，实现了对区域内排水设施的全面感知、智能预警与精准管理，实现从"治水"到"智水"。

海纳云将数字城市应急安全的先进技术和经验，在山东济南、山东德州、安徽合肥、河南鹤壁、重庆、广东广州、内蒙古等地实现复制，打造出鹤壁市防汛辅助决策平台项目、重庆铁山坪森林防火项目等优秀样板；在埃及、印度、马来西亚、日本、哥伦比亚、沙特阿拉伯、墨西哥等 10 余个国家，落地数字化标杆项目，助力当地数字化转型。

在资本和品牌价值方面，海纳云已完成 A 轮、A+ 轮融资；2022—2024 年，海纳云连续三年作为数字城市行业唯一品牌，入选世界品牌实验室《中国 500 最具价值品牌》，品牌价值达 174.91 亿元。

3. 汽车场景解决方案

海尔的汽车场景解决方案——卡泰驰，聚焦于用户全流程个性化汽车定制服务，布局高端汽车数字零售平台、汽车个性化定制产业和新能源车充电及核心技术产业，致力于成为汽车产业互联网定制生态先行者。

海尔从 2021 年开始布局汽车板块，与众多车企生态链合作，共建汽车产业互联网平台，赋能汽车产业链。同年成立卡泰驰智行汽车科技有限公司，主要业务涵盖核心技术及零部件、智慧充电技术、汽车高端定制改装及汽车零售连锁等领域。2024 年，卡泰驰位于江苏省张家港市的"再制造"数字工厂正式投产。作为二手车行业首个数字工厂示范基地，卡泰驰通过工业互联网平台+"一车一码"应用，实现了质量、材料、服务、车辆可视化、可追溯,成为行业数字化转型、实现高质量发展的新范式。

截至2024年8月,卡泰驰已布局40余家中高端二手车直营连锁店,汇聚全球100多个车型品牌,链接全国海量优质车源。

4. 分布式智慧清洁能源解决方案

海尔旗下新能源生态品牌——纳晖新能源,聚焦于分布式绿能、用户侧储能及智慧能源控制器三大产业。通过软硬件智能化集成,为家庭及工商业用户提供智慧清洁能源解决方案,致力于成为全球分布式智慧清洁能源解决方案的引领者。

纳晖新能源以用户体验为中心,专注于为国内外的家庭、工商业用户提供全域全场景的分布式绿能、光储一体化、分散式风电等领域的解决方案,搭建智慧能源管理系统,探索可再生能源发展及数字化转型升级,践行企业社会责任。

目前,纳晖新能源在国内业务已经覆盖27个省份,为1000多个区县提供了绿色新能源服务;产品与方案远销全球50多个国家和地区,为全球绿色低碳发展贡献力量。

5. 创业孵化平台——海创汇

海创汇是海尔集团打造的创业加速平台,致力于成为物联网时代的创新创业的新基础设施提供商。公司成立于2016年5月,定位为服务于创新型企业的综合服务平台。通过整合产业链资源,运用人工智能和大数据等新一代信息技术,为企业提供从初创到成熟的各个发展阶段所需的创业服务,为投资机构提供新机会价值发现和数据增值服务。在此基础上助力政府在区域经济发展中培育新质生产力,实现多方共赢和可持续发展。公司坚持以用户为中心,以赋能创业者成功为宗旨,提供四大类服务:产业链融通服务、创投智能交互服务、科技咨询服务、产业创新服务。

二、原创科技驱动，
领航生态品牌高质量发展

科技创新不是无根之木、无源之水。唯有以一流的企业生态为母体，科技创新才能实现多维度的"溢出效应"，源源不断创造价值，引领新的变革。

创业40年的发展历程中，海尔的科技创新脚步从未停止，沉淀出差异化的科创体系，支撑构建了世界一流的科创平台。传统研发从需求到用户是串联的，不打通、不可逆；海尔采取迭代式研发，用户全流程参与其中，企业各节点充分并联。海尔的研发不是封闭在企业内部，而是构建了遍布全球的10多个研发中心，链接全球超过25万专家和100多万生态方共创，持续不断产生新场景和新技术，实现人在当地，而成果源源不断回流。2022年年初，海尔成立科学与技术委员会，统筹集团研发工作，计划三年内研发投入600亿元，建立专项产业基金400亿元，用于行业共性技术攻关，让科技创新成为高质量发展的新引擎。

同时，以落户海尔的数字化家电国家重点实验室（重组后为大规模个性化定制系统与技术全国重点实验室）、数字家庭网络国家工程研究中心和国家高端智能化家用电器创新中心三个创新基地为依托，构建从原创科技到成果转化至产业链的创新体系，助力国产替代和高水平科技的自主可控。

截至2023年，海尔研发投入超100亿元，全球研发人员超2.4万名，在家电行业中居第一位，拥有20多家国家级科创平台，实现了投入、人才、研发布局等多维度的行业引领。海尔还打通科技成果转化和产业化的体系，建立链群联合体，让科研成果能够在较短时间内通过产业化推向市场，让消费者体验。同时，根据消费者的反馈，修正科研成果，很好地解决了创新链与产业链之间的关系。

海尔的科技创新始终以用户为中心。这些改变产业格局、行业趋势、用户体验的创新成果，离不开海尔"为用户研发"的创新基因。这种从用户中来、回到用户中去的科技创新思维，让海尔在这个"以用户为主"的时代之下得到了全面认可。

在智慧住居板块，针对全球用户"五花八门"的需求，海尔一一给出了创新解决方案。从20世纪90年代洗地瓜、洗小龙虾的洗衣机，到后来的自清洁空调，实现与橱柜无缝衔接的平嵌冰箱产品，再到比欧洲A级能耗还要低60%的X11洗衣机产品亮相，海尔以用户为中心的每一次创新，都让用户惊喜满满，也收获了用户最好的认可。

在大健康板块，盈康一生从关注生活质量到关爱生命质量，始终以用户需求为中心，致力于通过科技与服务的创新，用更智慧的科研仪器、更高水平的医疗技术、更可及的健康服务，实现每个人的"一生盈康"。

在产业互联网板块，卡奥斯积极探索5G、AIoT、数字孪生、工业大模型等技术，提速数字经济发展，为企业数字化转型提供差异化解决方案；海纳云则筑牢数字城市治理底座，深度融合物联网、大数据等先进技术，切实助力城市实现数字化治理。

海尔创新"人单合一"管理模式，对内设立多元化发展通道，搭建多层次的人才培训体系，为科研人才实现个人价值提供广阔的全球舞台。同时，海尔持续深化创客制，每位科研人员都有机会成为企业的创客合伙人，拥有劳动所得、资本利得和超利分成三项权益，在为用户创造价值的同时实现自身的价值。除了联合高校激发人才活力、提高人才能力，海尔还设立企业科学家，激发全球2万多名科研人员的热情和活力，形成尊重科研人员，鼓励基础性和颠覆性创新的氛围。

三、彰显企业担当，
全面推进绿色可持续发展

ESG（环境、社会及治理）不仅是企业发展的一方面，更能确保企业在复杂多变的市场和社会环境中始终保持发展稳健。作为引领的生态型企业，海尔直面 ESG 这道"必答题"，以全面、深入、创新的方式给出了自己的解法。通过积极承担环境责任、社会责任和企业治理责任，海尔不仅为自身创造了长期价值，也为推动全球可持续发展做出了积极贡献。

2008 年海尔集团发布了第一份社会责任报告。目前，海尔集团旗下拥有 6 家上市公司，分别是海尔智家、海尔生物、盈康生命、上海莱士、雷神科技及众淼创科。其中，海尔智家和海尔生物已经成功加入联合国全球契约组织。2022 年，海尔集团赋予 ESG 更重要的战略定位，在集团层面成立了 ESG 委员会，统筹协调集团的 ESG。

战略及策略的实施规划，推动企业可持续发展向上、向实。2024 年 5 月 13 日，《财富》（中文版）发布了 2024 年中国 ESG 影响力榜，海尔智家再次上榜，并连续 3 年位居行业榜首。

海尔提出了"6-Green"战略，实现了"绿色设计、绿色制造、绿色营销、绿色回收、绿色处置、绿色采购"，将低碳节能融入产品全生命周期管理中。在绿色制造端，海尔天津洗衣机互联工厂于 2023 年入选"可持续灯塔工厂"，实现中国本土企业在全球可持续发展灯塔工厂名录中"零的突破"。在绿色采购端，依托海达源绿色采购平台搭建了完善的供应商管理，从供应商引入、认证、采购、审核、评估等维度进行强化升级。平台可以实时披露供应商产品材质、工艺流程、节能减排信息等情况，实现风险预警和整改管理。

ESG领导者组织论坛联席主席、上海高级金融学院执行理事屠光绍等专家团队
走进家电行业首个再循环互联工厂

在原材料方面，海尔倾向于可回收、可再生的材料或环保型材料，与供应商持续探讨节能减碳方案，例如，环保包装替代、轻量化设计等。比如，净水机产品外壳采用可回收利用塑料材料，所有材料都满足欧盟RoHS的认证要求；同时该产品通过滤芯内置减小了产品体积，节约了20%以上的包装辅料。

海尔优先选择可降解、可回收的绿色包装材料，推行减量包装的同时，还积极探索环保型包装技术，对包装材料进行创新。2022年，公司旗下的GE Appliances与瑞典货运技术公司Einride合作，在常用运输路线上部署了电动货运卡车进行物流运输。所有电动货运卡车预计每年可行驶20万千米，第一年内即可减少210吨二氧化碳排放。

在社会责任方面的实践上，海尔始终重视社会回馈，积极履行企业责任。公益事业是海尔践行社会责任、创造社会价值的重要方式。截至目前，海尔在乡村教育、抗灾救援、公益医疗、爱心志愿活动等方面累计捐赠超 8 亿元。

海尔集团累计投入希望工程超过 1.4 亿元，共计援建了 405 所希望小学和 1 所希望中学，覆盖全国 26 个省、自治区、直辖市，是团中央希望工程中援建希望小学最多的企业。2024 年 6 月 28 日，海尔宣布启动全新的海尔希望小学公益项目，携手中国青基会等相关部门和组织，推出"海尔小科学家计划"。

在全球，海尔集团坚定践行人类命运共同体理念，积极投身海外慈善公益活动，带动就业超百万人。公共卫生方面，海尔生物医疗为尼日利亚、埃塞俄比亚、乌干达等 80 多个共建"一带一路"国家和地区带去了太阳能直驱储冷技术系列疫苗冰箱，解决了电力缺失造成疫苗存储的安全问题；每年为 4500 万儿童提供疫苗接种，帮助非洲等低收入国家免疫接种率从 2015 年的 30% 提升至 2020 年的 57%。

在公司治理方面，海尔集团始终致力于高标准的企业管治，完善内部控制，打造诚信生态。公司建立了规范有序的治理结构，形成了权责分明、相互协调和相互制衡的治理机制，保障了企业管治高效合规。与此同时，海尔集团努力营造诚信道德的商业环境，高度重视数据与隐私安全，建立完善的内部信息安全管理体系和组织架构并不断提升在信息安全领域的技术能力，全方位坚守安全底线。

企业治理中，海尔集团始终坚持"人的价值最大化"，创新"创客制"增强全员活力，搭建全方位的员工关爱平台、学习平台，构建起基于人才发展建设的学习培训体系，为员工实现个人价值提供广阔的全球舞台，让员工成为企业可持续发展的源头活水。

未来，海尔将继续深化 ESG 实践，引领行业变革，为经济社会高质量发展贡献力量。

四、向物联网生态企业迈进

海尔致力于建立自己的生态品牌，不断打破大众固有认知，从之前传统的家电品牌向物联网生态企业迈进。

2019年，海尔荣登"凯度BrandZ最具价值全球品牌100强"榜单中的"物联网生态"榜。年度凯度BrandZ排行榜首次出现"物联网生态"这一全新品牌"物种"。在这一波汹涌而来的新浪潮中，海尔是第一家也是唯一一家物联网生态类品牌的上榜企业。在2020年9月20日召开的"人单合一"模式国际论坛上，凯度集团携手牛津大学、海尔发布了《物联网生态品牌白皮书》，再次将海尔的发展模式书写为可操作、可复制的标准体系，由此开启了全球物联网生态品牌发展的新纪元。

更多的界限被打破，更多的价值关系被建立，更多的共创会发生，世界的未来将因此充满无限精彩。2024年，海尔发布了新的品牌口号：以无界生态共创无限可能。表明海尔希望能够创建更加开放的生态体系，通过与用户、生态方的持续交互实现共创共赢，创造更大的社会价值。这不仅仅是一句口号，更是海尔坚持构建开放生态，持续为用户创造迭代的价值体验、为产业共创出数字化解决方案，以创造价值循环的愿景与目标。

生态品牌强调的是开放、包容、协同、共赢。它不是执着于产品溢价的产品品牌，也不是追逐流量红利的平台品牌，无边际、自驱动是生态品牌最大的特征。4000多个小微持续迭代，卡奥斯、盈康一生、海创汇等生态品牌交相辉映，数以万计的全球一流资源汇聚一堂……如今的海尔，种下了一片生生不息的创业"热带雨林"，在开放的生态之中走向远方，在热带雨林的深处，充满未知与危险。海尔期待这一片生态体系日臻成熟，呈现勃勃生机。

物联网时代的趋势

企业或终将消亡，而生态则永远不朽。专注于打破传统的海尔，将继续深入物联网时代的"无人区"，创建无界开放生态系统，构建独特的品牌护城河。

第三章

海尔的全球创牌

一、创造世界级品牌

改革开放以来，中国企业"出海"已走过数十年历程。当前，在内部战略需求和外部环境变化的共同驱动下，中国企业的全球化之路迈入一个崭新的阶段，出海战略也从企业发展原本的"可选项"逐渐转变为"必选项"。

历经 40 年创业发展，海尔持续聚焦科技自主创新，以用户为中心，坚定不移地推进全球创牌战略，引领全球家电行业的风向标，创出了一个全球化企业、世界级品牌。

40 年来，海尔的全球创牌历程为中国企业出海提供了有益借鉴。海尔已经 6 年作为全球唯一物联网生态品牌蝉联"凯度 BrandZ 最具价值全球品牌 100 强"，连续 8 年入选"谷歌 & 凯度 BrandZ 中国全球化品牌"十强，连续 15 年稳居"欧睿国际全球大型家电品牌零售量"第一名，连续 20 年入选世界品牌实验室"世界品牌 500 强"。根据 BrandZ 品牌价值排行数据显示，2024 年海尔品牌价值达 323.47 亿美元，在全球品牌榜单中排第 58 名。

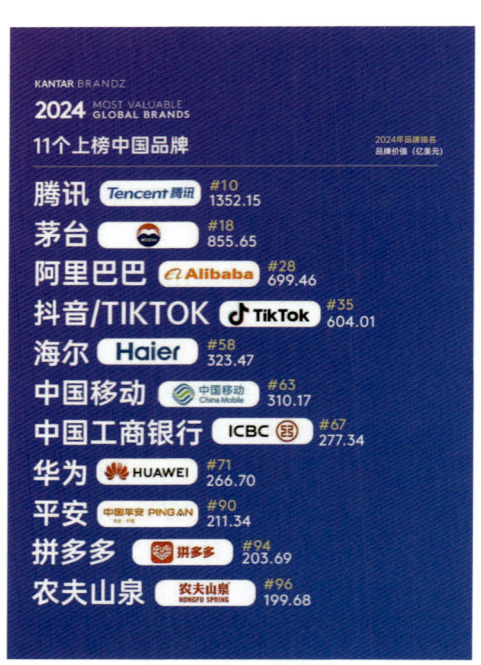

11 家中国品牌上榜 2024"凯度 BrandZ 最具价值全球品牌 100 强"榜单

"海尔出海那年，我们做好了艰苦卓绝的心理准备，因为这条路注定要咬牙坚持很久。"正如海尔集团董事局主席、首席执行官周云杰所言，海尔从1991年开始批量出口，到2016年才实现了海外市场的营收平衡，如今已进入全面收获期。2023年海尔海外收入1356.78亿元，占收入比例51.9%。在共建"一带一路"国家，海尔设有38家工厂，占海尔海外工厂总数的一半，此外还有11个工业园和40家贸易公司。目前，海尔在全球拥有35个工业园、143个制造中心、23万个销售网点。全球销售网络遍布200多个国家和地区，服务10亿用户家庭。

深耕全球创牌之路，海尔实现了各个区域的全球引领，成为全球各大主流国家、主流市场的主流品牌。据统计，海尔在美国、新西兰等地均实现了市场引领；在日本，Haier、AQUA双品牌冰冷洗综合份额TOP1；在印度、意大利等9个主流国家进入TOP3；在英国、菲律宾等5个主流国家进入TOP5；在欧洲，连续8年成为欧洲市场增长最快的家电品牌；在东南亚，海尔智家整体份额TOP3，其中在泰国，空调和冷柜的市场份额均居第一位。

二、国内市场

打造三级品牌体系，创造最佳用户体验

物联网时代，用户需要的不是单一产品，而是全流程解决方案。产品将被场景取代，行业会被生态"复"盖。为了适应物联网时代的变化，创用户最佳体验，海尔打造了包含高端品牌、场景品牌与生态品牌的三级品牌体系。

高端品牌方面，海尔集团拥有海尔、卡萨帝、Leader、GE Appliances、斐雪派克、AQUA、Candy 七大全球化高端家电品牌。

具体来看，卡萨帝作为国际高端家电品牌，是行业唯一在价格和销量上超越欧美品牌的高端品牌。经过 18 年的努力，卡萨帝已成为现象级品牌：一是市场规模倍速增长，2023 年实现销售规模 292 亿元，是 2016 年的 13 倍；二是行业地位持续引领，平均单价、高端份额、复合增速均为行业第一；三是品牌价值持续跃升，2024 年品牌价值超 821 亿元。

全球顶奢家电品牌斐雪派克是海尔引领超高端市场的重要品牌战略布局。斐雪派克基于全球领先的创新科技与设计，发挥本土化的天然优势，构筑起产品能力、商业模式、资源保障"三大差异化优势"，为用户提供的不只是家电，更是一整套完整的生活解决方案。

海尔作为智慧科技家电品牌，不断推陈出新，持续为用户提供满意的好产品。而今，海尔进一步从满足用户基础功能需求升级为满足更精细、更多元、更健康的智慧优质体验；同时，海尔从打造满足用户所需的超强家电单品，升级为满足用户智慧生活全场景的方案需求，引领用户品质生活变迁。海尔还通过搭建售前、售中、售后用户全流程数字化服务平台，打通线上线下全域触点，可第一时间响应用户售后需求，带来更高效便捷的智慧服务体验，重新定义新时代的用户服务理念。

Leader作为互联网年轻化品牌，凭借三个创新，与年轻人实现了零距离交互。一是新产品，围绕四类圈层提供专属解决方案，实现从卖产品到卖生活方式；二是新赛道，Leader从传统的交易触点升级到打造"1+N+N²"号店播一体化交易矩阵；三是新模式，打造了"3+N+X"体验式交互触点矩阵，融入年轻人生活场景中。

场景品牌方面，海尔集团打造了全球首个智慧家庭场景品牌三翼鸟。诞生四年以来，三翼鸟始终从用户需求出发，不断推动场景方案的落地变现，是海尔智家换道物联网智慧住居领域的关键载体。而今，三翼鸟进一步通过设计能力、交付能力以及智慧能力的全面突破，实现从交互到设计、交易、交付的"全流程一站式定制"能力升级，为用户带来智慧住居时代更好的智慧生活体验。

为赋能智慧家电家居一体化经营，三翼鸟坚持聚焦定制、交付、智慧三大平台能力建设。这"三大能力"也正是三翼鸟飞速成长、快速进化和大规模落地的支撑所在。

首先是定制能力。这也是"家电家居一体化方案"最核心的特质和能力。很多所谓一体化方案只是简单的拼凑、组合，用户只能选择固定搭配。三翼鸟则是从供应链的融合入手，搭建起行业首个智慧家电家居一体化方案全流程数字化中台，大到空间规划、动线设计、柜电一体，小到窗帘颜色、配件五金均可按照个人需求"量身定制"，真正做到全流程一站式定制，实现美好生活的千人千面。

其次是交付能力。基于多年的落地经验，三翼鸟已构筑起成熟且专业的全流程交付标准，还推出了三大前置的系统交付方案。从设计到施工、验收，做到各环节严丝合缝且公开透明，用户有任何不满意都能得到快速响应、妥善处理。通过行业首个智慧家电家居一体化交付工具，用户全程只需要对接一个人即可解决过程中遇到的所有问题。

最后是智慧能力。对三翼鸟来说，将理想中的"智慧家"交付到用户手中不是结束，而只是开始。因为后续生活中的体验便捷性、智慧性更关乎用户的幸福感。在这方面，三翼鸟依托行业首创唯一家庭智慧大脑平台——海尔智家大脑，基于全屋深度互联实现了更无界的交互、更精细的控制、更深度的场景以及更主动的服务。

2024年H1，三翼鸟门店零售额达到28亿元；2024年三翼鸟品牌价值增长到515.72亿元，以唯一智慧家庭场景品牌身份跃居《中国500最具价值品牌》第190位，落地成效显著。

不仅如此，在生态品牌方面，海尔集团还打造了卡奥斯COSMOPlat、盈康一生、海纳云、卡泰驰、纳晖、日日顺供应链等诸多生态品牌。

在产业互联网领域，卡奥斯COSMOPlat是基于海尔40年制造经验，于2017年4月首创的以大规模个性化定制为核心、引入用户全流程参与体验的工业互联网平台。以创全球引领的世界级工业互联网平台为使命，卡奥斯构建了跨行业、跨领域、跨区域立体化赋能新范式，赋能汽车、服装、模具等多个行业数字化转型升级。海纳云则聚焦数字城市应急安全和基础设施数字化运维，致力于成为数字城市应急安全解决方案的引领者，以"技术+场景"让城市更智慧、更安全。

在大健康领域，海尔集团旗下大健康生态品牌盈康一生布局医疗健康产业近20年，深耕生命科学、临床医学、生物科技三大领域，致力于为全球用户提供生命科学高端装备与科研服务，聚焦临床痛点的医疗技术与服务、创新的生物技术制品与方案。

三级品牌体系的打造，不仅让海尔打破了传统单一家电企业的固有标签，也实现了企业自身拓长度、延广度、挖深度。海尔生态的勃勃生机，也为企业加速朝世界一流企业迈进筑起了一道坚不可摧的"护城河"。

三、国外市场

坚持"三步走"战略，走难而正确的路

海尔走向世界的理念与一般企业不同。当时很多企业坚持"出口创汇"，但海尔从一开始就确定了自主创牌的战略，以自主品牌进入全球市场。海尔集团创始人、董事局名誉主席张瑞敏说："我们采用的是'先难后易'策略，希望通过努力，奉献给世界一个由海尔人、中国人创造的世界名牌，这是一条艰难的道路，我们一直在走着。"在全球化的过程中，海尔经历了走出去、走进去、走上去三个阶段。

（一）走出去：出口创牌，先难后易，找高手下棋

20世纪90年代中后期，中国提出"走出去"战略，先后采取一系列优惠政策和措施，鼓励中国企业走出国门，开拓海外市场。中国企业海外投资日趋活跃，但很多企业普遍选择贴牌，以尽快获得收益。而海尔选择向海外出口"海尔牌"，坚持打造自己的品牌。

1984年，海尔从德国引进设备与技术和生产流水线。当时海尔团队赴德进行重要谈判与签约，德方陪同人员表示，虽然中国工业落后，但是四大发明非常棒。这句话深深触动了海尔人的心弦。海尔决定，一定要创出中国自己的世界名牌！这也成为海尔创业之初的目标。

1986年9月，琴岛-利勃海尔电冰箱正式投产。1990年，海尔人带着冰箱来到德国。当时，德国海关和商品检验局都不相信中国产品，8000台海尔冰箱硬是进不了德国。没办法，海尔请检验官把德国市场上所有品牌的冰箱和海尔冰箱都揭去商标，放在一起检验。揭掉冰箱商标与德国市场上畅销的冰箱同场比质量，海尔冰箱获得的"＋"最多，

甚至比利勃海尔还多几个“+”。德国经销商当场签订 2 万台销售合同，这是海尔产品第一次跨出国门。不久，又碰上德国检测机构对市场上的冰箱进行质量检测。海尔 5 个项目共拿了 8 个“+”，排在第一位。1997 年，在德国科隆举行的世界家电博览会上，海尔开始向老外颁发产品经销证书。

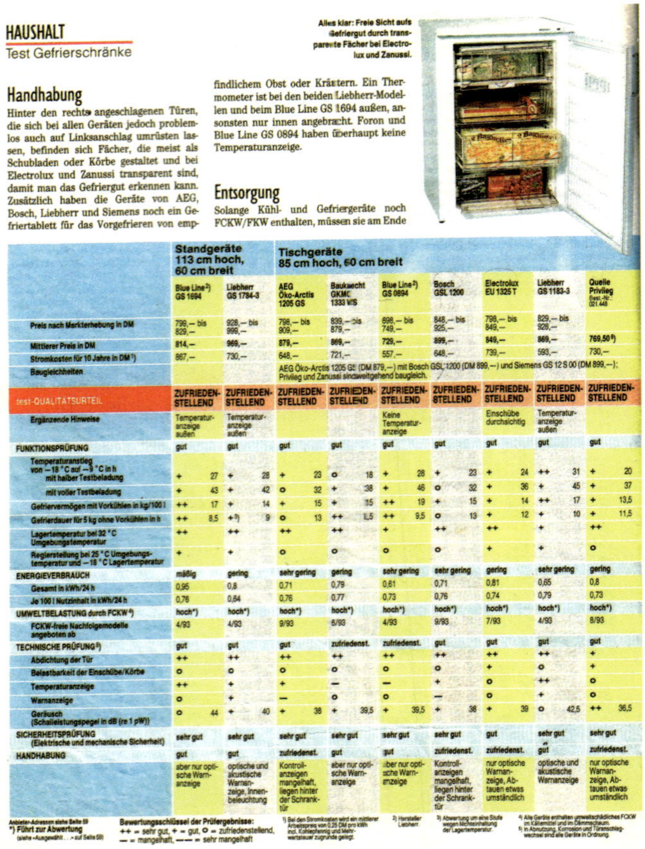

HAUSHALT

Test Gefrierschränke

Alles klar: Freie Sicht aufs Gefriergut durch transparente Fächer bei Electrolux und Zanussi.

Handhabung

Hinter den rechts angeschlagenen Türen, die sich bei allen Geräten jedoch problemlos auch auf Linksanschlag umrüsten lassen, befinden sich Fächer, die meist als Schubladen oder Körbe gestaltet und bei Electrolux und Zanussi transparent sind, damit man das Gefriergut erkennen kann. Zusätzlich haben die Geräte von AEG, Bosch, Liebherr und Siemens noch ein Gefriertablett für das Vorgefrieren von empfindlichem Obst oder Kräutern. Ein Thermometer ist bei den beiden Liebherr-Modellen und beim Blue Line GS 1694 außen, ansonsten nur innen angebracht. Foron und Blue Line GS 0894 haben überhaupt keine Temperaturanzeige.

Entsorgung

Solange Kühl- und Gefriergeräte noch FCKW/FKW enthalten, müssen sie am Ende

	Standgeräte 113 cm hoch, 60 cm breit		Tischgeräte 85 cm hoch, 60 cm breit						
	Blue Line[2] GS 1694	Liebherr GS 1784-3	AEG Öko-Arctis 1205 GS	Bauknecht GKMC 1333 WS	Blue Line[2] GS 0894	Bosch GSL 1200	Electrolux EU 1325 T	Liebherr GS 1183-3	Quelle Privileg Best.-Nr. 021.448
Preis nach Markterhebung in DM	798,– bis 829,–	928,– bis 999,–	798,– bis 909,–	839,– bis 879,–	698,– bis 749,–	848,– bis 925,–	798,– bis 849,–	829,– bis 928,–	
Mittlerer Preis in DM	814,–	969,–	879,–	869,–	729,–	899,–	849,–	869,–	769,50[6]
Stromkosten für 10 Jahre in DM[1]	867,–	730,–	648,–	721,–	557,–	648,–	739,–	593,–	730,–
Baugleichheiten			AEG Öko-Arctis 1205 GS (DM 879,–) mit Bosch GSL 1200 (DM 899,–) und Siemens GS 12 S 00 (DM 899,–); Privileg und Zanussi sind weitgehend baugleich.						
test-QUALITÄTSURTEIL	ZUFRIEDEN-STELLEND	ZUFRIEDEN-STELLEND	ZUFRIEDEN-STELLEND	ZUFRIEDEN-STELLEND	ZUFRIEDEN-STELLEND	ZUFRIEDEN-STELLEND	ZUFRIEDEN-STELLEND	ZUFRIEDEN-STELLEND	ZUFRIEDEN-STELLEND
Ergänzende Hinweise	Temperaturanzeige außen	Temperaturanzeige außen			Keine Temperaturanzeige		Einschübe durchsichtig	Temperaturanzeige außen	
FUNKTIONSPRÜFUNG	gut	gut	gut	gut	gut	gut	gut	gut	gut
Temperaturanstieg von –18 °C auf –9 °C in h mit halber Testbeladung	+ 27	+ 28	+ 23	o 18	+ 28	+ 23	+ 24	++ 31	+ 20
mit voller Testbeladung	+ 43	+ 42	o 32	+ 38	+ 46	o 32	+ 36	+ 45	+ 37
Gefriervermögen mit Vorkühlen in kg/100 l	++ 17	+ 14	+ 15	+ 15	++ 19	+ 15	+ 14	++ 17	+ 13,5
Gefrierdauer für 5 kg ohne Vorkühlen in h	++ 8,5	+[3] 9	o 13	++ 11,5	++ 9,5	o 13	+ 12	+ 10	+ 11,5
Lagertemperatur bei 32 °C Umgebungstemperatur	++	++	++	++	+	++	++	+	++
Reglerstellung bei 25 °C Umgebungstemperatur und –18 °C Lagertemperatur	+	+	o	o	o	o	+	+	o
ENERGIEVERBRAUCH	mäßig	gering	sehr gering	gering	sehr gering	sehr gering	gering	sehr gering	gering
Gesamt in kWh/24 h	0,95	0,8	0,71	0,79	0,61	0,71	0,81	0,65	0,8
Je 100 l Nutzinhalt in kWh/24 h	0,76	0,84	0,76	0,77	0,73	0,76	0,74	0,79	0,73
UMWELTBELASTUNG durch FCKW[4]	hoch*)	hoch*)	hoch*)	hoch*)	hoch*)	hoch*)	hoch*)	hoch*)	hoch*)
FCKW-freie Nachfolgemodelle angeboten ab	4/93	4/93	9/93	6/93	4/93	9/93	7/93	4/93	8/93
TECHNISCHE PRÜFUNG[5]	gut	gut	gut	zufriedenst.	zufriedenst.	gut	gut	gut	gut
Abdichtung der Tür	++	++	++	++	++	++	++	++	+
Belastbarkeit der Einschübe/Körbe	o	o	o	o	o	o	+	o	+
Temperaturanzeige	++	+	+	–	–	+	o	++	o
Warnanzeige	o	+	–	o	o	–	o	+	o
Geräusch (Schalleistungspegel in dB (re 1 pW))	o 44	+ 40	+ 38	+ 39,5	+ 39,5	+ 38	+ 39	o 42,5	++ 36,5
SICHERHEITSPRÜFUNG (Elektrische und mechanische Sicherheit)	sehr gut	sehr gut	sehr gut	sehr gut	sehr gut	sehr gut	gut	sehr gut	sehr gut
HANDHABUNG	gut	gut	zufriedenst.	gut	gut	zufriedenst.	zufriedenst.	gut	zufriedenst.
	aber nur optische Warnanzeige	optische und akustische Warnanzeige, Innenbeleuchtung	Kontrollanzeigen mangelhaft, liegen hinter der Schranktür	aber nur optische Warnanzeige	aber nur optische Warnanzeige	Kontrollanzeigen mangelhaft, liegen hinter der Schranktür	nur optische Warnanzeige, Abtauen etwas umständlich	optische und akustische Warnanzeige	nur optische Warnanzeige, Abtauen etwas umständlich

Anbieter-Adressen siehe Seite 59

*) Führt zur Abwertung (siehe »Ausgewählt ...« auf Seite 59)

Bewertungsschlüssel der Prüfergebnisse: ++ = sehr gut, + = gut, o = zufriedenstellend, – = mangelhaft, – – = sehr mangelhaft

1) Bei den Stromkosten wird ein mittlerer Arbeitspreis von 0,25 DM pro kWh incl. Kohlepfennig und Mehrwertsteuer zugrunde gelegt.

2) Hersteller Liebherr.

3) Abwertung um eine Stufe wegen Nichteinhaltung der Lagertemperatur.

4) Alle Geräte enthalten umweltschädliches FCKW im Kältemittel und im Dämmschaum.

5) In Abnutzung, Korrosion und Türanschlagwechsel sind alle Geräte in Ordnung.

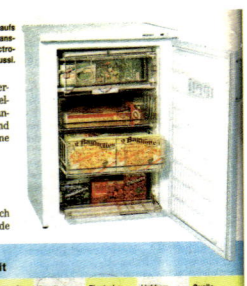

海尔冰箱在与国外品牌的“盲测”中胜出

海外自主创牌之初还有一个插曲。1992 年，美国通用电气计划到中国收购一家冰箱制造商，海尔成为目标。面对通用电气要求海尔放弃自身品牌的强硬条件，张瑞敏坚决拒绝了此次收购。张瑞敏说，如果贴牌，那世界上再也见不到海尔品牌了。

为了打造中国自己的全球品牌，海尔始终坚持研发产品，在初期阶段，通过提供当地品牌尚未覆盖而用户又有实际需求的缝隙化产品，成功打入国际主流市场。进入美国之初，海尔就针对大学生群体推出了带电脑桌的小冰箱，深受美国学生群体的喜爱，撬开了美国用户市场。在日本，海尔专门为日本单身族设计的微型“个人洗衣间”推出后，不仅深受日本单身消费者的青睐，还成为日本家庭及医院患者选购洗衣机的首选产品。上市当月，海尔洗衣机就接到日本追加的 30 余批订单。“海

尔牌"产品正式走上世界舞台。

（二）走进去：进入国外主流渠道，销售主流产品

当在欧美市场打开了一个突破口，海尔同时也发现了一个新世界：全球家电市场实际上由一个个碎片化的小市场组成，企业需要提供差异化的产品、服务、体验，不然很难撬动不同市场的消费心智。于是，海尔通过"本土化研发、本土化制造、本土化营销"的三位一体策略，进入国外主流渠道。

1. 本土化研发：针对用户的本地化需求，研发满足用户需求的创新产品

在巴基斯坦，面对当地家庭人数众多、喜欢穿大袍子的需求，海尔专门设计了大容量全自动洗衣机，一次能洗 12 件大袍子。空调几乎是当地全年的必需品，用户苦于电费贵。为此，海尔创新了当地首款太阳能混合空调，在晴天利用太阳能，阴天和夜晚则切换到电网供电，不仅给用户省了钱，还更加绿色环保。

在泰国等东南亚地区，夏季酷热，当地人家里常年开空调、喝冰沙。海尔根据这个特点，研发了空调自清洁专利技术，并且在冰箱上专门设计了可制作冰沙冷饮的变温区，用技术创新去适应当地用户的生活习惯。考虑到当地经常换洗空调被，传统洗衣机筒径小于 500mm，被子等大件衣物无法充分舒展开，洗涤不彻底。海尔推出 601mm 超级大筒径洗衣机，满足用户洗被子等大件的需求。

在日本，海尔调查发现日本 41.4% 的用户对厨房空间不大满意，两人以上在厨房一起做饭就会感到拥挤，并且由于日本女性普遍身材娇小，经常出现很费力才能取到冰箱深处物品的情况。海尔据此推出 500L 的 TZ51H 超薄冰箱，不仅照顾了厨房空间，也让女性能很容易就取到冰箱最高层、最深处的物品。

在欧洲，拥有空调的家庭不到 5%。除了环境和人文原因之外，高昂的安装费也导致空调普及率不高。为此，海尔推出 F 系列智能空调，并针对意大利本土化需求迭代升级推出了"易安装"功能，把原来需要两个人安装的活儿变成一个人即可完成。

在美国，海尔根据当地生活习惯推出 GE Profile 室内烟熏机等产品，其中 GE Appliances 的冰箱被美国《福布斯》评为 2022 年"最佳法式对开门冰箱"。

海尔在加速国际化的进程中，通过实施"三个 1/3"的目标来深度拓展国际市场。"三个 1/3"即海尔产品 1/3 国内生产国内销售、1/3 国内生产国外销售、1/3 国外生产国外销售。国外建厂、生产与销售，不仅是海尔打造国际名牌的关键一步，更是其全球化战略中不可或缺的一环。

2. 本土化制造：海尔的本土化制造第一步是向发达国家市场迈进，为自己争取了一个身位的领先，也为后来的步步领先打下坚实的基础

（1）美国造

创牌之初，美国不断设置贸易壁垒和技术壁垒，对海尔产品出口到美国市场很不利。于是，海尔决定到美国建厂，开启了海尔的品牌出口。海尔在美国建厂前，在美国的年销售额不到 3000 万美元。1999 年 4 月 30 日，海尔在美国南卡罗来纳州建立了美国海尔工业园，占地 700 亩，年生产能力 50 万台。

海尔在美国建厂的消息传出后，一石激起千层浪。1999 年 7 月的《中国企业家》杂志驻美记者李亚平发表文章《提醒张瑞敏》，善意提醒道："别的企业到美国投资都不成功，海尔去了也很难成功。""宁在国内吃肉，不到国外喝汤。"但海尔坚持"与狼共舞"，而且，首先自己要变成狼。

2000 年 3 月，第一台美国制造的海尔冰箱下线，通过高质量和个性化设计逐渐打开了市场。这意味着第一个"三位一体本土化"的海外海尔成立，研发中心在洛杉矶、制造中心在南卡来罗纳州、营销中心在纽约。2002年3月，海尔买下纽约的格林尼治银行大厦作为北美的总部，代表海尔对美国市场的承诺。海尔的标识也代表中国品牌在美国成为一道亮丽的风景线。

海尔在拓展市场份额的同时，也为美国消费者留下了美誉并得到了赞誉，设计充分满足用户的个性化需求，产品线从单一的小冰箱、小冷柜，发展成同主流品牌竞争的庞大产品群，并在2003年荣获全美产品设计金锤奖。2004年7月1日，美国Target连锁店与海尔联合在纽约创下了7小时内销售7000台空调的惊人纪录。美国著名家电零售周刊 HFN 于7月5日用整版大篇幅深入报道了这次活动。

海尔在美国的贡献得到当地认可和称赞。为表彰海尔对南卡州投资和对当地发展所做的贡献，开姆顿市所在的Kershaw县政府将2001年的社区贡献奖颁发给了海尔；2002年，南卡州政府更授予海尔美国工厂创造就业奖。该项目被认为是贸易带动投资的典范，市政府无偿将市里的一条大路命名为"海尔路"。这是美国国内第一条以中国企业命名的道路。

"海尔路"——美国国内第一条以中国企业命名的道路

2001年，美国《独立报》：通向成功之路

（2）意大利造

在意大利，海尔洗衣机工厂占地65000平方米，应用先进的生产工

2010年9月7日,海尔全球第1亿台冰箱在意大利工厂下线

艺和较高的自动化水平,为泛欧洲用户提供智慧互联滚筒洗衣机产品。

2010年9月7日,海尔全球第1亿台冰箱在意大利工厂顺利下线,随即被送往用户家中。这台橙色外观的意式三门冰箱在当时成为海尔拓展欧洲市场的主战机型,并荣获欧洲"红点至尊"等多项国际设计大奖。

不仅如此,海尔还深度参与共建"一带一路"。海尔"三位一体"对本土化创牌的坚持,也带动"一带一路"相关的国家和地区的技术升级、标准输出和产业体系的升级,带动当地产业链的稳健发展。

(3)埃及造

海尔在"海尔全球造"的体系内新增"埃及造",不仅能满足当地需求,还能辐射非洲、中东、欧洲市场。

2023年是"一带一路"倡议提出10周年。当地时间3月15日上午,海尔埃及生态园举行奠基仪式。海尔埃及生态园总投资额1.6亿美元,占地20万平方米。一期工程主要生产空调、洗衣机、电视三类产品,已经于2024年上半年投产运营。二期工程主要生产冰箱、冷柜,二期工程设计总产能将超100万台。

2023年3月15日，
海尔埃及生态园举行奠基仪式

海尔埃及生态园一期工厂

海尔埃及生态园区是数字孪生园区，开工建设前通过数字孪生等科技进行数字建厂，实现从用户端到工厂端的信息无缝连接，快速根据用户需求进行定制化生产，最终打造"智能化、数字化、柔性化"生态工厂。

埃及生态园的投产，将更好地应和国家战略，落地"一带一路"倡议。在这个历史上连接东西方贸易和文化的枢纽地，海尔生态园建成后，预计提供超3000个就业岗位，为埃及培养优秀的制造与管理人才。同时，还能带动当地家电全产业链的智能升级，让地缘优势和人口红利不断显现增益，促进当地经济发展。

（4）越南造

在越南，海尔旗下AQUA品牌在同奈省边和市建立起冰箱、洗衣机（滚筒和波轮）等产品制造基地，园区建筑面积达8万平方米。目前，AQUA越南洗衣机市场份额位居当地第一。

（5）巴基斯坦造

巴基斯坦是海尔较早进行海外布局的市场之一。2001年，海尔在巴基斯坦旁遮普省建立海尔工业园，并于2006年经中国商务部批准建立首个中国境外经济贸易合作区，即"海尔－鲁巴经济区"。目前"海尔巴基斯坦"已成为当地市场份额和知名度"双第一"的品牌，其中冰箱、冷柜、空调、洗衣机四大产业线都做到了市场份额第一。随着共建"一带一路"的深入推进，中巴经济走廊建设取得显著成效。海尔－鲁巴经济区成为其中一股坚实力量，以海尔为龙头的中国企业的到来，改变了

海尔－鲁巴经济区　　　　　　　　海尔土耳其干衣机工厂

当地家电产业的格局和贸易结构，为地区繁荣增添强劲动力。

（6）土耳其造

在土耳其，海尔设立土耳其工业园，面积达 34 万平方米，辐射泛欧市场。到目前，干衣机、洗碗机、厨房电器智能工厂投资 1 亿余欧元，占地 11.3 万平方米，工厂年产能 380 万台。

（7）罗马尼亚造

在罗马尼亚，海尔罗马尼亚冰箱工厂成为欧盟首个 COSMOPlat（全球首家引入用户全流程参与体验的工业互联网平台）互联工厂，占地面积 63000 平方米，年产能 100 万台，配备全自动化生产线，拥有 800 名员工。

3. 本土化营销：海尔不只是实现"全球造"落地，同时还将"自主研发、制造与营销"的全球经营管理能力，与不同国家用户和家庭本土化需求"面对面"打通，开启"全球造全球卖"的新局面

在欧洲地区，Candy 在 2024 年进行了品牌焕新，并在欧洲进行大规模的品牌推广活动。地区主要涵盖意大利、西班牙、德国、法国、英国等发达国家。New Candy 的品牌重新定位于年轻化、科技化、时尚化的消费市场。

在布局南亚、东南亚等新兴市场渠道建设上，海尔线上线下共同发力。在线下，2021 年，海尔智家菲律宾 001 号店开业；2022 年 8 月，卡萨帝高端智慧场景体验中心在泰国开业；2023 年 2 月，AQUA 印尼

GE Appliances 研发中心

罗马尼亚工厂

海尔日本研发中心

澳大利亚斐雪派克研发中心外景

望加锡首家品牌店开业；2023年5月，海尔在老挝最大的品牌店于首都万象开业。在线上渠道方面，东南亚五国通过线上 TikTok 平台发起海尔自清洁空调健康生活挑战赛，8天相关话题播放量破30亿。2021年泰国6·6购物节，Candy 在 Lazada 和 Facebook 上同步进行成套产品的场景直播。当日 Lazada 旗舰店浏览量超5万人次，点赞超9万人次。

  在全球化的舞台上，海尔的品牌身影已遍布全球。在全球创牌过程中，海尔始终致力于与国际赛事紧密合作。当地时间3月18日，2024年世界花样滑冰锦标赛于加拿大蒙特利尔开赛。作为四大世界顶级花样滑冰赛事之一，各国顶尖花样滑冰运动员在这里展开激烈角逐，海尔智家旗下 AQUA 作为官方合作伙伴在赛场同步亮相。这是海尔智家2024年赞助的又一国际大型赛事。这代表着海尔再次聚焦全球目光，不仅展

2024年3月，海尔AQUA赞助世界花样滑冰锦标赛

2024年，海尔成为BWF东南亚官方合作伙伴

示了全球化品牌硬实力，品牌影响力与美誉度也进一步提升。

海尔海外"三位一体"布局的脚步不会停，坚持自主创牌的海尔，现在不仅可以与国际品牌"掰手腕"，更是全球用户所熟悉的"中国面孔"。

（三）走上去：成为全球用户喜爱的本土化品牌

只有坚持高端创牌，与时代共振、与用户同频，才能成为真正的时代的品牌。海尔通过高端创牌，布局全球高端品牌集群，为全球用户不断解决生活痛点、持续创造优质体验。

海尔围绕用户构建了全球最强的高端品牌矩阵。在国内，海尔打造了卡萨帝等高端品牌。在海外，海尔则自2011年起，开启了大规模并购引领的多市场多品牌运营。

2011年收购原日本三洋品牌的AQUA布局东南亚和日本市场；
2012年收购新西兰国宝级电器品牌斐雪派克布局澳新市场；
2016年收购美国第二大白电品牌美国通用进入北美市场；
2019年收购意大利老牌家电品牌Candy布局欧洲市场；
2023年收购Carrie进军商用空调市场，成长为全球家电公司龙头。

2004年，海尔在欧洲的冰箱畅销型号价格仅为99欧元。但随着时间的流逝，海尔已经成长为当地的高端品牌。2014年海尔在欧洲推出1米宽的全球最大容积的法式对开门冰箱，售价达2999欧元，是当地商场里卖得最贵的冰箱。在德国，一款高端冰箱售价2999欧元，价格指数180，占冰箱整体份额的15.4%，位居多门冰箱TOP2行列。在英国，一款高端洗衣机售价849英镑，价格指数124，整体销量TOP2，销售额TOP3。在美国，海尔推出Combo大滚筒洗衣机，零售价高达2899美元，这让渠道商有所担忧。但半年后，追加的订单就突破了10万台，并带动了大滚筒洗衣机整体份额的迅速上升。在澳大利亚和新西兰这两个国家的市场，多门冰箱售价4899新币，其价格指数为150；而全嵌双温区冷冻／冷藏冰箱则售价15999新币，其价格指数为300。

海尔的高端品牌矩阵

2024年，海尔紧跟欧洲能源紧缺、能源价格居高不下的市场变化，推出了比A级能耗节能60%的海尔朗境X11洗衣机。在波兰，海尔朗境X11洗衣机价格指数高达275，洗烘一体机价格指数高达325，实现了出样即首销，并于今年4月实现超150%的渠道完成率。

在高端创牌过程中，海尔与两大世界顶级网球赛罗兰·加洛斯与ATP世界巡回赛进行合作。作为享有盛誉的国际网球赛事，"大满贯"罗兰－加洛斯和ATP世界巡回赛凭借高度的专业性深受全球体育爱好者以及高端群体欢迎。与这两项顶级赛事合作，不仅深化了海尔在欧洲的高端品牌建设，也很好地搭建了品牌与用户创意化互动的桥梁。数据显示，2023年，海尔欧洲品牌知名度提升3.1个百分点，品牌线上线下曝光量达11.9亿人次，高端市场竞争力进一步提升。

2023年，海尔智家成为罗兰-加洛斯官方合作伙伴

不管从国内打造三级品牌体系，还是在国外"三步走"，坚持自主创牌，可以看到，变化的是海尔在全球的经营逻辑与时俱进；不变的则是以海尔为代表的中国企业，以自主创新、用户思维参与并引导全球家电产业不断向上发展、向高端升级的趋势。

没有一成不变的成功企业，唯有顺应时代潮流不断前行的企业方能屹立不倒。历经40载春秋，海尔从一家濒临破产的集体小厂蜕变为举世闻名的国际品牌，它并未满足于过往的辉煌，而是持续向更高的巅峰发起挑战与冲刺。

聚焦"产品卓越、品牌卓著、创新领先、治理现代"的战略目标，海尔正在加快朝世界一流企业迈进，为推动全球经济的可持续发展贡献海尔力量。

第四章

海尔的"人单合一"

美国路易斯维尔通用电器园

北京时间2024年6月12日，美国通用家电加入海尔八周年暨员工见面会在美国路易斯维尔的通用家电产业园演讲厅举行。现场掌声雷动，气氛热烈。这时的美国通用已然成为当地市场的绝对引领者。

八年前，也是在同一间大厅，海尔集团创始人、董事局名誉主席张瑞敏先生欢迎通用家电加入海尔大家庭。彼时的美国通用连续多年业绩不佳，几乎要放弃家电板块。但自从加入海尔之后，它开始焕发新生的神奇能力。

并购一年后，美国通用迅速扭亏为盈，创出了10年来的最好业绩，并连续八年保持两位数的高速增长，引领行业新风向，逆市翻盘，成绩单颇为亮眼。这一动能便来自海尔的"人单合一"模式。

随着物联网时代到来，第四次产业革命加速推进，传统管理的科层制正在面临终结。究竟什么才是物联网时代的管理范式？

作为全球最大的家电供应商、物联网行业的领军者，海尔在全球拥有超 12 万名员工。如何释放人的活力、发挥人的积极性、让人的价值最大化，一直是贯穿海尔一切行动的核心和根本。"人单合一"模式，就是将这一理念落地为方法论的管理工具。

2024 年 6 月 12 日，美国通用家电加入海尔八周年暨员工见面会

"人单合一"的核心，是人的价值最大化，给人以尊严。在实践中，"人单合一"模式的结构贯彻了"自主"这一哲学原则，体现了一种信念。即相信每一个人都是独一无二的个体，当给予个体一定的权限和自由时，每个人都有潜力创造出独特的价值。这是新时代人的发展需要。

21 世纪是一个充满不确定性、急速变化的互联网时代。今天的员工拥有了更高超的技能，享受了更优质的教育，拥有了更多为公司服务的能力。互联网消除了边界和界限，由此产生了自组织，要求管理模式具备足够的灵活性和强大的自适应性。

"人单合一"的首要规则是摒弃一切科层制，包括所有来自高层的权力，去除中层管理人员，使组织更精益、更敏捷。在解聘了 1.2 万名中层管理人员之后，海尔将自己分身变成 4000 家独立的小微企业（以下简称"小微"）组成的公司社群；同时，实施"人单合一"转型后的海尔创造了数万个全新的工作岗位。

在海尔，公司的目标是让每个人都成为创业者。在"人单合一"模式下，领导不再负责独立团队或小微的员工分配，不再指示团队的工作内容或方式，不再干涉团队的组成，也不再设立团队必须实现的固定目标。在海尔，每个小微都拥有"三权"：决策权、用人权、分配权。

海尔认为，组织必须具备的核心竞争力就是为其客户创造价值的能力。"人单合一"模式要求制造、销售人员与用户之间零距离，所以，"人单合一"模式也被称为"零距离"模式,使小微与用户、小微与小微之间培养合作的零距离关系。事实上,"人单合一"模式将用户看作组织的合作伙伴,允许用户分享利润、推荐海尔的新产品、新服务。

2018年3月7日,张瑞敏受邀在哈佛商学院发表主题演讲

"人单合一"历经19年全球参与的探索、实践和验证,得到西方学界和管理界的高度认可,还被物联网之父凯文·阿什顿称为"最接近物联网本质"的商业模式。因为"人单合一"模式,张瑞敏多次登上世界级商学院的讲坛,海尔的转型案例也被多所国际商学院案例库收录。

一、物联网时代呼唤新的商业模式

进入21世纪,互联网科技的快速发展和深入应用彻底颠覆了传统时期的经济理论和管理理论。互联网带来"零距离""去中心化""去中介化"特征。市场需求日益个性化、多样化,传统企业组织管理模式显得越发僵化,难以适应快速变化的市场环境。不少企业发展到一定规模之后,在企业管理机制等诸方面,不知不觉地滋生出阻滞企业继续发展的种种危机,导致出现"大企业病"。

在网络时代,全球性商业竞争的本质——竞争力之源是创新的速度。个人的速度永远快于公司的速度,有竞争力的公司是可以把每个人的速度汇聚成加速度的经济体。在层级组织中，个人速度的天花板就是上级，只有在网络化平台中，个人动能和势能才能被无限释放。公司要转型成为平台，员工就要转变成创客。基于这一深刻的洞见，张瑞敏在2005年创新性地提出"人单合一"，这一理念的提出，既是时代的要求，又是竞争的要求。

从互联网到物联网的社会进化中，组织结构不但被再造，原来封闭的价值链也得以打开，用户和组织可以实现实时连接。这是"员工"和"用户"实现"鱼水不二"的技术前提，也是推动企业持续创新与发展的不二法则。

二、什么是"人单合一"

"人单合一"（RenDanHeYi，缩写为"RDHY"）是海尔集团创始人、董事局名誉主席张瑞敏提出的一种商业模式，通常称为"人单合一"双赢模式。该模式不同于一般意义上的竞争方式和组织方式，也不同于传统的业务模式和盈利模式的范畴，而是顺应互联网时代"零距离""去中心化""去中介化"的时代特征，从企业、员工和用户三个维度进行战略定位、组织结构、运营流程和资源配置领域的颠覆性、系统性的持续动态变革，在探索实践过程中不断形成并迭代演进互联网企业创新模式。

2005年9月20日，在海尔全球经理人年会上，张瑞敏首次在公开场合正式提出并系统阐述了海尔的"人单合一"模式。从此海尔开始了对"人单合一"模式的不懈探索。

自2017年以来，每年的这一天，海尔模式研究院和加里·哈默的管理实验室（MLab）都会联合举行一次高规格的论坛，全球管理学界、咨询界、企业界代表共同研讨"人单合一"理论的创新和管理实践的最新探索。张瑞敏既是"人单合一"理论的创立者，也是躬身入局的实践者，还是这一创新理论的传播推广者。

"人单合一"的字面释义:"人",指员工;"单",指用户;"合一",指员工的价值实现与所创造的用户价值合一。"人单合一"的基本含义是每个员工都应直接面对用户,创造用户价值,并在为用户创造价值中实现自己的价值分享。员工不是从属于岗位,而是因用户而存在,有"单"才有"人"。

在海尔集团的实践探索中,"人"的含义有了进一步的延伸。首先,"人"是开放的,不局限于企业内部,任何人都可以凭借有竞争力的预案竞争上岗;其次,员工不再是被动执行者,而是拥有"三权"(决策权、用人权和分配权)的创业者和动态合伙人。"单"的含义也进一步延伸,首先,"单"是抢来的,而不是上级分配的;其次,"单"是引领并动态优化的,而不是狭义的订单,更不是封闭固化的。因此,"人单合一"是动态优化的,其特征可以概括为两句话:"竞单上岗、按单聚散""高单聚高人、高人树高单"。"人单合一"的"合一"即通过"人单酬"闭环,每个人的薪酬来自用户评价、用户付薪,而不是上级评价、企业付薪。传统的企业付薪是事后评价考核的结果,而用户付薪是事先算赢,对赌分享的红利。

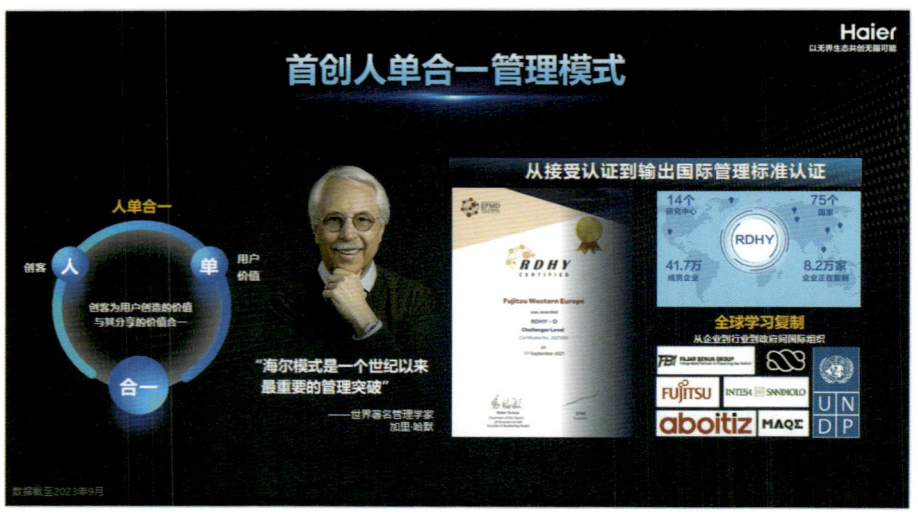

加里·哈默点赞"人单合一"模式

"人单合一"模式从薪酬驱动的方式根本性变革倒逼企业两个变量——战略和组织的模式颠覆，体现为"三化"——企业平台化、员工创客化、用户个性化。企业平台化，即企业从传统的科层制组织颠覆为共创共赢的平台；员工创客化，即员工从被动接受指令的执行者颠覆为主动为用户创造价值的创客和动态合伙人；用户个性化，即用户从购买者颠覆为全流程最佳体验的参与者，从顾客转化为交互的用户资源。

　　模式的颠覆同时颠覆了企业、员工和用户三者之间的关系。传统模式下，用户听员工的，员工听企业的；"人单合一"模式下，企业听员工的，员工听用户的。战略转型、组织重构和关系转变带来的是整个商业模式的重建。

　　海尔以"人单合一"模式创新，实现由传统的封闭的科层体制转型成为开放的创业平台，成为网状平台。在海尔平台上，只有三类人，即平台主、小微主和创客。三类人没有职位高低，差别只是掌握、创造的用户资源不同。

"人单合一"演进路线图

发展战略阶段	"人单合一"理念	管理创新	组织创新
名牌战略阶段	人人都管事，事事有人管	"高标准、精细化、零缺陷"	自主管理班组
多元化战略阶段	人人都有一个市场 人人都是一个市场	OEC管理模式	SBU（战略事业单元）
国际化战略阶段	/	以市场链为纽带的业务流程再造	MMC（微型公司，或项目团队）
全球化品牌战略阶段	人人都有单 单单都超值	"人单合一"双赢模式	倒三角——自主经营体 并联协同——利益共同体
网络化战略阶段	人人创客，引爆引领	"人单合一"共创共赢模式	互联节点——创客小微
生态品牌战略阶段	诚信生态，共赢进化	链群合约，增值分享	生态链小微群

平台主：负责给生态圈浇水施肥，任务是以行业引领为目标，搭建开放的人力资源体系，创新用户驱动机制，布局创业小微架构，驱动创业小微，动态优化实现引领目标。

小微主：负责对内创建并联生态圈，对外创建社群用户体验圈，两个圈融合成共创共赢生态圈，创造用户最佳体验。

创客：是小微企业里的创业者，创客和用户连在一起，吸引一流资源和利益攸关方以对赌的方式融进来，形成一个个社群，构成创业的基本单元，也就是小微生态圈。

海尔平台上的"三类人"齐心协力共同创造用户全流程最佳体验。

现在很多企业希望成为生态品牌，真正的生态品牌与产品品牌和平台品牌有非常突出的差异：从经济形态看，产品品牌脱胎于工业经济，平台品牌则依靠流量经济。但生态品牌是体验经济，创造用户体验；从时势上看，产品品牌和平台品牌是单边市场或双边（多边）市场，但生态品牌形成了共同进化的生态；从价值角度看，产品品牌是质量溢价，平台品牌是流量溢价，但生态品牌实现了价值自循环；从用户角度，前两种品牌只有顾客交易没有用户，而生态品牌创造的是终身用户。

如何创造终身用户呢？传统企业都有三张表——资产负债表、现金流量表和损益表，而海尔创造了第四张表——共赢增值表。传统损益表就是企业常用的会计报表，只关注收入和利润，并不关注产品最终卖给了谁；共赢增值表体现的是生态圈中所有利益相关方的收益。共赢增值表以用户价值为中心，关注用户、企业和利益攸关各方的共创共赢，核心在于以用户为中心。

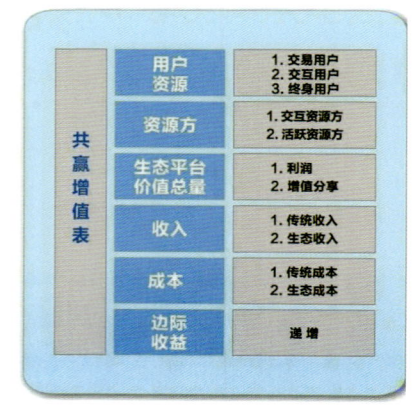

共赢增值表

三、"人单合一"的生态系统

"人单合一"的本质是：我的用户我创造，我的增值我分享。也就是说，员工有权根据市场的变化自主决策，员工有权根据为用户创造的价值自己决定收入。

"人单合一"模式的意义，在于彻底颠覆了传统的管理理论和组织结构，使每个人都是自己的CEO，并组成直面市场的自组织，每个员工通过为用户创造价值来实现自身价值。

在管理指导思想层面，"人单合一"以用户为中心、以战略创新为导向，开创性地把以人为本的管理思想往纵深发展，更加突出个人和自主经营团队的主体地位，推动企业经营活动持续动态升级，实现企业、员工、顾客的互利共赢。在管理实践层面，"人单合一"模式彻底抛弃传统管理模式下的科层制，让员工从原来被动的命令执行者转变为平台上的自驱动创新者；创业员工并非局限于企业员工，而是生态圈的概念。

海尔今天正在打造一个"生态品牌"，这是一个具有"三自"和"三新"特点的庞大系统。"三自"是指自主人、自组织、自循环，"三新"是指新模式、新生态、新范式。这个生态系统永远不是静止的，而是无穷循环的。犹如一片可以滋养万物竞相生长的"森林"，不同的动物、

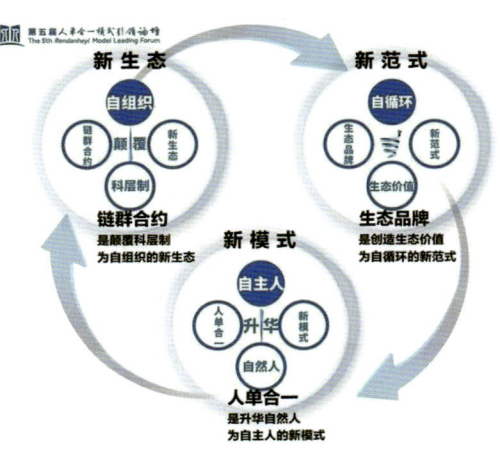

"三自"与"三新"的无限循环

植物、微生物，都可以在"生态圈"中相互依存，共同成长，生生不息。

其实，海尔是在破坏之后又创造性重组，这就是链群合约。链群是生态链上的小微群，所有的小微都可以根据市场需要自由组合。海尔的员工在没有各级领导、没有职能部门的前提下，依靠链群合约自主做出决策。要做到这一点，前提就是要归还"三权"，也就是将决策权、用人权、分配权等传统企业CEO才拥有的权利，归还给员工。

链群合约生态完全颠覆了科层制。传统组织是"产销人发财"各司其职，但现在变成一个个小微。小微围着用户转，聚合成链群。一类叫作体验链群，一类叫作创单链群。体验链群与用户交互能够发现用户的体验迭代需求，而创单链群则快速整合推出用户体验升级的产品和场景方案，实现用户体验的迭代优化，这中间没有层级汇报。

链群合约，就体现了"所有参与人的最优策略组成"。张瑞敏在一次现场演讲中表示，现在制造业企业倒闭的主因有两点：库存和应收。一堆库存卖不出去，巨额的应收拿不回来，所以才倒闭。但如果想查一下造成库存和应收的责任人是谁，很难归因。企业中各个部门是分割的，谁都可以说没有责任。研发说自己研发很好，卖不出去与我无关；制造说质量很好，怪销售没卖出去；营销说因为没有及时运到……总而言之大家都可以找到理由。但链群合约是大家连在一起，共存共荣，不可能再找理由。在链群里，产品成为爆款后，员工也会分享增值部分的收益。链群合约是让每个人创造的价值与分享的价值成正比。

与此同时，在落地"人单合一"后，业务人员作为最了解市场和业务的单元，被赋予了一定的决策权，缩短了决策时间的同时，大大加强了对市场机会的把控。以往在考核员工业绩时，几乎会统一采用传统且严格的薪酬制度。而在"人单合一"理念下，人力在招聘之前便会和员工就岗位职责进行沟通，员工如果能提出具有高价值的引领目标和可行方案，便从过去人力"说多少给多少"的固定薪酬变成如今的"员工开价，人力评价"的新模式。这种更能激发动力的薪酬模式很快得到了员工的欢迎。

四、走向世界的"人单合一"

截至目前,海尔在全球拥有14个"人单合一"模式研究中心,包括美国硅谷的研究中心,75个国家41.7万家企业在学习"人单合一"模式,其中有8.2万家已经复制"人单合一"模式。

(一)"人单合一"在国内

2014年海尔提出"企业平台化、员工创客化、用户个性化"。也就是说,在海尔集团,每一位员工都有机会成为创客合伙人,拥有劳动所得、资本利得和超利分成的机会;"创客制"的导向是创造用户价值,遵循"只有增值,才有收益"的原则,让每个人从被动的执行者转变为自主创造者,为激发人才创新活力提供机制保障。

与传统激励机制相比,创客制有三大优势。

(1)人人是创客,赛马不相马。你有多大能力,就为你提供多大的舞台。在创客制下,已有超过1.5万人成为创客合伙人。

(2)参与约束、激励相容。将传统的"领导定薪、企业付薪"变为"用户付薪",实现了创造价值与分享价值的合一。

(3)能进能出、能上能下。创造的价值越大,进入的机会越大。创客制是要充分激发每个人的创新活力,实现"事业吸引人才、人才成就事业、事业激励人才"的新局面。

1. 海尔生物医疗刘占杰

以海尔生物医疗的创始人刘占杰为例。刘占杰博士曾是一名大学老师,2001年进入海尔成为"创客"后,和团队研发了中国第一台超低温冰箱,打破了该领域国外品牌30多年的垄断。2018年,海尔生物医疗开放引进资源，67名核心管理团队及技术团队创客跟投对赌。2019年，海尔生物医疗在科创板上市，成为青岛市首家登陆科创板的企业。刘占杰实现了从一名普通创客到上市公司负责人的蜕变，之前参与对赌的67名创客也成为海尔生物医疗的合伙人。

2019年10月25日，海尔生物敲响科创板上市的锣声

2. 衣联网孙传滨

海尔衣联网创始人孙传滨于2005年加入海尔集团，起初担任海尔洗衣机企划部部长。在观察到市场用户普遍反映家里洗衣机不能洗高端衣服的痛点之后，果断在原有板块基础上独立出新的业务板块，成立新公司，解决家庭洗衣机高端衣物洗护问题。创业至今，孙传滨带领团队成功打造了衣联网体验店这一创新模式。该店不仅是一个展示海尔物联网衣物护理技术的窗口，更是一个集衣物洗、护、存、搭、购全生命周期解决方案于一身的服务平台。衣联网体验店的成功运营，不仅验证了孙传滨的创业理念，也为海尔在物联网时代的转型升级提供了有力支撑。

3. 雷神科技路凯林

雷神科技是海尔集团"人单合一"模式下投资孵化的创客公司，其创始人路凯林的创业历程同样充满了创新与坚持。路凯林于2004年加入海尔集团，最初在海尔电脑门店担任直销员。2013年，传统PC行业遭遇寒冬。路凯林通过大量的互联网大数据分析，敏锐地发掘到游戏本这一巨大的细分市场。基于这一洞察，路凯林于2014年创立了青岛雷神科技有限公司，并全力打造"雷神科技"这一全新的互联网游戏品牌。2022年12月23日，路凯林带领雷神科技在北京证券交易所公开发行上市，成为北交所"电竞装备第一股"。

"人单合一"突破了传统管理模式的桎梏，让创客们有了满足用户需求的自驱力量，有了与企业共生存的主人翁精神，每个人都成为自己的 CEO，在为用户创造价值的过程中实现自身价值。

（二）"人单合一"在国外

1. GE Appliances 应用案例

2016 年 6 月 6 日，海尔兼并 GE Appliances 并在其内部推行"人单合一"模式。没有更换一台设备，没有派遣一个人，只引进"人单合一"模式，激发全员的创新活力，不到两年时间，让 GE Appliances 从多年来业绩不佳到扭亏为盈。并购八年来，GE Appliances 连续保持两位数增长，成为美国市场增长最快的家电企业。

2. 三洋应用案例

在日本，海尔智家经过 20 多年自主创牌、高端创牌成功登顶"家电王国"第一。2002 年，随着 6 个集装箱的漂洋过海，海尔智家毅然开启日本创牌之路，成为当时唯一的外资自有品牌；2012 年，海尔智家整合三洋电机白电业务，开启高端创牌的二次创业，并于 2022 年正式登顶日本市场。

2012 年，海尔收购日本三洋后，成功引入并实施了"人单合一"管理模式。这一历程中，海尔打破了三洋原有的年功序列制，通过"人单合一"激发员工的积极性和创造性，实现了企业管理的革新。该模式仅用八个月的时间就帮助三洋迅速止亏并盈利；同时促进了企业文化的重塑，加强了员工

GE Appliances 团队

与市场的直接联系，显著提升了企业的运营效率和市场竞争力。

（三）"人单合一"在外部的复制应用

1. 日本——富士通

富士通是一家日本跨国公司，富士通西欧向日本总部提出了实行"人单合一"转型的要求，得到总部的支持。富士通西欧的软件外包团队，一部分人做传统业务，还有一部分人做新业务（创造新的利润增长点）。从事新业务的人分成了15个小微，每个小微4到12人，拥有充分的自由度。疫情防控期间，小微订单增长了3倍。

2. 印尼——法贾尔·伯努瓦集团

法贾尔·伯努瓦集团（Fajar Benua Group）成立于1983年，属于工程服务业，主营业务是密封包装类产品与挠性接头的制造、装配等工程服务。2018年，该公司首次了解到海尔及"人单合一"，2019年开始试点。法贾尔·伯努瓦集团的"人单合一"实践第一步是见证了小微的诞生。从2019年的第一个专注ERP系统开发与销售的试点项目，到如今已经有7个不同的小微项目，其中成功孵化了4家自负盈亏的独立小微企业。法贾尔·伯努瓦集团在2022年实现了50%的同比收入快速增长。

3. 意大利——糖果工厂

2011年成立的糖果工厂是一家数字营销企业，70人左右规模。2021年引入"人单合一"后，糖果工厂把组织架构重组为5家小微企业和1个共享服务平台。为了让员工易于接受这一来自东方的管理模式，糖果工厂将"人单合一"与当地的美食文化相结合，把小微称为"厨房"，撤销"经理"这一职位，改为被称作"厨师"或"糕点师"的小微主。每个"厨房"有一个"主厨"对整个"厨房"负责。每个"厨房"可以发展自身独特的业务和文化。"厨房"的每一位成员都可以零距离与用户交互，聆听用户需求。"厨房"若能实现营收和利润目标，可将营收的 5% 作为团队的分享。共享服务平台被称为"农贸市场"，为"厨房"提供人力、财务、战略等服务引导。

落地半年后，"厨房"产生的收益已超过了整个财年的成本开支。更重要的是，新模式还使团队能迅速识别用户需求，并在一年之内开发出七种新的服务产品，满足了用户的个性化需求。

《海尔转型笔记》《人单合一》

4. 圣马力诺——ASA 集团

ASA 集团是一家生产通用金属包装制品的公司，总部位于圣马力诺，是欧洲通用金属包装行业的第四大集团。2024 年 3 月，ASA 在学习了"人单合一"（意大利）研究中心的课程后，正式开始向"人单合一"转型。

ASA 从职能部门转型、创业孵化、端到端全流程三方面建立样板：首先把物流部门从职能部门转为盈利小微，创造出的利润由团队成员自主分配；ASA 一个工厂管理着 150 多人的负责人，在了解"人单合一"小微模式后，主动放弃管理岗位，创立了数字印刷小微，创业小微享有自主权和利益分配权；油罐链群则是围绕满足橄榄油生产商和装瓶商的需求而成立，他们建立了用户调研、产品开发、销售服务端到端的链群，该链群在产品选择上拥有自主权，既能销售 ASA 的产品，也能销售其他供应商的产品。

上述三个小微转型后都取得了显著的成效：物流小微从一个费用部门变成了利润率超过 10% 的公司，数字印刷小微则实现了 120% 的收入增长，油罐链群也实现了超过 15% 的增幅。三个样板的成功使 ASA 坚定了在全公司内推广"人单合一"模式。

5. 意大利——VAR 集团

VAR 集团是一家位于意大利的数字服务与解决方案提供商，拥有 50 多年发展历史，是行业内的佼佼者，其业务涵盖云服务、网络安全、行业解决方案等多个领域。随着大量的并购和业务不断整合，VAR 集团成为由在同一品牌和治理框架下的多个实体、多种文化、多种制度和多个团队组成的多元化集团。

在"人单合一"开源研究中心的参与和协助下，VAR 开始试点转型，围绕面向客户／用户的服务平台、面向集团内部的服务平台以及业务部门自主管理三方面开展了三个试点项目，探索出向平台化生态型组织转型的路径。目前，VAR 已初步形成了小微、行业平台、共享服务平台的组织架构，以及链群合约、增值分享、内部市场化等管理机制，实现了项目团队分布式、创业型和扁平化的组织模式。

当海尔商品畅销全球时，海尔的"人单合一"思想与模式也在走向世界。

海尔首创的"人单合一"模式，可谓中国第一个走向全球的原创管理模式。此前，人们熟知的福特模式、丰田模式，作为工业革命以来两大最具代表性的管理模式，曾经让世界很多企业纷纷仿效。"人单合一"管理模式通过 19 年的演进，已经被世界更多的企业实践、证明、认可，特别是在近年，不断地开花结果、枝繁叶茂。

如今，在"人单合一"模式指导下，海尔已转型为开放的物联网生态。通过打造高端品牌（包含卡萨帝等品牌）、场景品牌三翼鸟、生态品牌卡奥斯、盈康一生等三级品牌体系，海尔围绕全球用户需求，构建了"衣食住娱康养医教"的物联网生态系统。

物联网时代，企业不再是有围墙的"花园"，而是万物竞相生长的"森林"。不同行业犹如森林中一个个"生态圈"，上下游创业小微和企业犹如"生态圈"中的动物、植物、微生物等，他们相互依存与协作，共同成长。

五、"人单合一"的自进化：从 1.0 到 2.0

"人单合一"2.0 的任务是创造新经济引擎，这是时代的要求，也是"人单合一"自我进化的结果。

（一）时代呼唤新引擎

2022 年年底，以大模型技术为基础的生成式 AI（ChatGPT）横空出世，打开了人工智能发展的魔法盒子，宣告了人工智能时代的到来。这一技术被认为将深刻影响世界经济和社会格局。传统产品经济和平台经济的引擎已无法在人工智能时代产生驱动力。无边界、融合的生态经济成为适应人工智能时代的经济形态。

传统工业时代对应的是产品经济，以产品为价值载体，用户追求的是"物美价廉"的商品，"零缺陷"就成为竞争制胜的关键。以流水线为基础的大规模制造模式成为经济引擎，这也催生了以全面质量管理为代表的管理模式的出现。这时候，企业是中心，围绕的是如何提升企业效率和规模。

消费互联网时代对应的是平台经济，以产品和服务为价值载体，用户追求便宜便捷，"零延误"成为竞争制胜的关键。搜索引擎以流量带动了平台经济的发展，这种双边／多边的交易模式从需求侧加速了产品的交易和流通效率，满足了"零延误"的需求。但无法解决价值创造的问题，更无法实现体验的迭代。

产业互联网和人工智能时代是生态经济，用户追求的是体验迭代，这不是单个产品能够满足的，"场景"成为价值的载体。而要满足用户即时、动态的场景体验迭代，也不是单家企业、单个行业能够实现的。因此能否与用户保持"零距离"，能否与生态各方"零边界"成为竞争制胜的关键。而增值分享，也就是创造价值与分享价值的合一价值闭环成为经济引擎。

（二）"人单合一"自进化出新引擎

传统科层制企业只会自僵化，不能自进化。"人单合一"重塑了传统经济模式和企业管理的底层逻辑，使组织具备了自我进化出新引擎的能力。而生成式人工智能技术则加速了新引擎进化的速度。

"自组织"是"人单合一"自我进化出新引擎的前提条件。

复杂经济学创始人布莱恩·阿瑟认为："海尔的'人单合一'模式是一个自组织智能。因为有这种自组织智能，即便没有人工智能技术，海尔系统也会运行得非常好。它更像是一个生物有机体，能感知、重新配置并执行。"

"人单合一"1.0阶段，聚焦"零距离"，解决了企业与用户的零距离和员工与用户的零距离的难题，实现"自组织智能"，自感知、自优化、自迭代。

企业与用户的零距离，实现自组织。海尔将传统"以产品为中心的交易关系"迭代为"以用户体验迭代为中心的交互关系"，推倒企业与用户之间的墙，企业直接面向用户。为此，海尔推倒了企业内部的墙，将僵化的、无机的科层制他组织变成动态、有机的链群合约自组织。

员工与用户零距离，实现了自主人。在去科层的基础上，海尔将CEO最重要的"三权"让渡给员工，员工从听领导的工具人，变成听用户的自主人（创客）。很多学者和专家也认为这将掀起企业界的"文艺复兴"。因为"文艺复兴"是解放人性、反对神性，而企业界的文艺复兴就意味着希望，在企业界就需要通过"让每个人都成为自己的CEO"来释放人的自主性。

生成式人工智能技术加速"人单合一"自进化出新引擎。

生成式人工智能自学习、自交互、自进化的能力不仅能够实现全时、

第八届"人单合一"模式引领论坛现场

全域、全面地与用户"零距离"交互,也为生态各方交互、共创提供技术支持,为"人单合一"自进化出新引擎装上加速器。

(三)新引擎:从"人单合一"1.0到"人单合一"2.0

"人单合一"从1.0进化到2.0,就是从"零距离"进化为"零边界"。具体可从五个维度来看"人单合一"2.0,这也是新引擎的内涵。

进化的方向:体验的零边界。也就是从产品体验向场景体验进化。场景不是单纯的产品组合,而是打破了产品边界,通过产品间的互融互通,并依托"体验云"的支持,为用户提供零边界的场景体验,创造终身用户。

进化的条件:生态的零边界。1.0是对科层制企业的颠覆,2.0是对行业的颠覆,也就是从1.0组织内的链群合约(自组织)到2.0的生态内链群合约(生态自进化的无边界组织)。开放、无边界的生态源源不断引入负熵,推动生态的自裂变、自进化。

进化的目的:生态攸关方各方都受益。传统商业模式的底层逻辑是零和博弈。"人单合一"2.0遵从"参与各方都受益"的底层逻辑,共创

2024年9月20日，周云杰在第八届"人单合一"模式引领论坛做主旨演讲

价值，共享价值，实现生态各方增值分享，从而形成价值创造的正反馈循环。

进化的引擎：生态方（企业）价值的自我实现。这是"人的价值最大化"在生态中的体现。"人单合一"1.0阶段，创客是价值创造和分享的主体，所以其驱动引擎是创客的增值分享，让每个创客实现自我价值最大化；进入2.0阶段，生态方（企业）成为价值创造和分享的主体，让每个生态方能够实现自身的价值和尊严成为驱动的引擎。

进化的验证：蝴蝶效应。"人单合一"1.0能够推动用户价值迭代，但"人单合一"2.0则可以产生蝴蝶效应，也就是从0到1创造新物种，实现指数级增长。

"人单合一"2.0迭代出一个自进化的无界生态。在此基础上，我们形成了一个供需两侧融合的智能交互引擎模型。

需求侧：以全域智能交互触点，与用户无穷交互。通过"体验云"，生态各方没有中心，都可以与用户自交互，自感知用户需求，并传递到供给侧。

供给侧：以无界生态，形成价值共创的正反馈循环。通过"产业云"，生态各方高效协同，创造出更有价值的供给，并获得增值分享，从而形成价值创造的正反馈循环。

生成式人工智能技术的发展为供给侧与需求侧的融合提供技术支持，而"人单合一"和企业家精神则为供需两侧的融合提供了根本动力。

（四）"人单合一"2.0 的海尔实践

2024 年各领域围绕"人单合一"2.0，主动抢做样板，构建生态，涌现出一些优秀的样板。

1. 三翼鸟——智慧家庭的新引擎

物联网时代，用户追求的是更便捷、更舒适的智慧生活方式。企业如果仍是只做产品，就不可避免地陷入价格内卷，一定是边际收益递减，这样下去，企业是没有出路的。要想实现边际收益递增，就要持续地为用户提供一站式的生活场景解决方案。这种场景方案单靠一家企业是无法实现的，必须打破企业和行业的边界，通过与生态方的联合共创来实现边际收益递增。

三翼鸟，就是通过与生态方共创为用户提供智慧家庭解决方案的场景品牌。目前，三翼鸟通过打造定制能力、交付能力和智慧能力，在需求端，实现用户需求的快速感知、定制需求的快速转化；在供给端，实现了生态资源的智能化调度、用户场景方案的高效交付。三翼鸟已经链接了包括智能硬件、智能家居、智慧服务、设计师及交付服务等在内的生态资源，形成一个无边界的生态方联合体，共同为用户提供个性化的场景定制服务，同时也为生态各方创造增值。

2. 卡奥斯——生态经济的新引擎

在汽车行业，传统车企的库存生产模式限制了用户的个性化选择，在有限的配置选项中，用户的差异化需求难以得到充分满足。海尔卡奥斯与奇瑞汽车携手打造的汽车行业工业互联网平台——海行云，不仅重塑了产业生态，更开启了汽车行业个性化定制的新纪元。该平台通过贯通产业链上下游，会聚 240 万车主及 5000 多家零部件、经销商共同形成创新联合体，与用户零距离交互，从有限的配置选装向无限的生态共创演进，引领行业大规模个性化定制新趋势。

3. 卡泰驰——汽车生态的新引擎

近年来，中国新能源汽车销量持续增长，2024 年上半年销量增幅 36%，7 月渗透率突破 50%，这给中国汽车市场带来新的挑战：汽车价格战愈演愈烈；产业内卷加剧，增收不增利；二手车库存周期加长，利润空间被不断压缩。在此背景下，汽车产业攸关方如何增值盈利成为重要课题。卡泰驰智能交互平台直链多方资源：需求侧通过 1 个线上平台+56 个线下触点与用户交互，挖掘用户个性化需求；供给侧链接再制造工厂、零部件供应商、内饰设计及检测服务等多元生态伙伴，通过拓宽服务边界和高效的资源配置，实现从用户需求收集到个性化定制方案落地的有效闭环。

4. 海医汇——医疗行业的新引擎

盈康一生携手中国研究型医院学会等核心伙伴，创新性地构建了全国领先的医工科技融合平台——海医汇，这一平台不仅加速了医学科技成果从实验室到市场的飞跃，更引领了生命健康原创科技的蓬勃发展。其核心优势在于，通过构建一个高度协同、开放共享的智能交互生态系统，有效解决了科技成果转化中的重重障碍，实现了从科研创新到临床应用的高速跨越。

以上的创新和探索再次证明了"人单合一"2.0 在人工智能时代强大的生命力，"人单合一"成为人工智能时代的新引擎。

数据、场景和人是人工智能时代最重要的三个因素，"人单合一"让数据更有质量、让场景更有价值、让人更有创造力。

第五章

海尔的创新之道

一、海尔模式的理念创新

融入永恒活火的"人单合一"

张瑞敏

我为什么用这个题目——融入永恒活火的"人单合一"

2023年9月16日,张瑞敏在第七届"人单合一"模式引领论坛上发表主旨演讲

1. 先说永恒活火

"永恒的活火"是古希腊哲学家赫拉克利特提出的命题。简单地理解,"永恒"指社会的发展和时代的进步是永恒的、是不可阻挡的。之所以说永恒,则是因为有"活火"的存在。"活火"可以理解成不竭的创新动力。

社会是生态的,只有生态才会产生不竭的创新动力。你永远无法预知什么人、在什么时间、什么地点会做出什么样的创意。

时代也是生态的。多年以前我提出过一个理念——没有成功的企业,只有时代的企业。所有的企业所谓的成功,不过是抓住了时代的机遇,但那个机遇可能只是个巧合。一旦不能抓住下一个机遇,就会被时代抛弃。

2. "人单合一"为什么可以融入永恒的活火

第一,必要条件,"人单合一"把科层制的企业变成无边界的生态,既然是生态,就可以和时代的生态相融。

第二,充分条件,就是人的价值最大化。人的价值最大化可以让每个人充分发挥自己的活力,成为一团活火。

这两个条件构成了融入永恒活火的基因,但是只有这两个条件还不够,它还需要变成一个生态系统,一个自进化的生态系统。

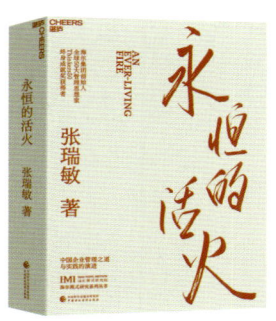

《永恒的活火》一书系统阐述了海尔在管理变革方面的成长历程

3. 再说"人单合一"

"人单合一"从本质上讲可以理解为三个"合一":与用户合一、与目标合一、与价值合一。

(1) 与用户合一

人就是员工,单就是用户,员工与用户合一,就是不断地创造用户需求,总目标就是创出终身用户。

(2) 与目标合一

"人单合一"示意图的中心是用户体验迭代,所有的人都要与用户体验迭代的目标合一。但现实当中的问题是,没有哪一个人、哪一家企业,甚至哪一个行业可以单凭自身的力量创造出用户体验迭代。它需要各个合作方连接成为一个生态,共同来创造,创造到最后的总目标就是创出用户体验的生态系统。

(3) 与价值合一

每个人的价值体现在为用户创造的价值当中,这就是合一。无数的"小合一"又会合出一个"大合一"。这就一定是生态价值而不仅仅是产品价值，最后的总目标就是生态价值。

三个"合一"，汇成物联网时代的商业模式，创造出传统商业模式所无法创造的终身用户、用户体验生态系统和生态价值。

"人单合一"体系的总纲从"哲学的人生终极三问"到"人单合一""三个新"的逻辑递进

1."人单合一""三个新"的逻辑递进

"人单合一"的三个"合一"的特征，构成了"人单合一"体系的"三个新"的逻辑递进："人单合一"是新启蒙、"人单合一"是新范式、"人单合一"是新引擎。

这三个"新"的逻辑递进既是"人单合一"体系的总纲，也是今天演讲的总纲。

（1）新启蒙

"人单合一"是产业革命200多年以来企业界的新启蒙。

新在什么地方？新在对人的自主意识的启蒙。作为对比，传统企业从来没有把人作为自主人，只有"人单合一"是对人的自主意识的启蒙。

传统的企业对人有没有研究？有研究，归结起来主要是两个理论：X理论和Y理论。X理论的前提假设是"人之初，性本恶"，认为人就是好逸恶劳的，必须受到严加控制。Y理论的前提假设是"人之初，性本善"，认为人还是向善的，不必严格控制，只要因势利导就可以了。

但不管哪一种假设，对人的定位都还是被动执行的人，都是需要管理的对象，而不是自主的人。"人单合一"就是要解决这个问题，所以是新的启蒙。

（2）新范式

"人单合一"是产业革命200多年以来组织形态的新范式。

新在什么地方？新在"人单合一"是一个生态的范式。作为对比，产业革命200多年以来的企业一直都是一座有围墙的花园，而"人单合一"

像热带雨林一样生生不息。在有围墙的花园里，每个人都要被统一对待，就像花园里的花木被统一修剪出一样的形状。但在热带雨林，每一种植物都可以自由发展。

新启蒙启发了人的自主意识，成为自主人。新范式则是让每个自主人自我驱动，可以把自己的力量发挥到极致。

（3）新引擎

"人单合一"是产业革命200多年来经济创造的新引擎。

新在什么地方？新在创造用户的体验，新在引领"我经济"的自我进化。作为对比，产业革命200多年来的经济引擎就是大规模制造。大规模制造的引擎凭借两大特点改变了世界——第一是流水线，第二是标准化。流水线出现在1913年，福特汽车在世界上首创了第一条汽车流水线，创造了高效率，使当时美国的汽车售价从4000美元降到370美元，降到十分之一，把汽车从奢侈品变成了大众消费品。流水线影响深远，到今天还在广泛使用。标准化则形成对产品的统一规划，比如，鞋和衣服，不再需要量体裁衣，而是固定几种规格，顾客对号入座就可以了。标准化也因此奠定了贸易全球化的基础。

而物联网时代的经济是"我经济"，是个性化的经济，是"我体验"的经济，需要满足每个人的个性化需求。工业经济的旧引擎支持不了"我经济"，而"人单合一"为"我经济"提供了智能交互生态的新引擎。

2. 从"人单合一"回溯哲学的人生终极三问

著名管理学家加里·哈默这样评价"人单合一"："'人单合一'已超出企业管理的范畴。"那么，"人单合一"为什么能超越企业管理这个范畴？这就要回归管理的原点。从本质上讲，企业就是人，企业的生死存亡都取决于人，取决于人的活力。而要探究人的本质，就避不开"哲学的人生终极三问"。一般认为这是古希腊哲学家柏拉图提出来的，即我是谁？我从哪里来？我要到哪里去？

文艺复兴对"终极三问"做出了最好的诠释。

"我是谁"是对自我意识本质的追问。文艺复兴时代第一次提出来，我是人，实现了从神性到人性的飞跃。在黑暗的中世纪，神是第一位的，人只是教会的附庸，是微不足道的，更谈不上什么创造力。文艺复兴是对人性的解放。

"我从哪里来"是对人的本质的追问。既然我是人，我就要追随人的本质。人具有一种自己创造自己的特性，人的本质就是自我创造，体现自我价值。文艺复兴解放了人性，在此基础上造就了文艺的革命、科技的革命、产业的革命。

"我要到哪里去"是对自由本质的追问。既然我可以体现我的自身价值，我就应该自由地、充分地发挥我的价值，永远如此。因此才有了18世纪60年代的产业革命，200多年以来到今天，还在进行着第四次产业革命，将来还会发展下去。为什么？因为有了人的无限创造力。

"人单合一"也对应了这三问。

下面我演讲的三个内容，就是从这三点——新启蒙、新范式、新引擎——开始。

"人单合一"是新启蒙，开启"我是谁"的自我意识

这一讲分为三个小节。讲述开启"我是谁"的自我意识所需要的三个层次。

①新启蒙：在"我是谁"的反思中确立企业的主体到底是谁。

②主体性：在创造性破坏中重塑自我意识。

③"人单合一"：新启蒙中的创造性重组。

1. 新启蒙：在"我是谁"的反思中确立企业的主体到底是谁

企业的主体是谁？

自产业革命以来，传统企业的主体一直是股东，也就是说，企业是股东的，所以，企业的存在就是为了给股东创造价值。

"人单合一"的新启蒙在于提出企业的主体不再是股东，而是人，

是企业中的每个人。每个人都是企业的主体，这就是企业界的新启蒙运动。

传统企业以股东为主体是有理论依据的，迈克尔·波特提出的价值链和传统财务三张报表都是为这个主体服务的。价值链示意图像个箭头，箭头内部是企业各个部门协同创造的产品价值。从箭头往外，面对的不是用户，而是经销商。与此相呼应，传统财务的三张表——资产负债表、现金流量表、损益表——也是以产品价值为主，而没有以用户价值为主。

与波特的价值链完全不同，"人单合一"创造的是物联网生态的价值循环，而要创造价值循环就必须让每个人都成为价值创造和价值分享的主体。这个转变源于时代给予的机会。物联网时代给我们创造的新机会体现为"两个零"——零距离和零摩擦。关于零距离，管理大师德鲁克说互联网消除了距离，这是它最大的贡献。你看现在电商还有距离吗？没有中间商，每个用户都可以和厂家直接交易。关于零摩擦，主要体现在价值的分享。每个人为用户创造了价值就可以增值分享，是用户付薪，而不是经由薪酬部门来决定。

物联网生态的价值循环体现为三个"零"：零距离创造价值、零中介传递价值、零摩擦分享价值。

零摩擦分享价值激发员工积极性，再进入更高目标的零距离创造价值，达成生态价值的无限循环。无限循环的生态价值如何管理？传统财务的三张报表已不能满足，海尔于是创造了第四张表——共赢增值表。共赢增值表有六个要素，前五个要素都指向用户价值和生态价值。第六项非常重要，它是价值循环的结果：边际收益递增。产品经济和产品价值只有边际收益递减，只有生态价值才会呈现边际收益递增。

IMA 管理会计师协会前任总裁兼首席执行官杰弗里·汤姆森说，由海尔首创的共赢增值表是物联网时代所有企业都需要的第四张表。他分析的理由是，共赢增值表的理念独特，它反映了企业的每一个员工的创业创新精神和用户的参与共创，并非企业单独创造、用户被动购买，而是用户也来创造产品、创造体验，也成为创业创新的一个成员，这个非常重要。汤姆森由此得出结论，共赢增值表是异常独特和与众不同的。

与众不同的原因就在于我们是以用户价值为中心。

2. 主体性：在创造性破坏中重塑自我意识

新启蒙解决了谁是企业的主体的问题，不是股东，而是企业中的每个人。当每个人都成为企业的主体，也就是创业创新的主体，而不是客体的时候，人的主体性才能浮现。

对企业来讲，这就涉及一个最重要的宗旨的重塑，从过去的以股东价值最大化为宗旨，重塑为以人的价值最大化为宗旨。

要想实现这一点，就需要对经典模式进行创造性破坏，包括管理模式、组织架构、薪酬方式等。对比如下：

经典模式		"人单合一"
股东价值最大化	宗旨	人的价值最大化
大规模制造	管理模式	大规模定制
科层制	组织架构	链群合约
KPI 为宽带薪酬	薪酬方式	用户体验的增值分享

2023 年 7 月，我和商业生态理论创立者詹姆斯·穆尔多次探讨。商业生态系统必须以人为本，我们强调人的价值最大化。为了向他说明人的价值最大化和"人单合一"的关系，我举了一个中国古代的禅宗公案。

无尽藏是唐朝武周时期的一位比丘尼（女性修行者）。一天，无尽藏对禅宗六祖惠能说："我读《涅槃经》多年，但仍有许多不明白之处，希望能得到您的指教。"惠能答道："我不识字，请你把经读给我听，也许我能帮你释疑。"无尽藏忍不住笑道："你连字都不认识，怎谈得上解释经典呢？"惠能说："文字和真理不是一回事，真理就像天上的明月，而文字只是指向明月的手指，手指可以指向明月，但手指永远不是明月，永远不是真理。同样，《佛经》就是指向成佛的手指，但《佛经》不是佛。"

同样的道理，人的价值最大化就是天上的明月，就是我们追求的真理,"人单合一"是指向这轮明月的手指。为什么?因为人的价值最大化是动态的,而"人单合一"必须不断变化来达到这个目标。

大家可以回想一下,"人单合一"开始创立以来,这些内容已经进化过多次,今后还要进化,这是不确定的,只有人的价值最大化是确定的。人的价值最大化是动态的,每个人的价值最大化都有不同的定义。

3."人单合一":新启蒙中的创造性重组

新启蒙明确了每个人是企业的主体,并唤醒了人的主体性,追求人的价值最大化。如何才能简易地去实现它呢?

"人单合一"从开始探索到现在,我们主要做了两点:第一是自主人,第二是自组织。

先回顾一下"人单合一"的提出。

我们为什么在2005年9月20日提出"人单合一"?因为在2005年年初,《财富》公布了世界500强企业的业绩(2004年数据)。它的入围门槛折合人民币1018亿元,当时海尔的营业额是1016亿元,只差2亿元。再努力一下,我们就可以成为世界500强。但我们同时在想,成为世界500强以后的发展方向是什么呢?当时,企业界的大企业病是常态,行动越来越迟缓。

为什么企业做大以后一定要得大企业病?海尔做大以后是不是也会步其后尘?我们着力研究大企业病产生的原因,研究发现,经典管理有三要素:管理的主体、管理的客体和管理工具。管理的主体是所有管理者。管理的客体就是员工。管理的工具就是各种规章制度。不管你是主体还是客体,都要对规章制度负责,而不对用户负责。企业的CEO也是必须听股东的,看投资者的眼色,没有办法自主创新。所以,我们一定要解决这个难题。

现在总结看来,我们从开始探索"人单合一",去科层制,消除1.2万名中间层管理人员等,到今天我们主要做到了两点:第一是自主人,第二是自组织。

自主人就是原来的领导不存在了。你的领导是谁？是用户。你的价值是用户给的，你的价值体现在你为用户创造的价值当中。所以每一个人都可以自主发挥自己的价值。自组织就是自主人自我组织起来。原来的企业是他组织，由别人给你规定一个组织，决定谁进入谁升迁等，现在是自主自发组织起来。

自组织有三个特征：第一是共生，第二是互生，第三是重生。共生意味着大家志同道合在一起，共同发挥每个人的优势，创造一个共同的目标。互生就是在交互过程当中产生新的价值或者优势互补。最重要的是重生，实现一个目标之后，再去创造下一个更新的目标。

新启蒙的启示：我思故我在

新启蒙对我们的启示，就是笛卡儿说的"我思故我在"。笛卡儿在哲学上有非常重要的地位。他是启蒙运动的先驱之一，也被黑格尔称为近代哲学之父。"我思故我在"怎么理解？"我思"和"我在"是同一个主体，一个硬币的两面。如果没有自主人的自我思考，就没有你的存在，反过来也一样。"故"是必然，我思固然我在。

"我思故我在"这句话在哲学上非常重要，被称为现代哲学的基石，在哲学的三次转向当中有非常重要的地位。哲学史上的第一次转向是古希腊人探索世界的本质是什么。西方哲学之父泰勒斯提出，世界的本原是水，赫拉克利特提出世界的本原是火，毕达哥拉斯提出世界的本原是数，等等。但2000年之后，笛卡儿提出"我思故我在"，在当时是很新的概念，世界对你的呈现，取决于你的认知。换句话说，你对世界认知到什么程度，世界就是什么样。到第三次转向，是维特根斯坦，就是刀郎在《罗刹海市》这首歌里提到的欧洲哲学家维特根斯坦。维特根斯坦又进了一步，认为世界不只取决于你的认知，还取决于你对它的语言的准确表达。我们对物联网时代的认知，对这一个认知的语言的表达，就是聚焦到一条："人单合一"。

"人单合一"是新范式，发挥"我是CEO"的自我驱动

"人单合一"是新范式，强调的是只有在生态组织里才能实现"人单合一"，同样，也只有"人单合一"才能创造生态型的组织。

这一新范式需具备必要条件、充分条件，然后才能实现新范式的引领性。

1. 新范式的必要条件：创造"我是CEO"的机制

苏格拉底说，每个人身上都有太阳，只是要让它发光。换句话说，如果他不能发光，绝对不是他的责任，而是你的责任，因为你没有创造一个让他发光的机制。加里·哈默在演讲中说，领袖应起到催化作用，即催化每个人成才的机制，这句话有一点像德鲁克所说的，每个人都是自己的CEO。加里·哈默还说，海尔为成千上万的人提供能够成为领袖的机会。关于这句话里的两个概念，我们的理解和传统企业是不一样的。第一个是领袖。一般的领袖，大家都认为是能够救企业于水火，帮企业做到如日中天，像超人一样的人，这才叫领袖，其实不是。每个人如果能够做到自己的价值最大化，能够创造出用户价值，你就是领袖。另外一个是机会，让每个人成为领袖的机会。我们提倡的是机会均等，但不是结果平等。同样的机会，大家谁都可以进来，谁都可以来成才。最后的结果是有人成才，有人不成才，这取决于你是否能够自我驱动。

"我是CEO"的自我驱动，包括三个机制：自主人的机制、创业者的机制、自优化的机制。

（1）自主人的机制，就是通过去科层，从听命领导变为与用户融合的自主人

自主人机制的典型例子是美国GE Appliances的洗衣机部门。海尔2016年并购GE Appliances时，它的洗衣机部门当年巨额亏损。我们没有派一个管理人员到GE Appliances去，还是原来的人和设备，只是要求他们引入"人单合一"。他们用了"人单合一"，实现了营业收入和利润都是两位数的年复合增长率，营业收入年复合增长率是13%，利润是24%。现在，他们已经成为美国这个行业当中的第一名，而且小微里面

所有的成员都享受了1.55倍的增值分享。

"体验经济"创始人约瑟夫·派恩提出，实现一个全新的自我。怎么实现全新的自我？就是派恩的那一句名言：硬件是有形的，服务是无形的，而体验是令人难忘的。一家企业往往能把硬件做好，把服务做好，就不错了，但没有真正与用户交互。如果你真正创造了用户的体验，那是令人难忘的。为什么GE Appliances洗衣机部门实现了一个全新的自我？就是因为他们原来没有用户，现在每个人都面对用户，在创造用户价值当中体现自身价值，体现自身尊严。这真的是一个全新的自我，不只是哪一个人，而是整个小微团队。

（2）创业者的机制，在"人单合一"的自我驱动中自主人成创业者

我们也创立了一个创业加速平台，支持每个人成为创业者，这个平台是海创汇。海创汇现在进一步发展成了一个社会化的创业加速平台，平台上不但有海尔的小微企业，还有社会上的创业团队，现在做得非常好。平台已吸引5200多个项目，孵化了8家上市公司，其中海尔占一半，还有一半是社会性的。同时，还有300多个团队已经拿到了A轮投资，孵化成功率是一般孵化器的5倍。

为什么成功率这么高？原因有三个。第一，目标是时代性的，完全以用户体验为中心，不管你从事什么行业。平台上还有做中药的企业，跟我们原来的产业没有任何关系，在这里都可以做得很好。第二，有根创业。企业可以利用海尔这个平台为它提供的各种资源。第三，是期权池激励。所有期权要抽出一部分放在期权池，以便后来进来的创业者可以享受这个期权。

（3）自优化的机制，无边界生态组织中以用户体验增值驱动人员自优化

在无边界的生态组织中，海尔为用户提供的不是产品价值，而是体验迭代的生态价值，新的价值创造倒逼人员自我优化升级，同时新的更大的价值空间也吸引着社会上的一流人才蜂拥而至。

海尔创造了三翼鸟这一智家定制场景品牌以后，原来的海尔专卖店也升级成为三翼鸟场景体验中心。原来只负责卖产品的直销员升级为场

景体验交互师，吸引了9000多名外部设计师和超过1万家生态方加入。其中7000多名交互师具备场景设计能力，可以为用户设计个性化的智慧家庭方案。

卡奥斯数字化创新团队的大部分人员都是社会上吸引来的，包括首席产品官。新的团队为企业或者各种组织提供一个数字化转型的底座能力，为智能制造场景数字化、企业数字化、园区数字化、行业数字化等提供定制化的解决方案。现在国内外已经有15个行业的15.8万家企业成为他们的客户。

"我是CEO"的自我驱动机制就像量子管理中的量子自我，每一个人既是独立的自我，又是为他的自我。独立的自我强调每个人不是对领导负责，而是对用户负责，独立创新为用户；为他的自我，强调每个自主人可以为了共同的用户目标自发组织起来，协同完成目标，就像水母捕食一样。据说水母出现在6.5亿年前，比恐龙还早。恐龙和很多生物都灭绝了，它却没有灭绝。水母看起来非常简单，没有高级生物的复杂系统，但获取食物同心协力，非常迅速。如果一个触角碰到一个猎物，所有触角会共同协作来捕食这个猎物。

2. 新范式的充分条件：在生态组织的自我驱动中创用户体验迭代

成为自主人以后要成为生态组织。海尔体现的就是三级品牌的进化。

首先来看卡萨帝。卡萨帝是一个高端品牌，卡萨帝是意大利语"家和艺术的组合"，简单说就是家的艺术，我们不想把家电变成一个冷冰冰的产品，而是要变成家的艺术品。但重点不在这里，重要的是变成一个智能产品，变成智能产品又成为三翼鸟体验场景的基础。

三翼鸟是什么？三翼鸟是一个场景品牌，是混沌的自画像，是经过计算机上百万次迭代得出的一个图形。为什么要用三翼鸟？我们创造的用户体验都是从混沌当中来的，这是其一。其二，三翼鸟这个混沌有一个特性，就是有一种"奇异吸因子"，具备再组合变化能力，不断产生出新组合。体验场景里最重要的是不断有新的组合，新的组合无限，和产品不一样，这就是我们用三翼鸟作为标志的原因。

最后是生态品牌：卡奥斯生态品牌。卡奥斯是古希腊神谱当中的元神，混沌出现以后的第一个神，有他之后才有其他神。大家比较熟悉宙斯，他是众神之王，但从卡奥斯算起，宙斯只能算是第三代神王。卡奥斯被称为万物之卵，所有东西由它产生出来。为什么用它作为标志？产品经济创造产品价值，现在要创造生态价值。生态价值主要体现在三点：第一生态订单，第二生态收益，第三生态品牌。

生态组织的自我驱动，靠的是链群合约。链群是生态链上的小微群。所有的小微围成一个生态链，就是链群。合约不是静态的契约，而是围绕同一目标的动态的合约，大家一起发动力量共同完成，不断解决契约当中很难的问题。过去契约是静态的，外部社会一变化就没有办法了，链群合约是解决目标一致性和各小微自主创新性之间的自进化的一个合约。每个节点可以独立自进化，但要围绕着目标完成合一，因为要不断动态升华。

更重要的，链群合约有一个其他组织没有办法具备的，就是量子组织的特性，即创造复杂适应系统。创造复杂适应系统是什么意思？外部不管怎么复杂，我都可以适应。传统企业不可能，你就这么一个方向，旁边出来好几个方向，你怎么能够转？没有办法转。但链群合约不是固化的，可以不断自裂变出很多的小链群去适应变化。为什么？因为传统模式中CEO的"三权"让渡给他们了：决策权、用人权和分配权。每个小微都有这个权力，可以独立自主，不断裂变、自裂变以创造复杂适应性。打一个形象的比喻，就是海星。海星有超强的再生能力，海星一般是五条腿，如果断掉一条，会再生出一条腿；断掉的那条腿会再生一个新海星，因为每条腿都拥有消化和生殖等系统。一般动物不具备这个再生能力。蜥蜴逃生时尾巴被甩掉，可以生出新尾巴，但原来的尾巴不存在了。海星可以不断演化，就像链群合约可以不断自裂变一样。

这是海尔生物自裂变的一个案例。起初公司给医院提供低温储存血液设备，最后在这个领域里面成为第一名，占有非常大的市场份额。再往前发展，不能所有的设备都由你来提供，所以碰到了瓶颈。公司发现医院里用这个设备之后，储藏血液的时候，实际浪费很大，因为每一个环节是分离的，而且不智能。他们转为生物医疗物联网科技生态，继续裂变，由血联网裂变出疫苗网、药品网等。第三次裂变以医院的智能化为主进行裂变，第四次裂变以医院的场景化进行裂变。现在海尔生物已经成为一家上市公司，而且在上市公司里面做得非常不错。带给我们的思考是什么？创新的领头人刘占杰是一个专家，一个博士，如果他不是自主人，干好自己的事儿就行了；但他是自主人，就要创新，最后从一个专业人才变成了一个创业者。

河南郑州海一专卖店从2005年开始裂变，直到2022年，从原来一家店年营业收入100万元，到2022年年营业收入变成46亿元，年复合增长率64%。它从一家专卖店裂变成13家分店，又从13家分店裂变成区域和社区的量子小店，进一步又从量子小店裂变出融入居民小区的量子小小店，发生了巨大的量变。更重要的是带来了质变，从原来卖货的一家店，转变成为与用户交互的生态。

3. 新范式的引领性

（1）全球首创的引领，这是从0到1的引领

物联网时代，全世界创立了很多新的组织模式，"人单合一"在其中脱颖而出，成为引领时代的去中心化的自治组织的典范。获得过诺贝尔经济学奖的本特·霍姆斯特朗，他到海尔来交流过，他说"人单合一"模式是非常有颠覆性的、革命性的模式，和之前的模式都不一样。他在企业干过，发现企业里最大的问题是搭便车。每一个人都想少出力多拿年薪，所以就会钻企业很多空子。他在海尔看到"人单合一"解决了这个问题。为什么？不要钻空子，都要自我创新。

（2）全球适应的引领，这是从1到N的引领

海尔可能是非常少有的，在国际并购当中没有派出自己管理人员的公司，用的还是原来的人员，但要接受"人单合一"。海尔把它叫作沙拉式文化融合，一道沙拉有各种蔬菜，可以代表不同的文化、不同的国家、不同的企业，但沙拉酱是统一的，各种蔬菜都接受这个沙拉酱，沙拉酱就是"人单合一"。

海尔兼并的 GE Appliances，现在已经成为美国第一大家电公司。不仅如此，它还和其他美国家电公司不一样，率先进入物联网生态，成为美国第一家"家生态"公司，这是完全不一样的。GE Appliances 的 CEO 凯文自己的体会是，"人单合一"不是说明书，而是一种哲学。全世界企业大都学过 GE 的六西格玛。六西格玛就是一个说明书，告诉你怎么做，是一个操作程序。但他说"人单合一"是哲学，所谓的哲学是活的，活在什么地方？活旨在激发每个人的活力。"人单合一"引进之后，也改变了 GE Appliances 原来的薪酬制度。GE Appliances 大概是 1.2 万人，原来可以享受到期权的（俗称"金手铐"）是 179 人，占所有员工总数不到 1.5%。使用"人单合一"之后，因为超利分享，去年获得超利分享的超过 4000 人。没有派管理者，只是引进"人单合一"，实际上激发了每一个人的活力。

海尔兼并日本三洋家电时，日本三洋差不多已经亏损了 8 年，企业已经不行了。兼并之后，杜镜国发挥了很大作用，就是"人单合一"本土化。在日本进行"人单合一"本土化非常困难，因为日本文化和美国文化不一样。现在日本三洋已经持续增长，并且是逆市增长：疫情防控期间别人下降它还在增长。今年上半年，日本国内行业下降了 9.5%，但日本海尔增长了 6%，现在已经超越那些日韩品牌，成为行业第一。

重要的是海尔日本向物联网生态发展，把洗衣机变成社区洗生态。引进"人单合一"之后，更多的是改变日本企业的原有管理机制。日本曾经引以为傲的是年功序列工资，入厂职工按年功提升工资，实行终生雇用制。但现在这种管理模式已经制约了它的发展和创新。海尔日本采取了循序渐进的办法，把 16 薪中的 4 个月的薪金拿出来，固定一小部分，大部分变成"人单合一"的增值分享。换句话说，如果给用户创造的价值大，得到的将不只是 4 个月薪金，可能是 5 个月、6 个月、7 个月、8 个月薪金。当然，做得不好，可能连 4 个月薪金也得不到。一开始人家不接受，因为他们年功序列工资制根深蒂固，只有 3 个人签合同。做到现在，已经全员都签了"人单合一"合同。

"人单合一"不仅在海尔并购的企业中发挥威力,在海尔之外,从企业到行业,到社会组织都可以复制。现在,全世界已经有 14 个"人单合一"研究中心,有 75 个国家的几十万企业都在学习"人单合一"。例如,瑞士和加拿大的两家公司,不是制造业企业,是软件开发公司,两家公司都在官网首页官宣学习借鉴"人单合一",并且把"人单合一"链群合约开发成组织协同软件,助力更多企业进行组织变革。

我跟海外"人单合一"研究中心的负责人,还有学习"人单合一"比较好的企业家进行过交流。比方说硅谷的研究中心。硅谷是大家学习的目标,"人单合一"研究中心设在硅谷,要被硅谷认可这很不容易。还有一些做得很好的企业,比方说印尼法贾尔·伯努瓦集团公司、意大利糖果工厂公司,他们把"人单合一"真的本土化了。糖果工厂学习复制"人单合一",但他们把孵化的团队不叫小微,而是称为厨房,小微主不叫小微主,叫主厨,喜欢美食的意大利人对此很容易接受和理解。印尼的法贾尔·伯努瓦集团,发现很多在公司里原本普普通通的员工,辞职出去创业以后做得很好,还成为公司的竞争对手。他们就学习"人单合一",给普通员工内部创业的机会。这家公司对"人单合一"的体会就是不要想着去控制员工,而是给他们自主创新的机会,让他们自我发展。法贾尔·伯努瓦集团的负责人还引用了老子《道德经》中的一个词:"我想这就是中国文化所说的'无为'吧!"我说对,这就是无为而无不为,领导无为,部下才能有为。

(3)大规模定制的引领

大规模定制需要一个基础,那就是灯塔工厂。现在海尔有中国最多的灯塔工厂(6 个),其中一个是可持续灯塔工厂。还有很重要的一点就是生态品牌。凯度 BrandZ 评选的全球品牌百强,海尔不但进入了,而且连续五年是全球唯一的物联网生态品牌。我们倒不想成为这个唯一,我们希望企业普遍都能够成为物联网生态品牌,但是我觉得整个体系不改变,这会比较困难。你看生态品牌的定义:生态品牌是通过与用户、合作伙伴联合共创,不断提供无界且持续迭代的整体价值体验,最终实现终身用户及生态各方共赢共生、为社会创造价值循环的新品牌范式。

（4）生态品牌的引领

这个新品牌范式和旧品牌范式有本质区别。把产品时代的品牌和互联网时代的品牌与生态品牌进行比较，可以用三个"零"来归纳。产品时代的品牌追求零缺陷，企业生产效率很高，成本很低，售价也不高，就来比谁的质量更好。为什么20世纪80年代日本企业风靡全球，因为它的零缺陷做得好。互联网时代的品牌是零延误，我一点鼠标就给我送来了，谁的快我要谁的，谁的服务好、谁不延误我就要谁的。所以快递小哥玩命地干，说20分钟送到就20分钟送到，这就是零延误。带来的是什么？就是两条，一是便宜，二是便捷。都在网上买，比较以后肯定便宜，不用跑商场，速度优势就出来了。

但生态品牌不一样，生态品牌也有一个零，是零距离。前两个不管怎么零，不是和用户零距离，只是和顾客的一次性交易。但生态品牌不同，它是和用户零距离，不断创造用户的体验迭代，一直到最后使用户成为终身用户。

这个零距离体现的是两个价值。第一个价值是对整体价值的体验。整体价值的体验是什么意思？这个价值不是产品价值，产品价值不是整体的，工厂生产这个产品就行了。但现在是一个场景、生态，不是一家企业，甚至不是一个行业，而是跨界组合形成的。所以生态价值是一个整体价值的体验。

第二个带来的就是创造价值循环，或者是循环的价值。为什么？因为用户的体验是无止境的。今天的体验满足了，明天又不满足了，永远在循环，你必须创造这个体验的循环和循环的价值。

（5）标准的引领

标准非常重要。现在全世界的物联网标准，海尔牵头制定的是最多的。几大国际标准组织，包括智慧家庭国际标准、场景生态国际标准、大规模定制国际标准、工业互联网系统功能架构国际标准等，这些标准并不是我们想制定就能制定的。我们提出方案之后，标准组织的所有成员国投票选举，最后我们胜出，由我们来主导标准的制定。

不光是物联网时代，什么时代标准都是第一位的。在管理模式方面我们现在也占有了第一位。"人单合一"也形成了一个全球的认证标准，2021年签署的第一张"人单合一"认证证书，是发给日本富士通西欧公司的，现在当然有更多的企业来争取通过这个认证。这个对我们来讲是很大的鼓舞，过去很多中国企业都在积极争取获得国际机构对我们的认证，现在是我们要对他们进行认证，这是完全不同的。

新范式的启示：存在先于本质

新范式的启示就是萨特说的"存在先于本质"。新启蒙的启示是笛卡儿的"我思故我在"，不是存在就行了，要先于本质。本质就是你的创造性，本质就是人要成为什么样的人，公司要成为什么样的公司。

可以简单理解一下，所有的物品都是本质先于存在，这张桌子就是本质先于存在，规定是会议桌，设计好的图案放在这儿就不变了。但人一定是存在先于本质，每个人生下来就是存在，会成为什么样的人？没有人知道，将来也可能成为很好的人，也可能成为很坏的人。还有的人可能生下来之后，小的时候非常优秀，大了一般，甚至不怎么样。有的人可能这一生平平，但是到了晚年发挥才能了，可以叫大器晚成。为什么呢？因为所有这一切都取决于自我设计、自我塑造、自我进化。

对我们的启示是什么？我们的存在就是存在于物联网时代，我们的本质就是作为物联网时代的企业。反之，如果仍然按照经典管理来定义企业，那就叫本质先于存在，那个本质就是传统时代的经典管理。那个存在有什么用？一定会被物联网所抛弃，但现在我是要在物联网时代创造，使我成为物联网时代的引领者。

"人单合一"是新引擎，引领"我经济"的自我进化

1."我经济"：物联网生态经济

工业时代是产品经济，改变世界的工业革命靠的是大规模制造的引

擎。刚才讲过的福特汽车流水线模式就是例证。

互联网时代是平台经济，互联网火遍全球靠的是搜索引擎。谷歌的搜索引擎已经占了全世界80%以上的份额。这是它的优势，现在也变成了劣势。像ChatGPT，其实谷歌应该更早推出ChatGPT这样的产品，或者几乎同时推出，但谷歌没有推。为什么没有推？就是因为谷歌担心推出ChatGPT会冲击到自己的搜索引擎。其实这是大企业非常致命的一个问题，成功以后自己不敢自我突破、自我颠覆。柯达也是如此。

2."我经济"的新引擎：智能交互生态的进化

物联网时代需要新引擎，我们定义为智能交互生态。为什么这样定义？我面对的不是顾客，我面对的是用户，这就是斯图尔特·克雷纳在《管理学》中所说，一家企业能够满足多少用户的终身价值，成为其成功的真正衡量标准。看21世纪的企业有多少竞争力，就是看有多少终身用户。搜索引擎是1对N，我们是N对1。所谓1对N，1就是搜索引擎，所有人找到所需要的，这就是N。我们的新引擎就是N对1，为什么N对1？智能交互生态，应该创造很多不同的体验、不同的场景，这是N，由此可以对应每个用户的个性化需求。

海尔智家新引擎，就是一个智能交互生态，包括HomeGPT（智家大脑）的交互、量子小店（融合终端）的交互、链群合约共同进化的交互，构成一个循环。ChatGPT是人工智能对话模型，海尔叫HomeGPT，设定为智家体验的一个模型。在智能场景搜索当中，可以让所有用户编排自己的个性化体验。有了这个体验方案之后，再进入链群合约。链群合约是共同进化的交互，其实就是一个再创造，因为用户体验不断迭代。最后到量子小店，就是体验升级。用户还有什么想升级、体验的再进到智家大脑。智家大脑现在已经是国内最大的场景体验数据库，连续九次获得全球智慧家庭发明专利第一名。

海尔卡奥斯新引擎，也是一个智能交互生态，它由卡奥斯工业大脑驱动，实现生态订单、生态收益和生态品牌的无穷循环。

3. 自我进化："人单合一"在自我进化中融入永恒的活火

最后，回到融入永恒活火的"人单合一"。永恒的活火就是逻各斯精神和努斯精神的对立统一。逻各斯精神，是普遍的规范性理性；努斯精神，是自由的超越性理性。

逻各斯精神是古希腊哲学家赫拉克利特提出的，努斯精神是古希腊哲学家阿那克萨哥拉提出的。这两个人都生活在公元前500年前后，是同时代人。逻各斯的意思就是变中的不变，什么意思？所有的变化都离不开这个规律，有点像老子《道德经》所说的"道"。赫拉克利特说世界的本原是"火"，它过去、现在和未来永远是一团永恒的活火，在一定的分寸上燃烧，在一定的分寸上熄灭。对活火的解释是什么？活火就是一种变化，而这种变化不单自己变化，还推动万物变化，刚才所讲的这一切，包括自主人、链群都是这个意思，要自己运动，还要推动万物运动。在一定分寸上燃烧，在一定分寸上熄灭，这就是世界变化的规律，可以理解为不断有新的创新替代旧的创新，我们的创新迭代是不是这个意思？还有一个就是分寸。分寸是什么？分寸就是转化，货币转化为货物，货物转化为货币。海尔这里应该是什么呢？创新转化为实际的成果、实际的价值，实际的价值再转化为新的创新。

努斯精神是什么？阿那克萨哥拉提出了种子学说，万事万物都是由种子形成的。比如，亚马孙雨林，种子是无数的，形状是各异的，有树的种子、灌木的种子、花的种子等，变成了一个生态。我们自主人是不是种子？是种子，数量是无限的，但每个人是不同的，可以创造出不同的价值。努斯是什么？种子是不动的，努斯来推动种子的运动，所以是万物运动的驱动力，也是一个精神本原。我们的自驱动机制就是努斯机制，我们最后归结为"人单合一"的逻各斯就是人的价值最大化，而"人单合一"的努斯就是自主人进化的能量球。

新引擎的启示：群龙无首

"群龙无首"是什么？为什么是新引擎的启示？新引擎的目标就是引出"群龙无首"，群龙无首就是物联网时代生存的状态。或者换句话说，如果不是群龙无首，就不可能在物联网时代生存。

我们先来追溯一下"群龙无首"的出处，"群龙无首"出自《易经》第一卦乾卦，里面说了不同的境界，群龙无首是最高的境界。一般人认为"群龙无首"是贬义词，但在这里成为最高的境界，为什么？

如果有一种机制，让每一个人都能够成才、成龙。龙可以创造价值，能够自驱动，自进化在一起，可以达到自组织的最高境界。我们希望能够创造出这样的境界。

今天的演讲超过了计划的时间。为什么讲这么多？主要我想对18年以来，我们的"人单合一"创新历程做一个系统的梳理，另外希望从理论的深度和高度上阐述得更加清楚。

明年的"9·20"论坛形式要改一下，主题演讲的主角是谁？是那些能够在"人单合一"实践当中有重大突破、有重大创新，能够创造出蝴蝶效应和边际效益递增的样板链群。

为什么做这个改变？因为"人单合一"从创立那一天开始，其实就没有可以模仿的先例。我们从0开始，从0到1，干中学，学中干。有一点像明代心学大师王阳明所说的知行合一，知中有行，行中有知。知行一体两面。知和行不能分开，要紧紧连在一起。因此王阳明对知行合一有一个验正标准，事功即学问，所有认知的东西必须在你实际工作当中产生效果。这才是真学问，坐而论道夸夸其谈不是真学问。

我们现在的问题就在这里，很多理念认识已经比较到位，但我们的实践有一定差距，差距在什么地方？就是我们有一些样板不错，但没有广泛普及开来。

举例子说，刚才演讲当中举到的例子，海一专卖店，从100万元到

46亿元，年复合增长率64%。如果我们所有的专卖店都达到这一点，会产生什么样的效果？更重要的是所有的专卖店都变成用户智能交互的生态体系，那不就是真正实现融入永恒活火了吗？但离这一点还有一定差距，希望明年9·20很多人可以上台来，能够创造出新的蝴蝶效应。

最后，我想用一句话结束今天的演讲。我希望所有的链群，都成为哥伦布号，每个哥伦布号都能够自裂变成无数的小哥伦布号，共同在人的价值最大化的航道上直挂云帆济沧海！

2023年9月　青岛
（根据讲话录音整理，略有修改）

复杂性与"人单合一"体系

圣塔菲研究所元老、复杂性经济学创始人
布莱恩·阿瑟（Brian Arthur）

今天我想跟各位讲一讲复杂性，以及复杂性和经济之间的关系。

在过去三四百年中，出现了很多科学的发展。比如说，将人的器官和其他有机体不断放大、缩小，发现里面有器官、细胞、细胞核、DNA等，相当于我们把一个部分拿出来不断放大去观察。

40年前，科学家们开始在另外一个方向继续探讨，比如，物理、化学、数学还有经济学方面。我们开始自我发问：如果

2019年9月21日，在第三届"人单合一"模式国际论坛上布莱恩·阿瑟发表主题演讲

很多因素从底部开始往上，而不是从上往下组织，我们会看到什么样的模式和规律呢？这种新的趋势并不会完全取代自上而下的方法，但是会给我们提供新的方法论和体系。

复杂性系统的定义是什么呢？

就像很多汽车在一个复杂的交通系统中互相交互，这就是一个例子。

另外一个例子就是星河。银河中的每一个元素都可能是一颗恒星，恒星之间的相对位置并不是固定的，而是根据其他恒星的引力作用进行调整。这些恒星同时移动和调整，这样使整个银河也进行调整。所以，每一颗恒星都产生了一些移动模式，反过来又会影响另外的恒星，这是一个非常庞大的复杂体系。

我们感兴趣的是，在物理世界里，什么样的元素会带来什么样的结果，然后如何做数学建模，在计算机上模拟建模。我们从中学到了很多，今天想给各位看一个非常简单易懂的系统。

以候鸟迁徙为例，每一只候鸟都在对其他的候鸟做出反应。1997年之前，那个时候想要分析这样的系统，我们当时想：肯定有一只头鸟，肯定有一些复杂的规则。但是，我们回来发现，其实只有两三个非常简单的规则而已。每一个候鸟都做出相关的反应，跟边上临近的候鸟做出反应，对引力做出反应，和其他的候鸟保持一定的距离，仅此而已。我们研究发现 非常复杂的系统可以拆解成非常个体化的行动，一只候鸟对其他候鸟做出反应，从而让边上其他的元素都做出相应的反应，这种方式其实是从微观的方式去看宏观。

我们从中得到什么样的启发？

这里我想提出一个问题，如果把经济作为一个复杂系统研究的话，会看到什么样的情况呢？会看到在经济中有各种各样的元素，比如说，消费者、投资者、银行、机构、政府等，如果我们把经济中的某一部分放大来看的话，会发现什么样的结果呢？

先来讲一讲我在读研究生时学到的经济学理论。我并不是在批评这个理论，但这个理论背后是有一个特定的条件和环境的。你可以把它比作精密的仪器，在这个观点下，经济中的每一个元素都是互相关联的。比如，出现了石油危机就会影响石油行业，进而影响到交通行业。这些元素之间都是互相关联的，牵一发而动全身。所以，这种经典的经济学理论是基于各种要素在均衡状态下相互关联。

我们发现，所有决策的背后都有明确的定义和边界的，可以用逻辑来解释，我们在均衡的情况下找决策，我们的问题肯定都有明确、清晰的边界。最后，我们会用理性的方法得出决策，得到完美的结果。我在学习这种经济学理论的时候，发现整个理论用很多的数学模型，然后解决方案是非常理性的，但现实情况是有机的、混杂的，而这种数学模型并不能够帮我们解释。

右边的这幅图画的是宋代的开封市。在这里我想给大家指出一个细节，如果你从中间看，可以看到中间有横向的运河，还有水利科技；左上角看到有些人在交谈，可能在做生意。我们可以把这些都做相关的数学建模，这些数学建模可能非常好，也可以达到均衡的状态。但是我们要非常小心，因为这种均衡可能只是海市蜃楼，或者是一个假象，不能够完全依赖这种假象。

《清明上河图》（局部）

我最开始在硅谷工作，几年前，我在斯坦福就开始思考一些问题。如果有12家初创公司进入同一个市场，他们互相不知道有哪些新的玩家入局；他们的技术可能都类似，但是无法预测他们的技术效果，也不知道他们的对手技术如何，不知道政府会对这些技术采取什么监管措施，也不知道市场上的消费者到底会不会喜欢他们的科技。所以，他们是处在一个未知的状态下。

因此，我觉得硅谷的企业家所面临的问题很多时候是没有明晰的、清晰的界定的，也就是说不可能有相应的理性决策。我们可以把整个世界看成个体的公司和其他的个体公司进行竞争、跟银行打交道等，但尽管在问题没有明确界定的情况下，这些企业实际上做的还是会去努力理解他们的处境。如果你直接问这些企业家，他们会说，我觉得这个情况大概是这样的，我觉得这种技术可能以这种方式发挥作用，这些企业家会用各种各样的假说来帮助自己理解，进行探索。所以说，作为一家个体的经济参与者企业，他们就像我们刚才看到的候鸟一样，会根据周边发生的情况来做出相应的反应。这个就是复杂经济学的难处所在，单一的参与者他们在面对一个经济的现象。比如说我的手，我挥动的手就是一种经济现象。这是其他的经济参与者所发生的，他们要做出相应的反应。他们一旦做出反应就会把整个情况相应地做出改变。

所以，可能达到相应的均衡点，但也可能过很久的时间都不能找到所谓的均衡点。或者说，找到什么东西才是有效的。再举一个具体的例子，比如说在金融市场。几年前，大家可以看到市场是非常热闹的，大家都有自己的行动和战略。在股市中他们的战略、决策受到其他人战略行动的监测，这就像一个生态一样。比如说，我关注了很多外汇市场，今天早上我看到香港的外汇市场，投资人可能认为发生了这样的情况，比如说，中国的央行在做这样的事情，新西兰的央行在做那样的决策，投资人在尝试不同的投资策略，他可能每两小时换一个策略。这些战略总是不长久的。

这一切都没有均衡，在这样的金融市场中没有所谓的完美，大家都在做不同的实验、不同的尝试，然后这些情况都是大家共同创造的，这些情况也在不断改变。我不想把复杂经济学精简成用一句话概括，如果标准的经济学把经济视作一台奇迹般的非常精美的机器的话，这台机器是来加工产品的。复杂经济学相反，是把经济视作一个生态，这个生态可能是由不同的策略、预测和行动、行为组合起来的。

这一系列的行为会导致一些结果。当我读到"人单合一"的时候我很吃惊，我发现两者之间有很大的相似性。市场并不是静态的，通过"人单合一"的模式在微观的层面，一切都在随着变化的情况进行调整和适应，其中包括外部的力量、外部的元素。我以前是冲浪的，大家可能很难想象。我在读研究生的时候有冲浪板，我发现冲浪其实就是一个不断保持身体平衡的运动，找到均衡。因为海浪是不停地在改变形状的，所以你在冲浪的时候，必须预判这个海浪到底会怎么走，然后你再调整自己的姿势。如果大家都在一起共同做这样的调整的话，可能被视为一种均衡或者被视为一种非均衡。

我们会看到哪些特点呢？大家用复杂经济学特点来看系统的话，会得到哪些结论呢？第一点，就是永恒的新意，或者不断涌现的新现象。可能整体的系统看上去是均衡的，其实背后是暗潮涌动的。

张瑞敏与2016年诺贝尔经济学奖获得者布莱恩·阿瑟进行高峰对话

太阳，从广义上讲正处在均衡的状态。伽利略从远处观察过太阳，我们目前可能还是把它想象成均衡的状态，当然了，太阳也是受到核聚变还有引力的影响，看上去是聚变。

大家通过X光天文望远镜看，实际可以看到完全不同的样子，实际上也是均衡的一种状态。但是这个过程中有很多突发的现象，比如说，磁环、大量等离子磁体的喷射，可能影响地球的气候，还有一些亮点、暗点，太阳的涌动、沸腾、变化，所以这个体系整体看上去是均衡的状态。但是在微观层面上，有很多实际的突发现象在不断地发生。实际上是由于太阳内核的核聚变带来的反应，所以有不同的举动。另外，跟"人单合一"也有关系的就是我们看到在经济体里头的公司，他们遇到的问题并不是有一个明确的界定。

对我来讲，比较感兴趣的是整个体系，包括这些公司在内，这样一些主体怎么处理信息，如何组织自我去应对信息。如果所讲的这种情景是可复制的，是不断重现的，我们可以有一个非常行之有效的、自上而下的体系。比如说，国家的铁路系统，英国、中国的，不管是什么时期，大家可以想象一个铁路系统，有多个层级的控制。国家看地方，地方铁路局再看某条铁路线，是一个自上而下的科层制的一个结构。从我了解的来看，这不是一个非常有效的系统。所以，如果在铁轨和火车上安装一些传感器，了解体系和外界之间交互的情况，把这些信号反馈回去，那么我们可以看到这样的一种机制，能够让组织更好去调整。

就有一点像水母。水母我觉得比较有意思，它们没有一个中枢的神经系统，没有大脑，它们有一个神经网络，实际上是一个网络化的神经细胞构成。在水母里面，我们可以看到这些神经元会点燃，在它们的表面，如果遇到营养物可以吃的话，靠近的神经元就可以点亮，跟其他网络的神经元，引导肌肉组织的神经进行互联，让水母向营养物进行靠近，很有意思。如果我是经济学家，我会问，水母的行为是不是最优的？我觉得是。它们这种神经元网络的构成，所有的神经元都是自组织的，虽然很原始，但是有很高的智能，能够带来一致、均衡、协调的行动。

还有另外一个系统，这个系统我们还在开发过程中，可能在中国会比在美国来得更早。不仅仅指无人驾驶车，还有各种各样的交通系统，包括里头有无人驾驶的车。这些车不只是看前方的路况，它们之间也会有互相的、持续的交互。比如说，高速路的调度，这块拥堵了，车往这边靠一下，实际上在路上跑的个体会自组织，来确保这个车流的顺畅，同时能够让他们的安全性得到保障，大家可以把它归纳成为一个优化的行为。亚当·斯密曾在经济学理论里面讲到这些个体，他们如果做到优化的话，对于整体也是优化。

我觉得这是突发式的、智能的一种自治。我们看复杂的系统，经常可以看到里面的各个组成部分，它会自行地进行组织，但不是非常有智慧的。它们在不断地进行潜在式的目的改造，在这样的过程中形成了一个非常合适的集体、群体的行为。

我想再补充另外一点，就是在这样的一种复杂系统里创新怎么运行，在经济体复杂的情况下怎么运行。我们有一些新的想法、新的流程、新的技术会不断地应运而生，比如说，制造钢铁、炼钢的工艺，等等。

实际上比表面看到的要更复杂，我想提出另外一个观点，在经济的任何阶段或者是经济的任何环节，不管是什么样的方法，有很多的技术、很多的部分。我们做的是把不同的这些部分进行组合，形成一个新的方法、新的技术可以为我们所用。

举个例子，比如，在金融科技这块，中国用了很多的AI。我看到人脸识别这样一些技术在会场有运用，还有一些是加密货币、区块链、监管技术，还有一些AI面部识别技术。这些技术怎么真正地创新？不只是说采用区块链、人工智能的技术，而是把它们进行组合，通过可编程的语言让这些技术能够找到新的运用场景。

所以一部分系统、一部分技术，比如说，面部识别，可以实现不同的应用。实际上就像一个大的系统里面的子系统，会有一些新的替换推陈出新。就像这些编程的语言，它会形成各种各样的功能集。通过这样一种非常强有力的应用，形成未来可用的技术库，来取之所长进行组合，海尔就在做这样的尝试。因为小微单元可以相互沟通，我也理解在不断打散重组的过程中，能够形成一些创新。实际上，在这块我们觉得可以做更多的事情，应该做更多的事情。

我想总结一下，从经济学家角度来看，这个复杂经济学不是对经典经济学理论的取代，我们如果有一个无法完全界定的问题，没有一个均衡的情形的话，你怎么应对？因为创新不断地突发，我们可以看到经济体的各个部分在不断地相互作用，代理人、委托人也在不断适应。实际上这个系统不会趋于稳定。它就像个小孩，父母总想让他能够性格成形，能够稳定下来，但实际上这个小孩可能就是安静下来，内心还是非常奔放的。所以，在这个过程中，不是说获得最优配置，而是得到群体的智慧。我特别欣赏中国的一句谚语"摸着石头过河"。

最后总结一下，大家在不知道能不能看清楚的情况下，可以比较里头的各个要件。复杂经济学将经济视为不断演进的一种生态，"人单合一"类似，也把它看作小微构成的生态。经济学这块问题没有明确的界定，"人单合一"也认定在问题的界定方面并不完善。另外也讲到有持续的摸索适应。小微也是同样，摸索用户的需求、永恒的新意、市场技术组织的变化。海尔需要去不断地打散、组合、调整，而且持续地做这样一些事情，形成新的单元。

2019年9月　上海
（根据讲话录音整理，略有修改）

"人单合一"模式创造美好生活

量子管理奠基人、《量子领导者》作者
丹娜·左哈尔（Danah Zohar）

我要讲的，不仅是量子管理理论，我想讲的是与"人单合一"的联系。

量子管理理论其实是超出商业范畴的。我正在写一本新书，在新书里，我将会讲到"人单

张瑞敏与丹娜·左哈尔合影

合一"。我们今天已经讲了一整天关于这方面的应用了，也会讲"人单合一"如何能够给个人的生活、社会的生活以及整个社会一个新的模式、一个新的全球秩序。

我想这么做，是因为我们现在生活的世界非常糟糕。我13岁的时候，大人就跟我这么讲。在量子社会方面我已经写了几本书，然后在量子管理方面我写了三本书，但这些只是理论而已，是从量子理论中获得了灵感写出的书。

当初来到海尔，我发现量子管理已经被海尔的"人单合一"模式很好地执行了。我当时就想，是不是有这种可能，我所有关于量子管理的理论可以在个人和社会范围执行出来，而不仅仅是"人单合一"模式。

首先，我需要跟大家说明，我为什么要用"量子"这个词，我要跟各位解释一下量子管理到底是怎么一回事，为什么我说"人单合一"是量子管理。

大家可能觉得很纳闷，物理理论怎么会和管理扯上关系呢？物理和社会、个人、国际社会有什么关系？纵观人类历史，人们对世界有不同的认知，有自己的宇宙观，就是关于人类应该是怎么一回事。比如说，中国的道家是5000年前形成的思想，天之道乃人之道，天之道就是我们的道。

17世纪时，牛顿发明了科学的世界观，牛顿第三定律让我们能够知道、预测、控制自然界。这一理论的提出，对人类来说是颠覆性的革命。在牛顿之前，人类一直生活在混沌、困惑、迷信和无知的世界。如果下雨了，是因为上帝悲哀了；如果打雷了，是因为上帝生气了；如果我们生病了，是因为上帝在惩罚我们的罪。牛顿和其他的科学家反对这一点，他们说，不对，万事的现象背后是有解释的，如果知道原因的话，就可以对结果做出判断和预测。

由于世界观的巨大转变，牛顿的理论就成为之后300年世界观的基石，今天仍然是，尤其是我们今天批判的管理模式上，其实也是基于牛顿的理论。

牛顿的经典物理学认为，一切都是由原子组成的。比如，凯文·诺兰（美国通用家电公司GE Appliances的首席执行官）说，在昨天，GE Appliances就像一个砖头，而不是今天这样一个动态组织。牛顿认为，原子是不可分解的，这也成为"我"模式的一部分。"我"这个概念，就是一个物体，你对我来说，是另外一个物体，我永远不知道你是怎么一回事，物体和物体之间是不可复制的。整个西方的个人主义就是基于这一点，个人是社会的原子，我们都是分离的。

今天我们知道，我们是孤独的、沮丧的、互相割裂的。这些都源于牛顿理论，是牛顿理论惹的祸。原子是互相分离的，所以我们只知道自己。亚当·斯密把资本主义建立在"人是自私的"的假设上。因为我是自私的，自然而然，我只会为自己的利益考虑，这也是2008年经济危机的根本原因。目前，我们还没有完全摆脱2008年的经济危机，我们的市场、经济、商业等，一切思考都基于什么对我的公司、我的家庭、我的国家有利。联合国应该是一个全球的治理机构，但是在联合国，我们看到各个国家互相争吵，没有人真正考虑有什么事情对全人类、全世界是最好的。

我们反复讲过，以前的管理模式是自上而下的权威，员工只是一台机器上的小螺丝而已；客户是终端用户，只是为了得到企业的产品；企业也把自己想成一座孤岛，只考虑什么对自己有利。我们今天听到，"人单合一"可以解决企业的这些问题。我目前写的这本书讲到，"人单合一"给了我们一个新的工具，让我们能够使用一种量子的方法，去思考自我、社会和国际秩序。

量子物理是在20世纪初出现的科学革命。那时，牛顿的经典物理学认为所有的问题都已经解决了，但是，当时有两个问题还没有解决。一个是关于生命的本质，另外一个是"以太"。以太和生命的本质就成为量子物理的基础。

我们今天讲到范式的改变，如果你们真正知道物联网在量子物理中的地位的话，就会真正理解物联网的范式。因为这不只是另外的一个科学，而是一个全新的范式，就像我之前提到牛顿的经典物理学一样，量子物理帮助我们重新思考所有的问题，包括我们自己，人与人之间的关系，我们的社会架构，我们的价值观。

"人单合一"模式讲到企业的自组织。我们需要更多地思考，如何把这种自我组织的方式运用到社会中。我们以卡奥斯COSMOPlat为例子。卡奥斯COSMOPlat帮我们打破了大规模制造的专制，帮我们打破了只有一种方法做事的模式。现在，海尔说，条条大道通罗马，我们可以用各式各样的方式去面对用户，提供丰富多彩的产品和服务，可以直接与用户交互。

在社会中，科技创新和服务的手段越来越多，而我们现在得到的却是越来越少、越来越窄的选项，我们越来越缺少能够自我组织或者共同创造的方式。

共同创造是量子物理中一个非常重要的概念，在牛顿的世界中，在牛顿的经典物理中，"我"只是外部环境的被动受害者。牛顿物理学无法接受"我们只做我自己"的可能性，因为我们都受到外界的桎梏。但是，量子物理不这么认为，量子世界充满着无限的可能性。我们通过问问题、做实验——不管是实验室的实验，还是在我们的生命、生活中通过决策做实验——我们都在试探这些可能性，把这些可能性转化为现实。

人就像微粒一样，问一个问题相当于打了一道光。打了一道光或者问了一个问题，就会得到相应的回应，或者相应的微粒和粒子。在我自己内部、在我的社会中、在我们的人类世界，存在各种各样的可能性，我们要通过问题来激发这些可能性。量子物理告诉我们，我们在共同创造现实，我们共同创造世界。

"人单合一"让我们不受大规模制造的桎梏，在社会中有更多的选择。这一点，自上而下的官僚制度做不到。

牛顿力学范式说，我们都是分离的，我们都有很多的边界、个性。但是，量子物理告诉我们，万事万物是相互联系的。这就是"人单合一"的商业模式，所有的一切都是相互连接的，所有一切都对其他产生影响。

必须看到，我是一个个人、一颗粒子，但是我也可以跟外界连接。比如，我会定义我和你的关系，你也可以定义你和我的关系。这会给我们一种全新的意义，即我们自己是谁，作为社会公民以及作为人类同胞意味着什么，我们都不是陌生人。用物理学而言就是没有他者，因为每个人都是其他东西的一部分。

量子物理彰显多样化，在不同的领域都能够帮助我们找到最好的道路，成为最好的自己。"人单合一"就像小微粒子的世界，每一个小微都可以探索所有产品的可能，为用户服务。

然而在现实中，我们并没有太多地彰显多样性，就像坎特刚刚提到的，我们都陷入孤立的部落当中，彼此担心和害怕。

如果我们理解了量子世界的话，其实是没有他者的。我们显示的多样性就是我们自己的可能性，文化的多样性就是还没有被意识到的可能性。在一个量子世界中，我们是相互丰富、相互充实的，我们应该相互拥抱和表示欢迎。我们看到，关系是一种潜质和可能性，而不是一种威胁。

我们必须永远能够自我批评和自我质疑，这可能是最重要的事情。我们都需要自我质疑，在社会中我们必须质疑，为什么我们要这么做？为什么我们要这么疯狂地全球竞争？其实，世界上各国人民都差不多，我们能够很好地相处，我们都需要同样的东西。但是，我们的领导人似乎认为，这个国家是威胁，那个国家是敌人，应该问问他们为什么要这样说。

同理心是一种宝贵的品质，即人们相互之间的关爱。它让人意识到，你就是我，我就是你，你感受到的我也可以感受到，你经历的我也可能经历。人与人相互之间要有同情心，而不是把对方看成敌人。还有谦逊的美德。有人说"量子物理不是最佳方式，只有原子管理体系才是最佳的战略、解决问题的最好方法、市场上最好的产品"。但是，量子世界有很多不同方式，通过自我实现来激发各种潜力。可能你的方式对你很好，我的方式对我很合适，但是我们相互之间不应该表达傲慢，我不能对你指手画脚，说我的方法比你的强。

最后，也是今天下午我演讲的目的，就是让"人单合一"模式在我们的生活中遍地开花，对此，我们要有一种使命感、一种天职感、一种热情。

昨天张瑞敏先生说了三次，作为一个领袖，没有激情是不行的。GE Appliances 的 CEO 昨天对我说，领导人必须有热情、有激情。上周我在印度的时候，他们也说"让我们带着热情去工作"。但是，这份热情是为了什么呢？只是为了我的公司吗？还是只是为了我的部门？只是为了我的家庭吗？我觉得，这样的激情和热情应该服务于我的企业、我自己、我的社会和我的世界以及所有可能的地方。这是给大家提出的挑战，如果企业能够自我改革，能够遵循我刚才说的价值，能够采用"人单合一"和相关的组织架构及原则，那企业就可以让全世界看到，在任何一个领域里如何变得更好。

所以，我在此提一个希望，希望大家不要把自己仅仅看成企业家，而是作为采用一种新方式做事情的先锋，是采用一种新方式与自己、社会、世界相处的先锋，这样才能够把"人单合一"的组织原则、架构、价值观传播到全世界。我相信，在当今动荡的世界，全球的商业拥有资金和力量去做重大改变。我相信做出这样的改变，既有利于商业本身，也有利于社会的其他领域。我希望全球商业的视野将会提升，商业将成为一种更高尚的职业。

要让这成为可能，商业必须具备道德，增加服务和价值导向，在很大程度上，应该消除私营企业与公共事业之间的区别。我希望企业对其创造价值的世界承担起责任。我希望自己成为这样的商业领袖，这样的"仆人式领导者"，不仅服务股东、同事、员工和客户，也服务社区、地球、人类、后世子孙以及生命本身。这就是我给大家提出的挑战。

谢谢！

2018 年 9 月　青岛
（根据讲话录音整理，略有修改）

二、海尔模式的组织创新

链群合约诠释量子组织，开创生态经济体系

张瑞敏

17年前的今天，也就是2005年9月20日，我们首次提出"人单合一"模式。我今天的演讲内容是，这17年来持续探索"人单合一"模式后的系统性思考。

演讲的题目是《链群合约诠释量子组织，

2022年9月20日，在第六届"人单合一"模式引领论坛上张瑞敏发表主旨演讲

开创生态经济体系》。这个题目不仅仅对海尔集团很重要，事实上，对所有企业都很重要。为什么这样讲呢？

德国哲学家黑格尔在《小逻辑》中说，"熟知并非真知"。当下，所有企业都必须从原来非常熟悉的、业已成熟的、经典的工业时代管理模式转型为物联网时代的生态模式。而这个转型是划时代的，对转型的企业来说，挑战非常大。从哪里切入呢？我认为，既然是向生态模式转型，那么，就必须从组织转型切入，传统的科层组织必须先转型为生态组织。从本质上看，科层制适应的经济体系是均衡的、线性的，生态组织适应的经济体系则是非均衡的、非线性的。

生态组织，就是今天要讲的量子组织，其对应的经济体系就是生态

经济体系。演讲题目中的两句话连起来看，其实构成了一种因果关系：链群合约诠释量子组织是因，开创生态经济体系是果。

科层制组织是以经典牛顿物理思维为导向的产物，生态组织则是以量子物理思维为导向的产物。量子组织是时代发展的必然，但直到今天还没有出现完全符合其理论的组织范例。"量子管理学"的创始人丹娜·左哈尔认为，海尔的链群合约是世界上首个出现的量子组织，因此，我尝试用链群合约诠释量子组织，揭示其特点、性质和规律。

链群合约因其具备的生态属性和量子属性使组织变成一个有机体，可以让组织很好地融入 VUCA 时代。VUCA 时代即不确定性的时代，在这个时代，只有先把组织变成生态组织、量子组织，才能开创生态经济体系。

扣住这个题目，我将分三个部分具体阐述：创造性破坏、创造性重组和创造性进化。原来工业时代的模式现在不适应新的经济形势了，就必须将其破坏。但破旧必须立新，重组一个新的模式，这就是创造性破坏和创造性重组。重组为新的模式并不是结束，而是新的进化的开始。

让我们来看海尔生态经济进化示意图。在示意图上，三个部分分别用红、黄、绿三种颜色来标示。三个部分连成一个圆环，表示动态进化和无限循环的意思。即便创

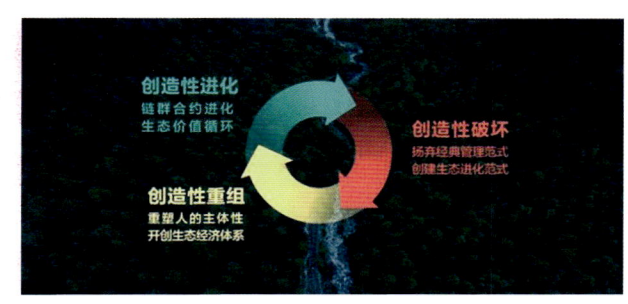

海尔生态经济进化示意图

造性进化了、非常成熟了，随着时代的发展，仍要进入"红区"，仍要无限循环。

世界 500 强企业的平均寿命为什么越来越短？因为，时代是无穷变迁的，而且变化越来越快，任何企业要想实现无限循环就必须运用辩证思维，必须自我否定。如同黑格尔所说，一切事物都包含对自身的否定，

也就是自我否定。唯有自我否定才能实现自我发展，一朵花开得再鲜艳也会败落，因为它要结出果实。企业也是如此。在非常辉煌的时候，是自我欣赏还是自我否定？自我欣赏，企业可能就不存在了，因为会被别人否定。你不自我否定，别人就来否定你，毕竟时代潮流势不可当！对海尔来说，"人单合一"是对原来模式的一次否定，现在仍要继续进化。

第一部分
创造性破坏：扬弃经典管理范式，创建生态进化范式

这里有两个关键词：一个是"扬弃"，一个是"范式"。

卡尔·马克思在《资本论》里对"扬弃"有非常清晰的解释：扬弃不是抛弃。比如，即便是超越资本主义社会，也不等于把资本主义的所有东西都抛弃掉。他举的例子是股份制。我们现在创建的量子组织和生态经济体系是一次范式转换，在这个转换过程中，并非把传统的经典模式都抛弃，而是在其基础上进行升华和质变。这就像无人驾驶汽车替代普通汽车，并没有去掉普通汽车的外形和四个轮子，但实现了从普通交通工具到网络节点的质变。管理也是一样，随着时代的变化，管理革命势在必行，每一次管理革命都带来范式的转换，进而促进了社会进步。

1. 产业革命引发了管理范式的转换

产业革命的发生引发了影响深远的管理范式转换，这一次范式转换的理论先驱是亚当·斯密。斯密1776年出版的《国富论》，奠定了大工业生产替代小作坊的关键理论，是关于大工业生产的最早的经济理论。《国富论》开篇第一章就是《论分工》。书中以制造别针为例，小作坊制造别针，每个工人需把所有的工序都做完，每人每天连20根也造不出来，但是如果分工协作，每人每天平均可以制造4800根。另外，在这本书的写作过程中，斯密还创造了一个兴奋到睡不着觉的重大观点：市场是一只"无形的手"。可以说，"分工"和"无形的手"的理论奠定了西方经济学的基础。

《国富论》首次出版的1776年，瓦特蒸汽机改良成功并开始商业化，极大地推动了产业革命的进程，成为产业革命的驱动力。在亚当·斯密经济学理论和产业革命的大工业生产实践的基础上，100多年前的西方产生了古典管理理论的三位先驱，创立了沿用至今的经典管理模式。

第一位是被誉为"科学管理之父"的美国人弗雷德里克·温斯洛·泰勒。他创立的科学管理体系有一项重要内容，就是时间动作研究，把每个人、每道工序的工作量规定得非常详细。这个理论一直沿用到现在，甚至今天的互联网公司仍在沿用，比如，用算法来控制快递配送人员。

第二位是被誉为"组织理论之父"的德国人马克斯·韦伯，他创立的科层制直到今天还被广泛应用。科层制也叫官僚制，在实践中，它与泰勒的科学管理方法往往配套使用。

第三位是被誉为"管理理论之父"的法国人亨利·法约尔，他创立了管理职能理论，提出五大管理职能。由此，企业中出现了很多的职能管理部门。法约尔的职能管理理论也延续到现在。

这些经典管理理论在当时和此后相当长的时间里促进了工业经济高速发展，但当时他们意识到的经典管理模式存在的弊端没有解决。今天，在物联网时代，我们有机会、有能力去解决。比如，泰勒的"科学管理"，促使生产效率提高得很多，但他也曾因此被告上法院：生产效率提高了300多倍，但工人的工资只增长了6倍。人成为理性"经济人"，只是工作的机器，没有个人价值的实现。福特甚至曾说，我要的是一双手，你却给了我一个人。

"科层制"的问题，韦伯在当时就意识到了，科层制非常大的弊病就是把人设定为"岗位人"，压制了人的创造性和创新精神。

法约尔创造"职能管理"，其中有一个目的是通过管理职能的划分来实现更好的协同，没想到在现实中却分而不合，不但不能实现更好的协同，反而让每个职能部门都变成一个个"筒仓"。法约尔的愿望，我们现在有机会实现，而且到了物联网时代，"筒仓效应"也非解决不可。

2. 物联网转换了经典管理范式

物联网时代，经典管理范式下的生产方式和管理方式都必须改变。

从生产方式来看，从泰勒开始就是大规模制造，千人一面，只追求效率、速度；现在，需要转变为大规模定制，适应千人千面的需求。有人将大规模定制理解为产品的大规模定制，这是不对的。万物互联时代，用户要的是场景体验，而不是作为场景组件的单品。比如，用户要的是"智慧家庭"，智慧家庭涉及很多行业，你能不能提供？用户对智慧家庭的需求变化了或不满意了，你能否持续迭代、升级？从管理方式来看，原来的以产品为中心的大规模制造方式无法满足新挑战，其背后的管理方式也必须颠覆。

从理论本质上来讲，斯密的经济理论不再有效，我们需要物联网时代的新理论和新观念。

比如，"零距离互联"。管理大师彼得·德鲁克说："互联网消除了距离，这是它最大的影响。"传统意义上，企业建立的依据是"有距离"，"科斯定律"说的就是为了减少交易费用才有了企业。交易费用的发生也是因为有距离，而互联网消除了距离，正在对经济形态产生深远影响。比如，企业中很大的一笔费用是广告费，但现在我们可以直接和用户交互，可能就不需要投入太多费用做广告了。

再比如，"万物互联"，丹娜·左哈尔就认为，万事万物都相互纠缠在一起。企业也是万事万物中的一类，当然不能置身事外。每家企业只不过是网络的一个节点而已，要么主动融入网络，要么被抛弃。

传统企业是有围墙的花园，物联网时代的企业应该变成热带雨林式的生态。封闭的花园里，花草树木被整理得整整齐齐，就像传统企业的员工整齐划一，没有个性；开放的雨林生态里，所有物种生生不息。

3. 生态进化范式：以"人单合一"为宗旨的链群合约

扬弃经典管理范式，在物联网时代创建生态进化范式，首先要进行思维范式的转换：以主体性思维取代主客体二元对立的思维定式。

经典管理范式强调管理的三要素,即管理的主体、客体和工具。主体就是以CEO为代表的管理层,客体就是被管理的员工,工具就是各种管理制度和管理方法。

生态进化范式强调每个人都是管理的主体,不是完全听命于上级领导,而是以用户为"领导",所有人都听命于用户,为用户创造价值,而个人潜在价值通过其为用户创造价值得以实现。

对主体性思维的理解,法国人让－保罗·萨特有一句话很重要:"存在先于本质。"每个人的存在都可以创造自己的价值,通过创造自己的价值来造就自己的本质。人的本质不是规定性的,而是按照自己的意愿造就的。一个人来到某家企业的某个岗位,成为××员、××总,这就是规定性。但是,作为一个自主人、一个创新者,就不能局限于被规定的本质。只有物品是本质先于存在的,如会议桌被规定的本质就是摆放茶杯、会议文件等,它不会创造自己的本质。传统企业把人视为物品,这是非常悲哀的,试想这种情况下企业怎么会有颠覆性创新呢?!这也是众多企业寿命越来越短暂的根本原因。萨特是1964年诺贝尔文学奖的获奖者,但是他拒绝领奖。这个行为也很好地诠释了"存在先于本质",他不想被诺贝尔奖所规定。

强调思维范式转换的重要性,就是要树立每个人都有其主体性的概念,或者按量子管理理论的说法,每个人都是量子自我,既是一个独立的自我,又是一个为他的自我。另一句话大家可能更耳熟能详:勒内·笛卡儿所说的"我思故我在"。"近代哲学之父"笛卡儿影响了萨特一生。作为自主人的我思考所以我存在,但是,如果是管理的客体、是执行人,你怎么会存在呢?!

海尔集团探索了17年的"人单合一"模式,就是先把每个人变成自主人。2005年,我们首次提出"人单合一",把正三角形的组织变成倒三角形的,让基层的每个员工都直面顾客、满足用户需求。这一做法释放了基层员工的活力,但也遇到新的问题,即一线的员工面对用户个性化需求必须倒逼总部提供资源,由于中间管理层仍存在,这种倒逼机制就不顺畅。2013年，我们彻底拆除企业部门之间的围墙，取消了约1.2万名中间管理层，整个企业拆分成4000多个小微。这一做法赋予小微"三权"（决策权、用人权、分配权），让小微成为创造用户价值的基本单元。小微组织网络在产品经济方面发挥了积极作用，但随着用户需求从高质量产品向高质量生活场景的转型升级，单个小微已经无法适应用户场景体验的迭代需求。2019年，我们在小微网络的基础上推进生态链小微群，也就是链群组织。链群是开放的，不但海尔集团内部的小微可以进入其中，外部的合作方也可以很方便地整合在一起，关键是用户也被纳入链群中，大家一起共创、共赢、共享。

链群由创单链群和体验链群构成，以链群合约为纽带，链群上的各节点没有谁是领导，大家都围绕用户体验迭代运转，变成自治的自组织。

国外学者研究后认为，"人单合一"很像纳什均衡。电影《美丽的心灵》中主人公的原型就是约翰·纳什。他发现了非合作博弈均衡解的存在，后人把这个理论用他的名字命名为"纳什均衡"。这个理论应用广泛，大到国际上的核不扩散条约、全球气候合作，小到市场契约，都有纳什均衡的影子。"人单合一"其实是动态进化的"纳什均衡"，因为建立均衡后，任何一方都没有单独去打破这个均衡的动机，毕竟打破均衡对自己没有好处。但纳什均衡也有一个著名的问题，即共谋偏离的问题。链群合约以其动态性规避了这个问题，因为在链群合约中，我们把"三权"归还给链群。大家都围着共同的用户转，变成一个利益共同体，只能共创、共赢、共享。

海尔集团在物联网时代创建生态进化范式的现实版就是链群合约，链群合约的引领性体现为两点：首先，链群合约做到了经典管理范式无法做到的体验迭代进化；其次，链群合约解决了经典管理范式无法解决的难题。这里，具体再讲一讲。

物联网时代，体验迭代的进化是不可能用科层制来解决的，用户体验迭代的进化需要与生态组织的进化相适应。这也是我开始所讲的，物联网时代的经济一定是生态经济，支持生态经济的一定是生态组织，这两者构成了物联网时代的生态模式。生态模式在商业实践中的现实存在，就是链群合约。每一个链群合约都由体验链群和创单链群构成，链群上的所有节点都以用户为中心，在共创体验迭代升级中增值分享、共赢进化。传统的科层制以企业为中心，自上而下指令控制，是不可能进化的。

经典管理范式有一个长期想解决而无法解决的难题：剩余收益和剩余控制权并不一定对应捆绑在一起，这个问题是契约理论研究中的一个大问题。契约理论是近几十年来迅速发展的经济学分支，奥利弗·哈特和本特·霍姆斯特朗也因此于2016年获得诺贝尔经济学奖。他们获奖的理由是：现代经济是由无数契约联结而成的，契约问题处理不好，经济发展一定会出问题。我们知道，西方企业的产权问题已经很明确了，米尔顿·弗里德曼在20世纪70年代就提出，企业的目的就是股东价值最大化。在这个前提下，企业中的管理人员和普通员工理论上没有剩余控制权即产权。于是，他们发明了委托代理激励机制，虽然管理人员和普通员工没有产权，但可以被授予期权，按照期权合约，达成股东委托的市场增值目标就可以兑现与期权相适应的剩余价值。不过，这种机制存在致命的缺陷：一方面，只有很少数人可以获得激励；另一方面，激励的条件只与公司的KPI挂钩，不和用户价值挂钩。

以我们购并的GE Appliances为例。购并前，GE Appliances的1.2万名员工中只有17名高管和162名中层管理人员有资格获得期权激励，大头归属17名高管，其余162名中层获得的份额很少。这种机制并未让GE Appliances有竞争力。并入海尔集团后，作为GE Appliances的股东，我们没有派驻管理人员，而是反复研究如何让GE Appliances接受"人单合一"的管理模式和企业文化。从2016年6月6日正式交割直到2021年年底，5年多的时间，其中包括刚开始试点的1年时间，也就是说，"人单合一"在GE Appliances真正发挥作用只有4年多时间，GE Appliances的业绩发生了很大的变化。以2021年的数据和并购前的2015年相比，营收是期初的1.8倍多，利润增幅更大，是期初的3倍多。利润率的大幅上升体现了"人单合一"的效果，即每个人都在创造用户的价值。GE Appliances的转型和高质量发展故事成为哈佛大学商学院的教学案例。GE Appliances 的成功得益于"人单合一"，现在，GE Appliances 通过链群合约获得剩余收益的员工增加到 4000 多名。"人单合一"模式相信每一个人都可以创造更大的价值，"人单合一"的本质就是让每个人的价值体现在为用户创造的价值之中。

链群合约是动态合约，解决了哈特、本特分别提出的剩余控制权和"搭便车"难题，因为用户体验迭代是动态的、持续的，链群合约各方的价值实现都以用户体验价值为核心，没有用户价值就没有个人价值。

4. 启示

以上是第一部分，创造性的破坏。这部分内容给我们的启示，可以总结为柏拉图的"洞穴之喻"。

柏拉图在《国家篇》中对"洞穴之喻"的阐释大致如下：洞穴里面的人都被控制住，不能走出去；他们看到的不是真实的事物，而是一些人拿着道具来回走动，光线把道具的影子投射到洞壁上；洞穴里的人根据看到的影像谈个人的感想，然后根据每个人的感想进行评估。这给我们带来的启示是，必须从传统的经典管理范式中走出来，封闭的评估和奖惩是没有任何意义的。好比企业不和用户零距离交互，就永远不知道用户的真实需求。"人单合一"实质上就是员工和用户直接连接，感知用户的需求是瞬息万变的。

此外，在这个隐喻中，洞穴里终于有人走出来了，却受不了外面的阳光照射又回到了洞穴。对企业来说，走出去之后不要怕外面的阳光照射，而是要去适应它，从封闭的系统变成开放的生态。

第二部分
创造性重组：重塑人的主体性，开创生态经济体系

创造性重组，不是对新的管理方法的重组，而是对人的主体性的重塑。重塑人的主体性，让每个人成为自主人，自主人进而成立链群合约，通过链群合约开创生态经济体系，创造生态价值。

1. 生态经济时不我待

（1）物联网时代的经济即生态经济

海尔集团对经济形态有自己的定义和分类，分别是产品经济、平台经济和生态经济。

关于产品经济，大家都很熟悉。它以产品为中心，以规模和效率为目标追求。这个领域历史上第一个成功案例是福特的流水线，通过流水线实现高效率、低成本，使每台汽车价格从4000美元左右降低到不足400美元，把汽车从奢侈品变成大众的交通工具。后来，美国企业史学家艾尔弗雷德·钱德勒在《规模与范围——工业资本主义的原动力》一书中着重论述资本主义发展主要靠规模经济和范围经济。这一理论的代表企业莫过于通用电气公司（GE）。通用电器曾经在CEO杰克·韦尔奇领导下，实施数一数二战略，一度成为全球规模最大的工业企业。

互联网时代的经济形态以平台经济为代表。平台经济以流量和数据为目标追求，但本质上和产品经济追求的规模与效率并无二致，通过数据算法提高流量的规模和效率。与此同时，平台经济的弊端也日益凸显。以色列学者尤瓦尔·赫拉利在《今日简史》中写道，我们不是数据巨头的用户，而是商品。数据巨头用算法控制人们的购买行为，在这一点上，平台经济和产品经济本质上相同，即只有顾客和产品，没有用户和体验。

而物联网时代的生态经济完全不一样，它不再以产品为中心，而是以用户为中心，以自主人和用户体验迭代为价值追求，创造出终身用户的价值。管理学家斯图尔特·克雷纳在《管理学》中说，每位用户都有终身价值，一家企业能够满足多少终身价值，成为其成功的真正衡量标准。产品经济和平台经济没有把用户的终身价值作为追求的目标，只是为了追求长期利润最大化而已。

（2）人为主体而非客体的生态经济

加里·哈默教授和詹姆斯·穆尔博士在刚才的发言中都提到，如果不以人为主体，生态模式就难以为继。

穆尔在1993年提出"商业生态系统"的概念，到现在为止将近30年了，却一直没有推广开来，个中原因从他给商业生态系统的定义中可以看出来。其定义有三个关键词："经济联合体"（以组织和个人的相互作用为基础的经济联合体）、"有机体"（组织和个人是商业世界的有机体，这种经济联合体生产出对用户有价值的产品和服务）、"用户"（用户是生态系统的成员）。用这三个关键词来对照，传统企业以自己为中心，不可能是经济联合体；传统企业中的人不是自主人，所以也不可能成为有机体；传统企业只有顾客和产品，也不可能有用户。总之，传统企业达不到这三个关键词的要求，所以"商业生态系统"的理论难以推广。

最近，穆尔研究海尔集团的生态模式后提出了"人本生态系统"的新理论，我认为它可以成为开启商业生态系统的钥匙。因为人本生态系统以人的价值为特征，追求人的价值最大化，有了这个宗旨，商业生态系统才能真正发展起来。

战略管理学家哈默和我们交往有十几年了，他对"人单合一"模式的探索发展给予了很多帮助，提出过很好的建议。他新出版的合著畅销书《人本共治》（简体中文版书名为《组织的未来》）对"人本共治"理念的诠释，我认为十分到位。他说"人本共治"理念的宗旨就是释放人类精神、以人为中心的新的价值观。

2. 链群合约是开创生态经济体系的前提

链群合约具备的三个特点——时代性、自组织、自主人——使之成为开创生态经济体系的前提。

（1）时代性

链群合约符合时代的要求。当下的时代是人工智能的时代，也是量子的时代。

被誉为"人工智能第一定律"的阿什比定律指出：管理系统的复杂性需要与管理对象系统的复杂性相适应。现在，关于人工智能的许多概念是模糊不清的，比如，许多人认为人工智能就是把产品智能化，其实这种认识是片面的。管理系统的复杂性与管理对象的复杂性相适应，才是人工智能赋予我们的最本质的意义，复杂性的用户体验迭代需要复杂性的自组织来满足。比如，智慧家庭的体验迭代是非常复杂的，不仅涉及很多硬件产品，还有持续不断的需求迭代，这是万物互联和人工智能所决定的，但什么样的组织才能实现万物互联和人工智能驱动下的用户体验迭代呢？只有链群合约，才能回答阿什比提出的这个难题。

量子时代的组织一定是量子组织。量子管理理论的创立者丹娜·左哈尔指出，量子组织的特性就是创造复杂适应系统。这也符合布莱恩·阿瑟对"复杂经济"的定义，即非线性的自适应网络。链群合约可以和复杂适应系统相适应。由此可见，链群合约符合时代发展的要求。

（2）自组织

链群合约诠释了量子组织共创共享共治的复杂适应系统，因为链群合约是自组织，自组织的一个重要特点就是可以引进负熵并形成正反馈循环。一个自组织可以随时引进外部最优秀的资源，形成经济联合体的生态。负熵，简言之可以理解为组织外部的能量；正反馈循环，简言之可以理解为做得越好得到的越多。

海尔干衣机引爆的案例就体现了正反馈循环的特点。干衣机原来在中国的普及率非常低，但实际上用户对干衣机需求是很大的，只不过传统的干衣机并不适应中国用户的习惯。海尔的创客发现了这个痛点，自发组织了一个链群专门来解决这个难题。干衣机链群吸引了7个行业35名专家共同研究。有的专家是航空航天专业领域的，原本和洗衣机没有任何关系，他们的作用就像"负熵"，跨界的专家一起共创出适应中国家庭需要的干衣机，创造了市场的爆款，创客和共创生态方也因此获得了可观的增值分享。在增值分享机制驱动下，他们又和用户持续交互，产生更好的解决方案，创造更大的用户价值。这就是自组织的正反馈循环。

（3）自主人

哲学家康德在《实用人类学》中指出，"人具有一种自己创造自己的特性"。但在经典管理范式下，人的这种特性被制约了，科层制作为他组织没有促进"自己创造自己"的机制，阻碍了人成为自主人。

自主人即量子自我，是自组织的前提。量子小店就体现了这一点。

电商兴起之后，大量的实体店倒闭。实体店的倒闭表面上看是受到电商的冲击，本质上却是卖产品跟不上形势、不能满足用户体验迭代。在其他店铺纷纷关闭的情况下，我们反而开了大量的量子小店。量子小店的作用不是卖产品的渠道，而是连接用户需求的触点，是与用户个性化体验交互的神经末梢和毛细血管。因此，量子小店的面积不大，通常只有几十平方米到100多平方米。在上海市，几乎每平方千米就有一个量子小店。

量子小店分布这么广，谁来管理？其实，量子小店的店长不是海尔集团总部任命的，而是自己竞选的。参加竞选的人都是在社区、村镇等提供服务的人员，他们非常了解用户。在上海疫情初期，量子小店自发为所在社区居民送菜，他们和社区居民的感情非常好，甚至有的住户因为非常信任量子小店，离家期间会把钥匙给他们来管理。有了这样的量子小店，我们就可以知道用户真正的体验需求是什么，知道给用户创造满足需求的方案是什么。如果没有自主人，量子小店是开不起来的。

3. 生态经济体系：在万物互联中，链群合约进化出无穷的体验迭代生态价值

（1）万物互联中的"三自"

链群合约是怎样进化出无穷的体验迭代生态价值的呢？首先是链群合约的"三自"：自涌现、自裂变、自进化。自涌现是从0到1，自裂变是从1到N，自进化是从N到正无穷。

这里，以厨居美学链群的自进化为例。

厨居美学子链群是从卡萨帝朗度链群中自涌现的链群。创客发现了用户对嵌入式冰箱需求很大，但是市场上现有的嵌入式冰箱并不能让用户满意，所以他们成立了一个新的链群。这就首先解决了厨房的嵌入式冰箱不受用户欢迎的难题。原来，欧美式嵌入式冰箱需要预留10厘米的空间，为了让厨柜整体看起来美观，就在外面加上一块封板，让冰箱和橱

柜"看起来"融合。但这种融合并不能真正解决用户对厨房场景完美一体的体验需求。团队通过引入国际一流资源，研发可以零距离平嵌到橱柜中的冰箱，上市后很受用户欢迎。这个链群在获得分享后，又在持续自裂变。因为不同地区、不同收入阶层的人群对住房的要求是千差万别的，比如，广东潮湿，柜子容易腐烂变形等，链群又裂变出厨房微改子链群。

自裂变，其实源自伯努瓦·曼德博罗的分形理论。曼德博罗说复杂源于简单，这和"一即一切，一切即一"一致，也就是整体看非常复杂、非常庞杂，其实基本原则不变。厨居美学子链群这里面的基本原则就是与用户的零距离接触，正是因为他们在不同的地区和用户持续地交互，才创造出了不同的用户体验。这个裂变出来的方案看着很复杂，满足各种用户需求，但实际上，是裂变为不同的链群去满足用户。当然，最后要自进化成为这个领域的引领者。

"三自"最重要的就是自驱动。而传统企业最核心的问题是科层制，是由领导来自上而下命令的，无法自驱动。

水母可以形象地体现"三自"的理念。水母的一个触角触到了食物之后，所有的触角就会围上来把食物抓住。但水母没有中枢神经，所有的触角是自动聚过来的。

（2）体验迭代的生态价值：生态订单、生态收益、生态品牌

链群合约的"三自"体现为无穷的体验迭代，而生态价值的实现主要靠"三生"：生态订单、生态收益、生态品牌。

海尔"人单合一"模式做成之后，又以"三生"为载体实现了跨行业、跨区域、跨国的成功复制。比如，海尔集团不做服装，但通过"三生"赋能创造了新的服装生态。

过去，国内服装企业的商业模式是依赖外贸的"大货代工"。疫情发生以来，大量海外订单要么大幅度减少，要么转移到劳动力成本更低的其他国家和地区。在这种情况下，国内外贸型服装企业转向国内市场，但国内服装市场需要多品种、小批量、多规格的服务模式，传统服装企业的生产方式不具备承接这种订单的能力。海尔卡奥斯却可以为这些企业赋能，解决大规模定制的问题。

传统产品经济和平台经济的优势就是两点：第一是性价比，第二是性时比。性价比就是在平台上受欢迎的"最低价"，谁的价格低就买谁的；性时比，就是拿时间做比较，谁送得更快就选谁。现在甚至出现了用20分钟看完2小时电影的服务模式。

服装企业面临的上述问题，用产品经济或平台经济的思路都不能解决。以青岛服装企业瑞华集团为例，海尔卡奥斯的赋能体现为两点：一是大规模定制的生态，从"大货代工"变成"小单快返"，从1小时做1万件一样的衣服变成1小时做1万件不同的个性化定制服装；二是供应链的零距离，从用户下订单再到用户拿到服装都可以一键完成。供应链生态赋能后，瑞华集团的生态订单量增加了30%，订单附加值也提高了150%。现在，海尔对服装行业的赋能目前已扩展到2500多家。

卡奥斯赋能从服装行业拓展到化工行业、能源行业等15个行业，另外还跨地区对四川德阳、安徽芜湖等12个区域进行了赋能。现在，很多专业的数字化公司在为各地政府部门做一些数字化的项目。但是这些政府部门认为并没有解决他们的根本问题，因为这些方案不可能使政府部门真正地创造价值。原因就是，专业的数字化公司不懂怎么实现产品从大规模制造变成大规模定制，不知道企业到底需要什么、政府部门又需要什么。但是，海尔集团在发展过程中积累了这方面的经验。我们率先在青岛市做了试点，4000多家企业都到平台上来了。目前，越来越多的地方政府都希望海尔去帮助他们实现城市的数字化转型，因为海尔卡奥斯的方案可以让他们有生态收益。

卡奥斯还受邀参加欧洲联邦云计划，一方面是为中小企业赋能，另一方面就是共同制定大规模定制的标准。非常荣幸的是，在欧盟体系之外，卡奥斯也是唯一受邀的企业。

所有这些到最后都体现为生态品牌的价值。产品品牌体现的是质量溢价，谁的质量好谁就能成为产品品牌，而生态品牌体现的则是用户的体验价值，谁拥有的终身用户多谁就能成为生态品牌。海尔已经连续四年被评为全球唯一的物联网生态品牌，现在很多企业也希望成为生态品牌，但前提是先要有形成自主人、自组织的体制机制。

4. 启示

以上是第二部分——创造性重组。这部分给我们的启示是，企业需要先有以人为主体的启蒙运动。欧洲的启蒙运动开启了产业革命，但产业革命以后的企业中，人成为管理的客体，却没有以人为主体的启蒙运动，现在企业必须有人的主体性的启蒙。

500多年前，明代思想家王阳明就提出，"心中有良知，满街皆圣人"。当时他说，良知就是天理，不是教育出来的，而是每个人心中本来就有。关键是能不能创造一个机会把"良知"发挥出来，如果发挥出来了，那人人都可以成为"圣人"。

西方的管理大师德鲁克说："每个人都是自己的CEO。"这并不是说每个人都成为企业的CEO，而是指每个人都可以是自己的CEO，每个人都有主体性，每个人都可以去创新，每个人都可以像CEO那样去发挥自己的聪明才智。

当然，德鲁克的这句话对企业家精神做了一个全新的阐释。"企业家精神"是奥地利经济学家约瑟夫·熊彼特首先提出来的，强调企业家个人的创新精神和冒险精神。但是，按照德鲁克的观点，真正的企业家精神是能不能建立一种机制让企业当中的每个人都具备企业家精神。如果没有这种机制，那就不是一个真正的企业家。

第三部分
创造性进化：链群合约进化，生态价值循环

创造性破坏实现了经典管理范式的转换，创造性重组则通过链群合约诠释量子组织，并以链群合约创造生态价值。那么，接下来就需要创造性进化。链群合约不是静止的，而是不断进化的，链群合约进化创造了生态价值循环。

1. 生态价值应是量子跃迁式的倍增价值

先来看看生态价值的第一个概念，生态价值不应该是一个算术级数式的增长，而应该是几何级数（指数级数）式的增长，应该是量子跃迁式的倍增价值。

量子理论中有一个量子跃迁的奇特定律：存在的每样事物都是不确定的，永远都是以一种相互作用跃迁至另一种相互作用。原来我们看到的事物都是确定的，但是现在，万事万物都是不确定的。如何让它们相互作用并产生倍增价值，然后跃迁到另外一种相互作用呢？我们认为，不确定的个性化给了可相互作用跃迁出指数级式价值增长的机遇。

这方面，海尔生物医疗做得比较好，已经实现了两次量子跃迁。

第一次量子跃迁是，从为公立医院提供储存血液的冷藏设备跃迁为血联网生态。仅仅提供冷藏设备只能创造产品价值，不但没有倍增价值，而且很可能因为同质化竞争而减少价值。在为客户提供产品的过程当中，自主人的创客发现医院的血液浪费很严重，所以，他们就将电器升级为网器，进而通过网器把各环节联系在一起形成院间血联网。理论上来说可以实现血液零浪费、零延误，受到了医院的欢迎。

第二次量子跃迁是，把青岛市的创新模式复制推广到全国各地，同时又把血联网跃迁为疫苗网、药品网等生物安全科技生态。

海尔生物医疗生态能够实现二次量子跃迁，最核心的是让人成为自主人，从而彰显了人的价值持续的量子跃迁。海尔生物医疗现在的创客都曾经是普通的员工，他们不断创新，从创客到链群，直到推动公司上市，他们自己则成为上市公司的管理人员和股东。有67名创客在创业初期跟投了数千万元，他们有的人借贷融资，有的人把准备买新房的钱拿出来，非常自信地参与对赌。2019年，海尔生物医疗上市之后到现在持续高速增长。今年上半年，海尔生物营收同比增长36.63%。但是，这些创客并没有选择变现股份，因为他们相信未来会做得更好。

总之，商业生态量子跃迁式的前提和基础是，人的价值的量子跃迁。

2. 生态价值应是分布式自涌现的体验价值

（1）分布式自涌现的生态

生态是分布式自涌现的，不应该局限在某一个点上。分布式自涌现的生态体现为：生态链交互的无穷进化、生态方价值的无穷循环、生态圈扩展的无穷裂变。这里，以海尔"社区洗"生态为例。

海尔本来只做洗衣机不做洗衣店，后来，海尔洗衣机的创客把传统的洗衣机变成智能网器，连接用户需求持续交互，发现用户的很多痛点和新需求，比如，担心干洗店洗不干净、还想洗鞋子等，他们创建了一个社区洗平台——洗衣先生。平台吸引了许多洗衣店加盟进来，洗衣先生整合很多生态合作方为洗衣店赋能，得到洗衣店的欢迎。洗衣先生为洗衣店提供更多的生态订单，帮助洗衣店创造更多生态价值。比如，有的用户提出想做奢侈品护理，洗衣先生就把意大利的奢护品牌尤尼特斯吸引进来。另外还有100多家生态方也加入进来，满足众多用户的个性化需求。这是生态链交互的无穷进化，而生态方共同创造价值，大家都有价值分享、价值循环，最后变成了生态圈，为用户提供到家服务、服装定制等。而更多生态方的加入，也进一步拓展了洗衣店等触点的盈利能力，像青岛的洁神洗衣店等在行业营收下降20%的情况下，逆市增长30%。

海尔在日本创造了AQUA社区洗。我们不做洗衣店，但是所有的洗衣店都利用了海尔的软件去解决用户比较头疼的问题。比如，家庭主妇在手机上可以看到哪台洗衣机是空闲的，就可以去洗。现在，AQUA社区洗在日本市场占据了绝对的优势，已经达到了73%的份额。

（2）分布式自涌现的源泉和动力

要做到这一点，很重要的就是共赢增值表。所有的企业都有三张表：资产负债表、现金流量表、损益表。海尔创造的共赢增值表被称为第四张表，被认为是在物联网时代所有企业都必须拥有的一张表。为什么？我总结了六个要素，第一、第二要素是传统三张表都没有的，就是用户资源和资源方。因为，传统企业没有用户资源，只有顾客；没有资源方，只有分供方，所以这两点对创造物联网时代的企业生态资源非常重要。

第六要素就是动力——边际收益。传统的企业没有边际收益递增，只有边际收益递减。比如，做服装的，每件服装的利润只会越来越低，这就是边际收益递减，因为他们的收益平衡点只有一个。但是，创造用户体验迭代可以实现边际收益递增，因为分布式自涌现的体验增值点不止一个。再比如，疫苗网做了世界上最先进的低温储存的设备，从 -196℃到 8℃都可以控制。他们在服务用户的过程当中发现了存在疫苗打错了等问题，所以就变成了网器，并以此为基础变成了分布式的自涌现，形成了很多新的方案，比如，移动接种等，这也让他们的收入实现了翻番。

海星能更形象地体现这一点。海星的再生能力非常强，比如，海星断掉一个触角，自己可以再长出一个触角，而断掉的触角还可以再长出一只完整的海星。因为，断掉的肢体中有海星完整的系统，比如，运动系统、消化系统、繁殖系统等。我用这个比喻就是想说明，链群合约可以不断裂变，因为有了全套的系统，而且海尔把"三权"让渡给了创客。如果在科层制的大企业，这是不可能实现的，因为分出来的组织没有薪酬权、用人权等。这就是海尔可以不断地裂变、无穷地裂变的深层原因。

3. 生态价值循环：链群合约是必要条件，人的价值最大化是充分条件

（1）链群合约无穷交互的体验迭代是生态价值循环的必要条件

传统企业，只有价值链而没有生态链。"价值链"是迈克尔·波特在 1985 年出版的《竞争优势》一书中提出来的，价值链是大规模制造的基础。

价值链有两种活动：一种是基本活动，主要是供产销；另一种是支持性活动，主要是职能部门。产品生产出来给了营销环节以后，价值链基本上就停下来了。换句话说，根本就不知道用户是谁。但是，海尔集团不一样，我们是把创造价值、传递价值、分享价值这三个价值连在一起的无穷循环，实现零距离创造价值、零中介传递价值、零摩擦分享价值。

海尔冰箱在全球销量第一,但是,物联网时代的用户并不是只要一个储藏冷冻食品的物件,而是要一个可以提供美食体验的生态。所以,食联网链群就零距离创造价值,而且创造的不只是产品价值,从产品价值衍生出生态价值,给用户提供了一键烤鸭的场景方案,最终还扩展出200多个预制菜,并且零中介传递价值给用户。快递是做到了零中介,但传递的是产品,海尔现在传递的是生态价值。海尔在做预制菜,别人也在做,但海尔会让用户参与进来,而且会根据用户体验迭代以便随时改进产品方案。这样我们传递用户体验迭代的价值,就是真正零中介传递用户的体验价值。

当然,价值分配是企业面临的一个难题,但海尔可以做到零摩擦分享价值。比如,传统烤鸭烤制需要40多道工序,但是在食联网的一键烤鸭场景中,可以实现一键烤鸭,受到广大用户喜爱,烤鸭大厨也获得了应得的增值分享。

(2)无界生态中人的动态优化是链群合约无穷进化的充分条件

要实现人的价值最大化,首先要把工具理性与价值理性合一,这是马克斯·韦伯提出来的,他期望把工具理性和价值理性合一。价值理性是一个人的精神追求,工具理性可以说是一个人的物质追求,能不能合在一起呢?马克斯·韦伯的期望未能实现,因为,在经典管理范式下,无法做到将人的精神价值向社会价值转化,但是"人单合一"模式可以。每个人都是自主人,想怎么创造就可以去做。人的价值最大化在世界各国都受到了欢迎,就像沙拉酱一样,可以做到不同的国家和地区、不同的民族保有各自的特色,但沙拉酱是一样的。打个比喻,沙拉酱就是"人单合一"。"人单合一"可以使每个人体现自己的尊严,实现自己的价值,这就是我们在世界各国实践"人单合一"模式的体会,也是"人单合一"模式在全球普遍适用的原因。

(3)引领性

"人单合一"目前在全球各地建立14个研究中心,它们都是由当地的学者和企业家共同组成的。成员企业41.5万家,覆盖75个国家和地区，从企业到行业、到政府间国际组织，已有8.2万家机构正在学习复制。欧洲管理发展基金会把"人单合一"列入八大专业认证之一，全球申请认证的企业很踊跃，其中3家已经获得认证证书，还有6家正在认证远程中。

"人单合一"模式的引领性，还体现在国际标准的制定上，从智慧家庭、场景生态、大规模定制到工业互联网系统功能架构，海尔都已经成为国际权威标准的主导者。传统工业经济时代，中国企业只能执行国际标准，而在物联网时代，海尔集团开始主导制定国际标准。海尔之所以能成为物联网生态经济模式的标准制定者，主要是因为"人单合一"模式的时代性和引领性。因为，其他企业没有"人单合一"，也没有自主人和自组织。现在，国际标准化组织（ISO）正在准备吸收海尔"人单合一"模式和链群合约进入国际标准。

4. 启示

演讲最后，来看总的启示，那就是无限的游戏。

我们应该像詹姆斯·卡斯在《有限与无限的游戏》中说的，"所有的企业都应该做无限的游戏"。这本书是卡斯在1987年出版的，到现在30多年了，被翻译成多国的文字，书虽不厚，但非常有分量。书中开头的第一句就是：世界上至少有两种游戏：一种是有限的游戏，一种是无限的游戏。有限的游戏以取胜为目的，而无限的游戏以延续游戏为目的。

所有的传统企业都是以取胜为目的，要争取成为行业第一，甚至成为世界500强企业。但是达到目标后，怎么办？反而没有目标了，所以说，现在500强企业的寿命越来越短。不过，无限的游戏是以延续游戏为目的，那就是生态经济。怎么来理解呢？《有限与无限的游戏》中还有一句话：有限游戏参与者在界限内游戏，无限游戏参与者与界限游戏。有限的游戏就是有围墙的花园，而无限的游戏就是亚马孙热带雨林，那是没有界限的游戏。为什么无限的游戏以延续游戏为目的呢？书中还有一句话就是：无限的游戏不能够有终点，因此无法重复。

我们创造用户的个性化需求永远没有终点，每一次创造的都是不一样的个性化需求，所以是无法重复的。如果要做成无限的游戏，可能有很多的事要做，但是，我们只要记住一个宗旨就行，那就是创造人的价值最大化，这是永恒的。

谢谢！

2022年9月　青岛
（根据讲话录音整理，略有修改）

专访周云杰：追求人的价值最大化，提升员工幸福感

全球知名领导力专家、畅销书《以人为本的领导力》作者
爱德华多·布劳恩（Eduardo P. Braun）

第二届普睿斯（Prestigio）领导力论坛召开之际，
布劳恩先生以远程视频方式对海尔集团董事局主席、首席执行官周云杰进行访谈

1. 关于"人单合一"

爱德华多·布劳恩：非常荣幸能够邀请周主席参加第二届普睿斯（Prestigio）领导力论坛。海尔集团创新"人单合一"管理模式，迄今为止取得了巨大的成功，您能否简单概述一下什么是"人单合一"模式？谢谢！

周云杰："人单合一"模式分解开来看，"人"就是员工，"单"就是用户，"合一"就是员工在为用户创造价值的同时能够实现自身的

价值。"人单合一"的核心是人的价值最大化。人的价值最大化可以从三个层面解读。

第一个层面是用户价值的最大化。"人单合一"通过调动员工的积极性，鼓励员工围绕用户需求去创新、创造，创出最佳用户体验，直至创造终身用户，实现用户价值最大化。

第二个层面是员工价值的最大化。企业给每位员工提供机会公平的舞台，你能翻多大跟头，海尔就为你搭建多大的舞台，激励、赋能员工持续创造用户体验迭代价值，并在此过程中实现自身价值的最大化。

第三个层面是为股东创造最长效回报。海尔不是片面追求股东价值最大化，而是通过实现员工价值最大化来创造用户最佳体验。随着拥有的终身用户越来越多，为股东创造长期、稳定的回报也就成为一种必然。

所以，国际上很多管理学家认为"人单合一"是最符合物联网时代的商业模式。世界著名管理学家加里·哈默先生在今年9月20日召开的第六届"人单合一"模式引领论坛上指出，海尔模式是一个世纪以来最重要的管理突破。

爱德华多·布劳恩："人单合一"，我觉得这个词在您的回答里是非常有魔力的。将人和单、员工和用户合一，将员工的潜力、用户的价值以及股东回报最大化，我觉得您讲得非常精彩。

2. "人单合一"的国际化

爱德华多·布劳恩：我们知道现在海尔的业务已经拓展到了全球主要市场，收购了斐雪派克和GE Appliances，它们都曾是非常知名的企业，请问这几家企业现在是否已经落地"人单合一"？谢谢！

周云杰：这是个很有意义的问题。在跨国并购中有一个"七七定律"：70%的跨国并购没有实现预期的商业价值，而其中70%失败于并购后的文化融合。

海尔在日本并购了三洋，在美国并购了GE Appliances，在新西兰并购了FPA，在欧洲并购了Candy，这些企业在并购后都取得了比较好的效果。关键就在于我们充分尊重每个国家的文化，在此基础上创出的"沙拉式文化融合"的新模式，每个国家的文化各不相同，就像沙拉中不同的蔬菜，但沙拉酱是统一的，这个沙拉酱就是海尔的"人单合一"。

GE Appliances 采纳"人单合一"模式之后，转型效果非常明显：2021年和并购前的2015年相比，GE Appliances营业收入提高了1.8倍，利润额提高了3倍多，取得了非常大的突破，已成长为北美家电市场的第一品牌。我认为这就是因为"人单合一"激发了美国GE Appliances员工的创造力，从而在市场上创造了很好的业绩。

这体现了一个很重要的原则："人单合一"模式调动了全员的积极性，使他们有更大的创造力，而创造了更大价值后，他们可以分享更多的价值。现在GE Appliances已经有4000多员工可以通过用户创造价值来获得超利分享，FPA的员工也越来越多地参与到"人单合一"模式实践中来。我相信随着"人单合一"模式在不同国家的本地化实践和创新，海尔对跨国并购企业的管理会进入新境界。

爱德华多·布劳恩："文化"这个词可以通过不同的方式来使用，比如，国家文化、企业文化或者组织文化。您所发现的是，尽管各国的文化不同、各民族文化不同，但"人单合一"的理念能够将不同文化背景下的用户、股东和员工价值融合起来，取得了成功。比如，您提到了GE Appliances有4000多名员工都能够通过参与"人单合一"获得一定的超利分享，这的确非常有趣。

3. 从"有围墙的花园"到开放的"热带雨林"

爱德华多·布劳恩：从产品到场景、从行业到生态，海尔在不断地转型，正在打造物联网时代的生态模式。您曾用"热带雨林"来形容生态系统，您能阐释一下"热带雨林"这个比喻吗？

周云杰：在物联网时代，我们提出"产品会被场景替代，行业将被生态'复'盖"。也就是说，企业在物联网时代一定要从一个封闭的、"有围墙的花园"变成一片开放的"热带雨林"。

具体从两方面阐释。

一是场景替代产品。随着时代的发展，消费者需要的不再是一件单一的产品，而是一个愉悦的生活场景。所以在海尔生态中，产品变成了场景中的一个部件。比如，过去厨房里的家电，不管是洗碗机、烤箱，或者是蒸箱，都是一件件独立的家电，但现在它们变成了网器，变成了厨房生活场景中的一个部件。生活场景中需要什么部件，就加入什么。通过网器的互联，共同为用户提供一个舒心的、能够带来愉悦享受的场景解决方案。

二是生态"复"盖行业。企业之间的边界会模糊，行业之间边界也会模糊。比如，现在海尔正在做的食联网，能够帮助用户在使用冰箱网器的同时，将储存的食物进行智能管理，而且用户可以通过冰箱这个网器接口和超市连接起来，自动购买自己需要的食品。现在冰箱也能提供很多食谱，还可以不断更新。这种场景就很难说是属于家电行业还是食品行业了，因为已经跨界了。而未来这样跨界融合的场景会越来越明显，不仅冰箱和食材相连接，洗衣机也可以和服装厂家互联建立一个生态。

不同的生态之间相互融合，就会构成一个更大的生态系统，这个大生态系统就好像是一片"热带雨林"，可以生生不息。

爱德华多·布劳恩：这是革命性的改变。就像刚才所说的，冰箱、烤箱甚至洗碗机之间建立了一种联系，它们之间能够进行对话，能够创造出一个场景，甚至能够和超市连接起来。这将使不同行业的边界变得模糊，从而打造一个生态系统。

4. 德鲁克对"人单合一"的影响

爱德华多·布劳恩：我听到很多海尔的管理人员会引用管理大师德鲁克先生的话作为他们管理思想的灵感。德鲁克先生给海尔管理带来了很多的理念，您能分享从德鲁克那里获得过哪些灵感或者激励吗？

周云杰：德鲁克先生的管理理念对海尔产生了比较深远的影响，但更重要的是海尔真正将德鲁克先生的管理思想和理念结合我们企业的发展实践展现出来了。

我从三方面谈一下德鲁克先生对海尔的影响。

第一是如何创造用户。这对我们影响比较大。德鲁克的一个重要的观点就是"关于企业的目的,只有一个正确而有效的定义:创造顾客"。海尔自创业以来的 30 多年,一直坚持以用户为中心,不断变革,追求终身用户和用户体验价值的最大化。

第二是如何激励员工。德鲁克有一个观点是"每个人都是自己的 CEO",所以我们给每位员工提供机会和公平的舞台,让他们做最好的自己,成为他们希望的自己,并在这个过程中推动企业的发展。

第三是互联网思维。德鲁克还有一个观点是"互联网消除了距离,这是它最大的影响"。这也是进入互联网时代以后,对海尔影响很深的一个观点。为此,海尔在内部进行了战略、组织的变革,特别是在组织上,海尔去中心化,实行分布式的网状组织结构,让每位员工都能直面用户、直面市场。

这都是德鲁克先生给我们带来的影响。德鲁克的思想对海尔的管理产生了很大的影响。我相信,海尔的实践探索也会丰富和完善德鲁克的管理思想。

爱德华多·布劳恩:如您所说,他的理念是以用户为中心,强调每个人都是自己的 CEO,给每个人带来激励,最终为社会创造价值,在今天依然产生着影响。一位出生在 19 世纪末的管理学大师,能够在 21 世纪里仍然产生这么大的影响,这很了不起。

5. 人人创客　活而不乱

爱德华多·布劳恩:海尔将员工称为创客,它是如何实现培养员工的自主精神的?海尔如何给 10 万多名员工创造激励机制而不会导致混乱?

周云杰:海尔将员工定义为创客。现在,海尔国内外共有 10 万多名员工,我们希望每个人都能成为创客。

在我们心目中,创客至少应有三方面的品质。

第一，创客是与人为善、讲诚信的人；第二，创客能够通过创新改变现状、创造新价值；第三，创客能够不断战胜自己、与时代同行。

所以在员工发展过程中，我们希望员工成为创客。为了让每个人既能自主去创新，又保证不会离散，海尔集团提供了三方面的支持。

在战略上，集团有总体的战略方向和科学的战略路径，所有的创客围绕着集团的战略方向去创新，这样既可以保持灵活性，又不至于离散。

在平台资源上，为了让每位创客能更好地创造价值，我们搭建了共享平台，可以给创客提供人力资源、财务、IT等方面的支持，让他们在平台上能够更好地创业创新。

在激励机制上，我们搭建了创客制激励约束平台，我们内部称为"创客制"，每位员工创造了超值，就能够获得超利分成。我们还创造了一种员工跟投小微企业的模式，给予员工股权激励，形成一个激励循环，来鼓励他们去持续创造用户。

海尔就是通过这三种方式——战略上的支持、平台资源的支持，以及激励机制上的支持，来赋能每一位创客围绕战略方向去创新。

爱德华多·布劳恩：这真的是通过财务的支持、人力资源的支持、战略方向的支持等将每一个员工变成了创业者。像您说的，每个人都应该是诚信的善良的，这的确会让每个人为他们自己的未来、自己的现在承担责任，以及共同创造企业的未来。

6. 开放带来繁荣

爱德华多·布劳恩：您说过，不管是对企业还是社会，开放都会带来繁荣。那么海尔是如何将这种开放的愿景付诸实践的呢？

周云杰：开放确实能带来繁荣，海尔一直是抱着开放的心态来应对市场变化。我们在开放的实践上有三个创新。

第一，我们创建了一种开放的文化。这是一种全员愿意开放、愿意拥抱变革的文化体系。

第二，我们构建了开放的体系和平台。比如，我们构建了开放式创新的研发体系——HOPE 平台。全球的创客、资源方都可以在平台上共同创造。再比如，我们搭建了 COSMOPlat 工业互联网平台，每家企业、每个资源方都可以在平台上共同创造，以适应工业互联网时代。我们还搭建了为创业者提供提高创业成功率的平台——海创汇，这个平台也是完全开放的创业生态。

第三，我们建立了激励机制来保证持续开放。一个人的最大的能量不在于他拥有多少资源，而在于他能够整合多少资源。海尔建立激励机制，驱动创客不断地开放，因为只有开放才能走向更大的成功。

爱德华多·布劳恩：我觉得您讲得非常好，因为刚才您也谈到了像"开放""学习"这些概念，相信开放也是包括从自己的经验中汲取开放的心态。同时我也感觉到现在海尔的开放平台，不只是对自己的员工开放机会，而且对外部的生态方也开放机会，就像形成一个热带雨林生态一样，让所有的感兴趣的利益相关方都可以贡献力量来共同地满足用户的需求。我也非常喜欢"HOPE"这个名字，它本身也是带来希望的意思，所以我在研究海尔的时候一直都是满怀着激情的。

7. 提高员工幸福感

爱德华多·布劳恩：海尔平时是如何评估自己员工的幸福感的？我认为评估员工的幸福感是非常前沿的一个领域，您能不能简单地给我们介绍一下？谢谢！

周云杰：首先，海尔是比较关注员工幸福感的，也认识到幸福感是随着时代的变化而不断变化的。所以，我们从以下三方面来开展工作。

第一，我们开发了一系列科学的工具，来测量、了解员工的获得感和幸福感，通过真实的数据建立模型来跟踪员工幸福感的指数。

第二，员工的幸福感取决于员工的内心感受，所以我们鼓励员工积极参与，共同研究提高员工幸福感的路径是什么，他们的关注点是什么。这些不是企业领导能够想象出来的，而是需要通过员工互动、交互出来。

第三，我们会组织专门的团队——主要是海尔集团的人力资源部门牵头、企业文化部门共同参与，组成一个链群，提出、制定提升员工幸福感的一些措施，并在这个过程中不断动态优化。

我认为员工的幸福感不是一个结果，而是一个永远动态优化的过程。在这个过程中，要根据员工需求的不断变化来持续地优化和改善。

爱德华多·布劳恩：我完全同意你的观点。其实之前我和您的团队也进行过这方面的讨论。比如说，幸福感随着时间会有怎样的变迁，并且在不同的国家实际上幸福感会有差异，不同代际的人对他们的幸福感也会有不同的要求，同时我也非常同意应该用科学的方法去提升大家的幸福感。

8. 海尔让每个人都充分地发光

爱德华多·布劳恩：最后一个问题，放眼未来，海尔在人才管理方面面临的最大的挑战是什么？拥有的最强的资源是什么？如何使用海尔目前最好的资源去应对未来人才上的挑战？谢谢！

周云杰：我认为人才管理最大的挑战是，作为一家跨国企业如何能够吸引到全球一流的人才，同时如何实现不同国家、不同文化的人才有机融合。

海尔的应对分为三方面。

第一，树立"世界就是我的人力资源部"的观念。为了实现全球化事业的发展，必须在全球范围内吸引最好的人才。海尔提出"在有凤凰的地方筑巢"，哪里有人才，就在哪里建立我们的创新中心，以便能够更好地融合当地资源来进行创新创造。

第二，坚持"人人都是人才"的观点。我们希望能让每个加入海尔平台的人才实现自身价值最大化，为此我们也给大家提供了最好的设施和环境：如果是技术人才，不管是基础性研究还是应用性研究，我们都会给他们提供更好的技术创新环境；如果是管理人才，我们会给他们提供管理的舞台，让他们施展自己的才能。

第三，提出"事业吸引人才、人才成就事业、事业激励人才"的正反馈循环。"事业吸引人才",即企业一定要把一项事业做到全球的引领,这样就可以吸引到一流的人才。一流人才加入后,又可以使我们的事业发展得更好,成就我们的事业。事业成功了之后,创造了巨大的社会财富,就可以反过来奖励人才。这样人才就会有更强的动力,这就形成一个正向的循环。这种循环使得我们能够不断地吸引到一流的人才加入海尔。到海尔的人才都能为事业贡献力量,事业发展好了以后又能够给大家更大的奖励。

我认为这就能比较好地解决跨国人才之间的融合问题,虽然每个国家文化不同,但每个国家的人都是希望被尊重,都希望他的努力能够被发现,海尔的文化就创造了这样的环境。

爱德华多·布劳恩:我非常喜欢您的这个答案,我想再重复几点您谈到的要点:海尔认为"世界就是我的人力资源部",同时愿意在有凤凰的地方筑巢,海尔坚信每一个人都有潜力,能充分地释放,充分地发光。

最后您谈到了正反馈循环,"循环"这个词我是非常喜欢的。从学术的角度它意味着不断地评估、不断地学习、不断地提升、不断地迭代,实际上一开始不可能获得最后的答案,但只要我们的思路是对的,只要我们的意识是统一的——为顶级的人才提供好的条件,就能让他们创造出最大的价值,保证他们事业的成功,保证我们业务的成功。

非常感谢周主席,我也代表我们所有的普睿斯(Prestigo)领导力论坛的管理成员感谢您,非常期待下次和您进行交流,谢谢!

2022 年 10 月

(根据讲话录音整理,略有修改)

机制设计是理论,"人单合一"是实践

2007年诺贝尔经济学奖获得者
埃里克·马斯金(Eric Maskin)

2019年4月26日,埃里克·马斯金带着他的最新理论来到海尔,用四个由简入繁的生动案例,从生活中遇到的小事到海尔集团的管理模式,讲述"机制设计理论"的含义和在现实中的实践。

2019年4月26日,诺贝尔经济学奖获得者
埃里克·马斯金在海尔发表主题演讲

"分蛋糕"的机制设计理论

为方便对机制设计理论更好地理解,埃里克·马斯金首先用一个简单的例子进行介绍:假设把一块蛋糕分给两个孩子,怎么保证每个小孩都认为他得到的那一块跟另外一个小孩拿到的那块是一样大,这是公平分割。

因为不知道在孩子的眼中蛋糕的大小和在你眼中蛋糕的大小是否一样,所以如何实现公平的分割,才能让孩子认为你切的两块蛋糕都是一样大的?在缺乏足够信息的时候,能否建立一套措施和机制保证平衡,这就是一个机制设计的问题。

"解决方案其实非常简单,只需要让一个小孩负责切蛋糕,另一个小孩负责选择。这样切蛋糕的小孩会尽量切成自己认为的大小一样的两块,避免对方选择大的那块。选择的小孩也会认为自己选择的就是最大的那块或者一样大小的一块。"埃里克·马斯金说道。

"作为机制设计者,他事先并不知道什么样的结果是公平的。因为这个机制的设计者缺乏重要的信息,这意味着设计者必须通过设计一个机制来间接地实现他的目标。而且必须这样设计,以保证机制的参与者的目标能够跟设计者的目标是融合的,两者的动机必须是一致的。"

埃里克·马斯金以海尔的"人单合一"模式为例。他认为,企业的目标应该是将员工的福利摆在首位,要给员工足够的激励和创新动机,给予员工自主的决策权,允许员工去实现自己的价值和预期。而在海尔集团中,机制设计理论得到了很好的应用,并取得了非常不错的效果。

海尔集团将每位员工视为创业者,打造数千个相对独立的小微组织,每个小微都能自主做出决策,每位员工都直接对用户负责,员工通过创造自己的产品和服务,实现用户付薪。海尔的这种理念与埃里克·马斯金的机制设计理论是不谋而合的,目的都是让公司的动机与员工的动机达到一致。

除了帮助企业利用机制设计理论创造更高的价值之外,埃里克·马斯金表示,还有很多其他的难题可以用机制设计来解决。比如,全球气候变化需要各国降低碳排放、如何预防金融危机等难题。因为不断有新的应用场景出现,所以机制设计理论的课题还需要不断地发展。

物联网时代的"人单合一"模式

人类发展至今,共经历过四次产业革命。第一次产业革命是以蒸汽机作为动力机为标志,人类进入"蒸汽时代";第二次产业革命是以电力的发明和广泛应用为标志,进入"电气时代";第三次产业革命因原子能、电子计算机的发明,使人类进入"互联网时代";而正在进行的第四次产业革命,由于人工智能、量子信息技术等的发展,人类进入了"物联网时代"。

在传统工业时代,企业主要是依靠产品品牌,靠品牌溢价;在互联网时代,企业是靠平台品牌,用户流量推动企业发展。而在物联网时代,海尔集团认为企业依靠的应该是以生态价值为基础进化成生态品牌，企业以用户为中心，以用户体验为中心，让每个攸关方都为用户体验创造价值，并且能够从中实现自己的价值。因此海尔集团提出了"生态品牌"这一概念，并得到了国内外企业和专家学者的认可。

"每次有这样的革命发生，都意味着经济环境正在发生迅速的变化，从机制设计的理论来讲，企业如果要存活就必须灵活，必须迅速地适应新环境。"埃里克·马斯金说道。从产品品牌到平台品牌，再到现在的生态品牌，海尔集团正在不断地根据经济环境的需要对品牌进行转型和刷新，这也与埃里克·马斯金的经济理论观点保持了高度的一致性。

生态品牌对于用户需求的获取，背后是有一个物联网时代管理模式的支撑。而"人单合一"模式正为海尔成为物联网时代第一生态品牌，提供了管理模式的支撑。

"人单合一"模式，是海尔集团董事局主席、首席执行官张瑞敏在2005年提出并命名的一种商业模式。"人"指员工，"单"指用户，"合一"指员工的价值实现与所创造的用户价值保持一致。

在这个模式下，每个员工都直接面对用户，创造用户价值，并在为用户创造价值中实现自己的价值分享，员工的价值实现与所创造的用户价值合一。而且员工有权根据市场的变化自主决策，能根据为用户创造的价值创收，这大大提高了员工的积极性。

海尔集团的这种模式也与机制设计理论相契合。埃里克·马斯金认为，从机制设计的理论来讲，企业要迅速适应新环境的一个关键原则就是去中心化，不是要创建一个巨大的僵硬的组织，而是使你的组织由很多小型的单元组成，变得更加灵活，应变新环境。

海尔的"人单合一"模式正是将一家大企业分散成一个个"小微"组织，员工不再从属于岗位，而是因用户而存在。海尔以这种模式颠覆了传统的科层制，以用户付薪的方式根本性变革企业战略和组织模式，实现了企业平台化、员工创客化和用户个性化。

同时，这一模式也颠覆了企业、员工和用户三者之间的关系。传统模式下以企业为中心，用户听员工的，员工听企业的。而"人单合一"模式下用户才是中心，企业听员工的，员工听用户的。

最近，海尔集团董事局主席、首席执行官张瑞敏提出了"链群纵横生态"的概念。"链群纵横生态图"中，横轴为创单链群，纵轴为体验链群，一条不断上升的"高线"是增值分享驱动机制。

链群内各方通过"增值分享驱动机制"逐步达到一致性、互联性、整体性、迭代性，打造自适应、自优化、自增强的自组织，在创用户体验迭代升级中持续自我进化。最终实现物联网时代发展社群经济、共享经济、体验经济的目标。

"机制设计的一个核心层面就是要让个人的目标与组织的目标相一致，无论这个组织是一家企业还是一个国家，或者是一家国家组织，都要一致起来。而海尔将这样一个原则真正转变成了行动，让个人、员工具有了和企业同样的目标，能够展示出机制设计的清晰和神奇之处，这也是我非常欣赏海尔这家企业的原因。"埃里克·马斯金说。

在"人单合一"模式引领下，海尔实现了全球营业额和生态收入的高增长。据海尔公布的数据显示，2018年海尔集团全球营业额达到2661亿元，同比增长10%；全年生态收入151亿元，同比增长75%。品牌价值得到显著提升，极大地推动了小微企业创新创业。

此外，"人单合一"模式已在众多国家和地区得到有效实践，跨行业、跨领域生态赋能，成为众多国内外企业复制学习的模式。同时"人单合一"模式破解了互联网时代的管理难题，已得到全球著名商学院和国际权威机构的认可与关注。

2019年4月　青岛
（根据讲话录音整理，略有修改）

动荡时代的领导力

MLab 创始人、伦敦商学院客座教授
加里·哈默（Gary Hamel）

在过去的 12 年里，我欣喜地见证了海尔成为全球最具管理创意的公司。海尔现在是世界各地大型组织学习的榜样。过去几十年管理学家总说，企业一旦做大就会失去创业精神。但海尔证明他们是错的。海尔已成为一个创业平台，让创客和生态方能够转型旧产业、创造新产业。

在海尔眼里，世界就是各种资产和能力的组合，只要利用人工智能和物联网巧妙重组就能创造出新的解决方案。但今天我想谈的是领导力以及未来的海尔。

在过去近 40 年里，海尔一直得益于非凡的领导者。海尔未来 40 年能否像过去 40 年一样激动人心、成果丰硕，除了"人单合一"、生态品牌和领导层，更要依赖每一个海尔人和生态方的领导力。非凡的领导力缔造了海尔，只有延续这种非凡的领导力才能让企业生生不息。对每个组织来说都是如此。

一个世纪前，管理技能是稀缺的。于是数以百计的商学院成立起来，旨在将聪明、有抱负的学生培养成有能力的管理者。而培养的重点是管理能力，而非领导能力。在彼得·德鲁克 1969 年的开创性著作《有效的管理者》中，"经理"使用了 200 多次，而"领导者"一词只用了不到 20 次。但到了 20 世纪 80 年代中期，"管理"这一概念已变得平淡无奇，相关知识已经相当成熟，新意乏善可陈。商学院和咨询公司意识到需要开发新的内容——至少是看起来新的内容。于是，"管理能力提升"更名为"领导力提升"。

可谁又会拒绝这种改名呢？高管项目只需四周就可以把经理变为领导者——这的确非常诱人。毕竟，既然能成为像丘吉尔、李光耀、比尔·盖茨或杰克·韦尔奇这样的领导者，为什么只做一名经理呢？近10年来，各大公司花费了数十亿美元来追逐这个梦想。2022年，领导力提升方面的支出高达1660亿美元。值得反思的是，这项投资的回报率高吗？一些严谨的领导力专家给出的答案是："不高。"其中一位是哈佛大学的芭芭拉·凯勒曼。她认为，领导力是一个自我满足和自我延续的行业。而鲜有人思考过21世纪的领导力学习该如何进行。我们当然不缺乏如何成为优秀领导者的理论。用谷歌搜索"领导力模型"，有200万个搜索结果。但真正的领导者在大多数组织都是严重缺乏的。根本问题是他们一直试图将职场官僚变成领导者。

这就像强迫懒散的电视迷变成像武磊那样优秀的运动员一样困难。海尔在培养领导者方面做得最重要的就是压平金字塔。这给了成千上万的人成为领导者的机会，但应该如何利用这个机会呢？我认为，第一步是明确领导者意味着什么。

对我来说，领导者应该起到催化作用，帮助他人重新发现可能性。这可以通过两种方式来进行。首先，你可以成为创业领导者，推动创造新的、有用的东西——比如，Zoom的创始人袁征，Zoom公司目前估值约200亿美元。你也可以成为一名变革型领导者，将现有事物从根本上变得更好——就像萨提亚·纳德拉。他通过真正的授权，极大地改变了微软的文化和发展轨迹。领导者总能以前所未有的方式让事物变得更好。但如果我不是公司创始人或首席执行官，怎么才能成为非凡成就的催化剂呢？这是我多年来一直思考的问题，以下是我的一些心得。

首先，也是最重要的，必须有勇气，领导者必须无所畏惧。要成为一名领导者，你必须愿意致力于解决比你自身更强大的问题或挑战——这就像攀登珠峰一样。多年前，张瑞敏先生以巨大的勇气，放弃了贴牌的捷径，致力于将海尔打造成全球品牌。之后他以更大的勇气，颠覆了150年来的正统的科层管理，着手建立一个人人都能成为CEO的强大的组织。但遗憾的是，我遇到的许多其他领导者患有ADD缺陷。这里的ADD不是多动症，而是雄心缺陷。当我尝试让他们做一些大胆、创新的事时，他们的第一反应是："有人做过吗？"但只要我给他们引用大量的研究案例和清晰的路线图，他们就愿意了。而当我要求他们做一些真正创新的事时，即像真的领导者一样，他们的表情立刻发生了变化。什么，让我当领导者？我先要打电话问问顾问。

我再给大家举一个关于勇气的例子。罗兹·萨维奇是位英国女性。2000年时似乎拥有着完美的生活：丈夫、好工作、大房子、红色跑车。但她觉得还是少了些什么。于是，她不顾所有人的反对和忠告，决定划船横渡大西洋——她没有航海经验，也不是特别强壮。正如她当时所承认的那样，"我不喜欢运动，而且害怕海洋"。但6年后她开始了航行，经历了103天，罗兹到达了大西洋中部。她已经两个月没有吃过一顿热饭了。她的音响坏了。几周前她的卫星电话也坏了，之后她就没和人说过话。她的四只桨全部折断，只能用夹板修补。她的肩膀患有肌腱炎，臀部患有盐水疮。她与20英尺（约6.096米）高的海浪、睡眠不足、自我怀疑和抑郁做斗争。但她的勇气让她坚持了下来，成为第一位划船穿越大西洋、太平洋和印度洋的女性。罗兹说过这么一句话："要注意当前行动与未来结果之间的联系。问问自己，如果我重复今天的行为365次，一年后能达到我想要的目标吗？"请先思考一下这个问题，并问问你自己，我是否一直在"自动驾驶"？我是否需要重新设定我的目标？只有你可以决定：是谨慎行事还是冒险尝试一鸣惊人？

人的上限是自己的内心。诺贝尔奖获得者动物学家彼得·梅达沃爵士说："无聊而费解的问题会产生无聊而费解的答案。"这就是为什么目标高远如此重要。你也许会失败，但只有拥有解决难题的热情，才能有取得非凡成就的可能。埃隆·马斯克一直都知道他要改变世界，如果你想改变世界，你必须同样雄心勃勃。不是为了自己，而是为了更好的世界。所以问问自己：我想改变什么？我愿意设定多高的目标？朋友们，生命太短暂了，不该用它去解决无关紧要的问题。

领导者的第二个特质——也是个人影响力的放大器——挑战传统智慧的意愿。领导者往往是逆行者，不墨守成规。领导者知道正统观念是成就的敌人。英国哲学家吉尔伯特·基思·切斯特顿说："死的东西会随波逐流，只有活的东西才能逆流而上。"领导者能够重新解释、构建和想象现实。

我再来举一个逆向思维的例子：文卡塔斯瓦米医生。多年前，他梦想着在印度消除可预防的失明问题。许多印度人缺乏防晒保护并患有白内障。于是医生问："怎样才能从根本上降低眼科手术的成本呢？"他并没有向西方医院或医学院寻找最佳实践，而是转向麦当劳。他思考的是，从一家重新定义了服务业成本结构的公司我能学到什么？与发达经济体的典型情况相比，这种逆向思维帮助医生将白内障手术的成本降低了95%。迄今为止，他的阿拉文眼科护理医院已实施超过400万例白内障手术，成功率与西方最好的医院相同。这个案例的重点是：寻常的思维无法取得不寻常的成就。

在职业生涯的早期，史蒂夫·乔布斯就懂得了独辟蹊径的力量。他在斯坦福大学的一次演讲中提道："我当时已经从大学退学，不需要上正常的课程。于是我决定去参加书法班。我在课上了解了衬线和无衬线字体，了解了不同字母组合之间的间距大小，了解了如何更出色地排版。书法的美丽、历史、艺术性，是科学难以捕捉的。这些知识，虽然在当时没有在生活中起到任何实际作用。但10年后，当我们设计第一台麦金塔电脑时，一切又都浮现在我眼前。"所以，如果我们鼓励每个人都独辟蹊径会怎样呢？如果我们不拘泥现实，而是着眼其他可能怎样呢？苹果公司通过独辟蹊径，重塑了六个行业——计算机、音乐播放器、手机、平板电脑、软件和手表，并成为世界上最有价值的公司。市值2.8万亿美元——这就是逆向思维的回报。我们要看到新的可能性，提出新的问题。

我一直很喜欢禅宗僧人铃木俊隆的一句话："可能性在初学者的心中很多，但在专家的心中很少。"那么如何修习初心呢？作为领导者，我们需要每天问自己哪些问题，以开放思维接受新的可能性？我建议问自己四个问题。

第一，别人有哪些想当然？爱彼迎就推翻了一个想当然：不必拥有任何一间酒店房间就能成为全球住宿公司。第二，别人忽视了什么趋势？网飞比迪士尼等传统组织更早意识到，不断增加的带宽会为流媒体创造条件。第三，别人怠慢了哪些客户？这个问题导致了小额信贷的发明和孟加拉格莱珉银行的成立。第四，哪些问题还没人能解决？就像海尔通过整合思维来解决中国的血液供应问题一样。

同理心是领导者的第三个基本品质。我们生活在一个环形世界里，每个人似乎都是为自己而活，每一个行动似乎都是以自身利益为动机。难怪人与人之间的信任以及对体制机制的信任会处于历史最低水平。但这对大家来说也许是一个机会！当他人发现你比他们更关心他们时，大家就会愿意追随你，与你一起冒险，并在你跌倒时扶起你。

让我再举一个例子。几年前，我意外地接到了一位医院院长的电话。他担任院长还不到一年，想告诉我一件事，如果总是事不关己，就无法改变世界。归根结底，改变世界的不是新技术或商业模式，而是同理心。当然，没有领导者能凭一己之力改变世界，这就是领导者需要的最后一个品质，真正的领导者所产生的影响与他们的官方职权并不相称——他们知道如何动员他人。他们有协作的本能。我们称这些人为活动家。比如，圣雄甘地、马丁·路德·金、纳尔逊·曼德拉和马拉·优素福扎伊等人。但协作不仅是关于凝聚支持者，也是关于共同创造，以及构建链群来应对艰巨挑战——这需要四个条件。

首先，必须用有吸引力的挑战来激励大家。其次，必须为大家配备趁手的工具。再次，必须建立能够促进协作的"轻干预"治理结构。最后，必须将所有的这些要素都融会贯通。

瑞士大型强子对撞机阿特拉斯就是一个很好的例子。阿特拉斯探测器高45米，长25米，拥有100万个零件，是迄今为止最复杂的机械装置。它是确认希格斯玻色子的关键。阿特拉斯由180个机构的3000多名科学家和技术人员设计建造。建造阿特拉斯需要与技术创新一样规模的组织创新。该项目分为几个主要子系统，每个子系统都有自己的专家组成的董事会。当出现重大设计决策的争议时，不同观点的团队向同行评审团提出自己的观点，评审团做出决定。子系统委员会发布当前挑战和进度的实时信息，邀请参与该项目的每个人发表评论。协作委员会负责组织治理，该委员会由来自每个子系统的代表组成。战略决策需要获得超过 2/3 票数。换句话说，该项目是由多个链群组成的链群。共同的目标、密集的横向沟通网络和简单的治理规则，使这个链群在预算内按时完成了世界上最令人惊叹的机器的建造。这就是麻省理工学院的汤姆·马龙所说的"超级大脑"的力量。构建超级大脑主要并不是一项技术挑战。不是关于通用数据标准，或者设备相互通信，也不是关于数据收集和深度学习算法。相反，超级大脑是关于如何团结大家来解决全球规模的问题。我认为，这可能是海尔生态系统下一阶段的进化方向。但这个话题值得再找时间探讨。

海尔的幸运是拥有着非凡的领导者。但海尔真正的天才之处在于其组织模式为成千上万人提供了成为领导者的机会，海尔的未来在于大家能否充分利用这个机会。所以我希望大家：有更高的目标，有不同的思维，关爱用户和同事，把海尔变成由小链群组成的大链群。这不光要靠链群合约，更要靠信任、同理心和解决世界上最棘手问题的初心。我最深切地希望每个人都能成为你们本应成为的领导者。

2023 年 9 月　青岛
（根据讲话录音整理，略有修改）

三、海尔模式的技术创新

全球最多！海尔10座灯塔工厂点亮智能制造全球坐标

2024年10月8日，世界经济论坛公布第12批灯塔工厂入选名单，全球共有22座灯塔工厂脱颖而出入选新的灯塔网络，这意味着代表全球智能制造和数字化最高水平的灯塔工厂数量累计已达172座。海尔胶州空调互联工厂成功入选第12批灯塔工厂，至此，海尔已累计拥有9座灯塔工厂和1座可持续灯塔工厂，是全球拥有灯塔工厂数量最多的中国企业，不仅彰显了海尔在智能制造领域的深厚积累与卓越成就，更代表了中国企业在全球智能制造竞赛中的强劲实力与领先地位。

海尔胶州空调互联工厂

科技创新赋能端到端价值链，满足全球用户多样化需求

"灯塔工厂"由世界经济论坛（WEF）和麦肯锡咨询公司共同推选而出，是"数字化制造"和"全球化4.0"示范者，代表着全球智能制造和数字化最高水平。在此次第12批世界经济论坛（WEF）灯塔工厂评选中，共有22座工厂脱颖而出，其中19座为灯塔工厂，3座为可持续灯塔工厂。

海尔胶州空调互联工厂以"In China for Global"的世界工厂创新模式，成功入选本批次灯塔工厂，海尔也是本批次端到端灯塔工厂中唯一的中国本土企业，再次彰显了海尔在智能制造领域的卓越实力和全球领先地位。WEF在海尔胶州空调互联工厂的入选评语中这样写道："为了满足快速增加的全球需求，解决研发、交付和售后服务等环节的滞后响应问题，作为一座90%的产品供应全球的空调工厂，采用大数据、高

海尔胶州空调互联工厂的智能制造产线

级算法和生成式人工智能等技术，优化了整个价值链，将设计周期缩短了49%，订单交付时间缩短了19%，海外市场故障率降低了28%。"

真空度是空调性能的一项主要参数，全球不同国家和地区气候差异较大，对真空标准的要求也不一样，而空调系统内部真空度难以直接检测，主要依赖外部真空度进行预估，测量值与实际值偏差较大，影响空调性能。为了破解这一难题，海尔胶州空调互联工厂利用大量仿真和实验数据，通过支持向量回归算法构建了真空度预测模型，实现内部真空度的准确预测和抽空标准的自动调优，通过实时分析预警抽空异常，抽空品质大幅提升。

此外，为了满足海外多样化环境需求，工厂还集成海外多物理场的数万条仿真和实验数据，建立空调系统的制冷性能预测模型，通过智能算法自动优化制冷设计参数，样机评估验证效率提升62%，产品开发周期缩短49%。同时，针对海外订单的复杂性和航运周期的不稳定性，工厂运用预测算法和双种群进化算法，实现产线能力的精准预测和自适应动态调度，海外订单平均交付周期缩短19%，并显著减少了日换产次数。

"灯塔工厂正在突破人工智能的炒作，提高数字化转型的标准。"正如世界经济论坛先进制造和供应链中心负责人Kiva Allgood所说，"这些工厂正在将先进技术整合到他们的运营中，不仅仅是为了提高生产力，而是为了创造一个可持续和包容性的未来，为了他们的劳动力和更广泛的社区。"

10座灯塔工厂引领全球，灯塔经验照亮人工智能时代

在全球智能制造领域，灯塔工厂作为先进制造和数字化转型的典范，正引领着全球制造业的发展方向。如今，通过利用人工智能、3D打印和大数据分析等创新技术，灯塔网络推动了效率、竞争力以及规模化转型商业模式的发展，促进了经济增长，同时倡导劳动力增强、环境保护，并为全球各种规模的制造商提供了协作学习的旅程。自2018年首次评选至今，全球灯塔工厂数量已达到172座，其中有72座位于中国，占比超过41.8%，总数位居世界第一。

在全球灯塔工厂群体中，海尔无疑是最耀眼的存在。随着海尔胶州空调互联工厂成功入选最新一批灯塔工厂名单，海尔的"灯塔集群"再次扩容，已累计拥有9座灯塔工厂和1座可持续灯塔工厂，覆盖冰箱、洗衣机、家用空调、智慧楼宇、热水器等多类产业，不仅拥有全球首批灯塔工厂，还打造了首座可持续灯塔工厂的中国本土企业，同时也是全球拥有灯塔工厂数量最多的中国企业。

值得一提的是，海尔旗下的卡奥斯COSMOPlat工业互联网平台，作为海尔智造的强大支撑，也在智能制造领域发挥着举足轻重的作用。随着生成式人工智能和机器学习模型成为第四次产业革命的前沿技术，以卡奥斯为代表的灯塔工厂塑造者也成为制造业中利用人工智能实现突破性转型的典型样板。

卡奥斯通过科技创新已打造出上百个全球引领的第四次产业革命灯塔用例，覆盖制造业多个行业关键场景及价值链的各个环节，实现了制造模式、数字化技术、可持续发展等多维度的智能制造实践引领，也在多个细分行业创造了全球首座灯塔的纪录。通过卡奥斯的赋能，中国制造企业已取得了灯塔工厂数量和覆盖领域上的绝对领先，为制造业数字化创新和可持续发展提供了先进经验。

同时，基于"大链接、大数据、大模型"的技术主线，卡奥斯以智能交互引擎为核心竞争力，持续推进自主创新，已打造出数字工业操作系统、工业大脑、工业大模型等一系列科技成果，形成了"端+云"一体的ONE-COSMO产品图谱，赋能企业、行业、园区、城市高质量发展。其中，基于科技创新、场景探索和灯塔工厂的丰富实践，平台沉淀出行业领先的灯塔工厂"1+7"立体服务体系，覆盖智造成熟度评估、数字化咨询规划、灯塔工厂建设、工业软件创新、可持续发展转型等和集团级工业互联网平台、孪生制造一体化平台等解决方案，有效助力企业降本增效和数字化转型，打造行业标杆。通过制造技术革新、服务效率提升和业态模式创新，目前，卡奥斯已链接企业90万家，服务企业16万家。

灯塔工厂数量的不断增长，是海尔数字化转型深耕细作和厚积薄发

全球首个外销空调灯塔工厂——海尔胶州空调互联工厂

的佐证。未来，海尔将深化数字化转型，不断探索智能制造的新模式、新路径，推动更多灯塔工厂和可持续性灯塔的涌现，为全球制造业的转型升级和可持续发展贡献智慧和力量。

"灯塔工厂"探路工业未来

青岛日报　杨光

发展新质生产力是推动高质量发展的内在要求和重要着力点，也是推动生产力迭代升级、实现现代化的必然选择。习近平总书记在参加十四届全国人大二次会议江苏代表团审议时，站在牢牢把握高质量发展这个首要任务的高度，立足新一轮科技革命和产业变革的时代背景，明确了发展新质生产力的主攻方向。发展新质生产力，青岛具备哪些资源禀赋、产业基础、科研条件？如何在推动新产业、新模式、新动能发展中走出青岛特色、探索青岛路径？在用新技术改造提升传统产业、积极促进产业高端化、智能化、绿色化中，青岛又有哪些有益探索和成功实践？

自动化的生产线、覆盖园区的5G信号，实时显示的智慧大屏、井然有序的机械臂……走进位于青岛中德生态园的海尔青岛洗衣机互联工厂，仿佛置身于"机械丛林"。

作为去年年底公布的最新一批入选世界经济论坛（WEF）全球灯塔工厂名单的12座中国工厂之一，这座全球首个5.5G应用示范的灯塔工厂，代表的是全球智能制造和数字化的最高水平，也是青岛坚持把科技创新作为实现高质量发展的重要着眼点，大力推进制造业转型升级，加快发展新质生产力、重塑未来竞争新优势的生动场景。

在这里，来自青岛的"智造力量"将数字科技和制造业深度融合，落地灯塔工厂高效、智能、绿色的领先实践，不断丰富"智造"内涵，照亮了工业生产的未来之路，也诠释着人与工厂全新的角色演进。

38分钟的"智造旅程"

从一块钢板，到一台完整的洗衣机，最快需要多长时间？海尔青岛洗衣机互联工厂的答案是"38分钟"。

沿着这条行业领先水平的顶级"生产线"，一场"智造旅程"就此展开。

在产线的开端，即将成为滚筒内筒的不锈钢卷不间断地进入冲床。冲床在不锈钢板上冲压出孔径仅为2毫米的密集排水孔，使得洗衣机可以快速排水，同时也能减少大口径可能给衣物带来的损伤。

接着，冲压好的不锈钢板进入一个白色的房子里进行激光焊接。这项海尔率先在家电行业中引入的技术，不仅能够以极快的速度把一个平整的平面变成一个圆筒，而且其光滑的焊缝强度甚至可以超过钢板，足以支撑内筒转速最快可达每分钟1600转。随后，内筒半成品将在机械臂的精准"合作"下与注塑件合体，成为一个完整的洗衣机内筒。

与此同时，对面的钢板经过冲压和压弯等环节，呈现洗衣机外壳的雏形，即将与来自立体库的其他零部件一起，分别按照系统计算好的"空中物流线路"，奔赴总装厂房迎来新的"智造变身"。

总装厂房拥有5条总装线，可以同时生产从800元到15000元不等的300多种不同规格、不同型号的产品，满足用户多品种、小批量的生产需求。工厂内的显示屏上滚动着来自全球供应商的需求数据，系统将不同订单按照装配需求拆解成数字化工单。不同种类的零部件在工单的指引下，准确抵达相应的工位，在总装线上变身一台洗衣机。

回顾这趟旅程，从最初的一段不锈钢卷、一块钢板到一台完整的洗衣机，最快只需要38分钟。在这里，每天会有近万台洗衣机下线装车，第一时间发往全球各地的千家万户。

"高精度下的高效率"不失为对这趟"智造旅程"的精准概括。其背后，是海尔青岛洗衣机互联工厂通过 5.5G PassiveIOT 和高精度定位技术创建的物料智能调度系统。在这一系统下，工厂能实时追踪厂内上千辆物料载具在发运、仓储和配送等环节的移动轨迹，再通过先进算法实时调度，保证以最快的速度、最短的路径和最少的时间把物料配送到工位，效率比传统模式提升 50%。

这也是此次打动灯塔工厂评审的关键创新点之一。依托"5G+ 工业互联网"技术，海尔青岛洗衣机互联工厂从生产效率、供应链管理、客户满意度、数字化转型及智慧工厂等方面打造 5G 融合应用的纵深系统，还成功入选工业和信息化部 2023 年工业互联网试点示范 5G 工厂试点项目。

创新，再创新

这并非海尔在洗衣机产业领域首次入选的灯塔工厂。截至目前，海尔共有 8 座灯塔工厂和 1 座可持续灯塔工厂，覆盖洗衣机、冰箱、空调、智控系统等多个产业领域，是国内拥有灯塔工厂最多的企业。

然而，有丰富的"灯塔经验"，并不意味着每一座新工厂的入选就变得"轻而易举"。

灯塔工厂的初心是希望工业 4.0 的领先企业可以像灯塔一样照亮数字化转型之路。根据世界经济论坛的评选标准，入选灯塔工厂需要集成至少 5 个世界级领先水平的技术应用，实现生产效率、运营敏捷度、生态可持续等经营指标重大提升。

李浩冉是海尔青岛洗衣机互联工厂的数字化总监，他每天的工作就是往返于数据中心和生产一线，和一线的工人一起挖掘工厂的创新点。据李浩冉介绍，评选标准里的"世界级领先水平"指的是与现有灯塔工厂差异化的引领点。换句话说，照搬现有经验，是不足以成为新的"灯塔"的，每座新"灯塔"都要有独特的创新点。

创新，再创新。海尔青岛洗衣机互联工厂就像一座大型的工业4.0实验室，这里部署了136个第四次产业革命（4IR）用例，利用5.5G、先进算法和轻量化数字孪生等技术，海尔青岛洗衣机互联工厂在采购成本、生产效率和服务质量等方面，均实现突破性升级——其中，产品成本优化32%，效率提高36%，服务抱怨率降低85%。

在与此次灯塔工厂名单同时发布的《全球"灯塔工厂"网络：AI应用的速度和规模》白皮书中，世界经济论坛指出，每次产业革命都有决定性的突破诞生。过去是蒸汽机、电力带来的大规模生产，计算机带来的自动化，现在则是大数据带来的机器智能定义了第四次产业革命。

在海尔青岛洗衣机互联工厂的创新场景中，数据的"魅力"开始显现。分布式RFID和数字孪生技术的应用，让工厂激活了产品生产全生命周期的数据，拥有了自检自查总装效率瓶颈、智能推荐效率优化方案的能力。

"举个例子，海尔青岛洗衣机互联工厂生产的产品面向海外多个市场，在柔性生产的模式下，相邻两台相同型号产品的主人也可能来自不同国家，产品标签上的语言都是不一样的，靠人工匹配很难实现。"李浩冉表示，"然而，数据是统一的语言。我们通过为零部件进行'5G+RFID'赋码，从原材料生产、原料仓储、总装生产、检验、包装、成品入库、分类码垛、成品仓储到成品出库发货，实现原材料及产品全生命周期的过程质量大数据管理。"

下一个创新点：重构人机关系

下一个创新点在哪里？"随着00后进入工厂，产业工人的知识结构也在发生巨大的变化。我们的很多创新都是围绕怎样更好地发挥人的价值、让工人在现代化的工厂里更有获得感来展开。"海尔青岛洗衣机互联工厂总经理王自强说。

在机械臂上下翻飞的互联工厂，下一代网络技术和新的智能制造场景正在工厂的人机协同中不断生长，复杂和重复的工作被自动化机器和智能技术所取代，不仅实现了降本增效，人的角色在智能工厂中也发生着转变。

走到临近总装线终点的区域，一个"5G+场景"取代了以往人工手摸目测的查验方式，实现产品下线前的外观检测。在低延时、大带宽的5G网络环境下，每一台产品将在5G外观检测设备中被"扫描"出多角度的高清图片，检测设备则利用交互AI算法——锁定产品外观的瑕疵点，哪怕是一颗细小的灰尘也会被精准识别。工位上的两位工程师随即对机器识别的瑕疵进行判断处理。"这是一个人工确认反馈的过程，也是人与机器的对话，是对机器进行训练的过程。在人机协同中，'喂'给设备更多精确的信息。"李浩冉表示。

质量改善技师张加鹏是参与智能检测场景创新的一线产业工人之一。"智能检测站只能检测出问题的表象，我不仅可以凭借经验快速锁定问题背后的原因，还可以从前面的工序中找到问题闭环的方法。"他表示，尽管这样的数智化创新让他"失去"了原有的人工检测岗位，也倒逼他进一步学习智能制造的知识，结合自己的实践创新更加高效的生产解决方案，创造更大的个人价值。

"在完成人机协同训练后，未来这一'5G+智能检测'场景可以在家电、汽车等更多行业相同材料的外观检测中进行应用，实现这一环节的降本增效。"李浩冉说。

"人机协同"的提质增效模式，正在更多的场景中发生。在产教融合方面，海尔青岛洗衣机互联工厂颠覆传统的"师傅凭经验带徒弟"模式，将操作培训预设的洗衣机模型设定到VR系统内，员工佩戴VR眼镜身临其境完成洗衣机零部件的认知及组装培训，实现系统性的精准自主学习。在生产流程上，工厂应用5G+AI+MEC识别技术，可以实现按照"行为动作轨迹"构建标准轨迹模型，对人机协同的动作进行智能实时监控纠正校准，实现制作工艺和检验工艺执行的一致性。

正如世界经济论坛先进制造业与供应链中心灯塔工厂项目负责人Federico Torti所说："我们正在见证，基于数据和智能的工厂自我调节系统的兴起，人类正在转变角色，以更好地融入这一循环。"

透过灯塔工厂，可以清晰地感受到中国工业创新的脉动，感受到从生产线上喷薄而出的新质生产力。"我们加快推动传统产业技术改造升级，加大智能制造推广力度，建成了62座灯塔工厂，占全球灯塔工厂总数的40%。"在近日国务院新闻办公室举行的新闻发布会上，工业和信息化部发布了这样一组数据。依托工业互联网平台大规模定制模式和数字化技术赋能，青岛目前已经拥有4座灯塔工厂，成为全国拥有灯塔工厂总数排名第三的城市。

有专家表示，灯塔工厂项目之所以影响日益广泛，在于它并没有公式化的标准。其价值导向更加注重业务系统升级和创新技术应用带来的商业价值，强调企业全员参与的文化与组织能力支撑，以及在以客户为中心的端到端价值链中的改善，看重的是企业转型过程中的"可借鉴价值"。

突破创新，探路未来制造。这正是灯塔工厂的意义。

2024年3月

2024 FORBES CHINA 出海全球化品牌 TOP 30

GO-INTERNATIONAL BRANDS
TOP 30 SELECTION

Haier

旗舰品牌

FORBES CHINA GO-INTERNATIONAL BRANDS TOP 30 SELECTION
福布斯中国·出海全球化系列评选

第六章

我与海尔

一、共创共赢篇

有一种致敬

青岛日报社原副总编辑　现任青岛市自媒体协会会长　樊泽顺

窗外是海，浩瀚蔚蓝。每一种关于"海"的感知，总会触发一个名词："海尔"。在我个人知识体系的范畴，以及所能达至的思想深处，那是一种潜意识的致敬。我还相信，这是一种普遍致敬。

致敬意味着思维的默契。从这种默契中去寻找一种相互成长的关联，毫不费力。对我来说，这一关联的样本长度，整整接近40年；这种关联的见证长度，迄今超过25年——而且从开始一直开始。

有一种致敬叫影响。曾就职传统媒体，但驱使我更早认真研究互联网建设，并付诸创业实验，是源于海尔的"触网"启发；大学是中文专业，也曾有党政军司法科教文卫等行业领域的工作经历，但推动我最终专注于经济领域，研究组织管理、企业文化、品牌创建、营销传播等，是因为海尔的样本意义。在书架上，有相当多上述领域的专著，说不上韦编三绝，但常常读来甘之如饴，是因为张瑞敏先生学者风范的激励——尽管望师兴叹，不可企及。海尔是一个如此坚固的"知识之锚"，它对我"个人知识"（《个人知识》中的术语，［英］迈克尔·波兰尼）的形成，是如此具有模板意义。

有一种致敬叫共鸣。进入一种价值体系并与之进行跨时空的交互碰撞，是一种时代的机遇。海尔是一个葳蕤的价值生态，而我很早就成为其中的一员。在这个生态里，你会获得持续不断的价值回响。

2015年7月30日，由青岛市科技局支持成立的、全国第一个城市创客联盟组织——青岛市创客联盟，在海尔"人单合一"模式研究中心隆重举行揭牌仪式。这个联盟由我和同事创意组织，并联合青岛 47 家头部企业及机构发起。联盟的设想，既与当时的创客风潮息息相关，更源于海尔创客文化的启示。当天，海尔集团董事局副主席、轮值总裁梁海山代表张首席，与市政府领导一起，共同为联盟成立揭牌——张首席受邀担任了联盟的理事长，一批优秀企业家担任副理事长，我则担任联盟秘书长。300 余名创客代表会聚海尔，成为当时青岛创客界的一次盛会。

联盟成立前，通过企业相关部门，我向张首席发出了担任联盟理事长的请求，很快就得到了"同意"的批复。至今，我还记得那句充满了认同和肯定的文件批语。一位备受各界尊重并在全球拥有盛名的企业家，能遵从创客意愿，"领军"一个地方民间组织，既是对创业一代的鲜明价值关怀，也是其创客理念的最具体体现——这应该是张首席曾有过的为数不多的"最小兼职"。张首席的"挂帅"，影响和会聚了一大批创客，首批加入的创客和组织就达到了 2000 余个，各类联盟活动一时红红火火。这个联盟平台，就是海尔生态价值的一种外溢。

有一种致敬叫思考。认知和理解海尔，当然是从传播开始的。而我进入海尔语境的方式，与传统的媒体介入不同——海尔所有可见的成就和不断迭代的理念，背后一定是一种不断升级的深刻的商业逻辑，并生长着一条主导性的价值链条，包括一位当代企业家管理哲学意义上的思考。更重要的是，海尔文化的理想主义和使命愿景，对我是一种巨大的心灵契合。这提醒我，如果无法洞察，即无法表达。"'事实'即解释"（《词语的战争》，[美]肯尼斯·伯克）——所以必须找到真正的"事实"。这当然源于职业初衷，但后来长期跟踪研究，则是学术的兴趣和实践的愿望。海尔是一个庞大的创新知识体，海尔文化所覆盖的东方式的机智与西方式的理性，一直重构着我的思维方式和实证方式。

从管理层到员工，认识许多海尔人，每一次交流，都会感悟到海尔人创新的文化内核，它促使我更个性化地理解海尔。迄今，我大概是撰写、审编海尔文章最多的媒体人之一，而绝大部分也倾向于研究性传播。曾经撰写的许多文字，几乎已经淡忘，但有关海尔的大量报道，至今记忆犹新。这种记忆既源自一种思维的洞穿，也因为其每每感发于海尔战略迭代的重要时刻，总感觉，这些文字不是"写"出来的，而是"生"出来的。因为内容是如此丰富，有时难免长篇累牍——2001 年 8 月发表的《跨越蔚蓝——张瑞敏和海尔告诉我们的故事》（上、下），总字数超过 2.2 万。其实，文章的评价并不在于长短，但如果发现并展开一个逻辑，又连贯着丰富的"事实"，那一定会成为生动而又庞大的叙事，也会成为思想的行旅。有趣的是，很多年来，因为对海尔的学习和了解，自己也成为许多媒体采访、企业交流的对象，而我也成了海尔精神的沟通者。

有一种致敬叫追随。海尔所引发的思维圈层的突破，让你有意识地成为海尔文化的实验者。我经历的所有业务领域的探索，都有着海尔知识引领的基因和创新思维的基因。特别是海尔关于"人的价值最大化"的命题，一直是我管理工作中的价值主线。关于组织变革、关于生态建设、关于平台搭建、关于品牌文化……海尔所有成功的经验，都是我样本级的指引，它激励我用思考去改变，用行动去认证。

源于海尔早期互联网实践的启发，2010 年，我就开始转型研究交互型传播平台建设。2013 年建成了主要纸媒的互联网平台，成为副省级城市主要纸媒最早的互联网实践者之一。2020 年，以"智库、智慧、智能、智趣、智链"为布局，升级建成移动交互传播平台"观海新闻"，并"升格"成为省级管理的媒体，短短两年多，先后获得"全国城市报业十佳融合创新客户端"、中国报协"全国媒体融合技术应用创新案例"等 10 余个全国性奖项。2023 年，荣获中国媒体领域最高科学技术奖——王选新闻科学技术奖。

海尔平台建设模式，是我推进差异化、个性化平台创建的样板。2013 年，发起组建全国第一个面向庞大空巢老人群体的公益机构——"爱心陪伴"大型公益平台，现拥有志愿服务团队 353 个、志愿服务人员 3.7 万人、志愿者活动基地 309 处。先后荣获全国首批"敬老文明号"、山东"德耀齐鲁道德示范基地"等称号及山东慈善奖；2015 年创办的青岛创客联盟平台，获得中国报协创新一等奖；2022 年发起创办全省首个手造平台——青岛手造节，并入选国家新闻出版署融合案例奖；2023年度入围中国新闻奖。

海尔生态品牌战略，是我们所有生态思维的起点。观海新闻的主导架构，就是"生态"。3年时间，观海新闻生态用户超过4000万，生态资源方达到1000+。2020年开始，正式推进区域自媒体生态建设，在市网信部门的支持下，注册成立青岛市自媒体协会。如今拥有包括头部自媒体和机构在内的会员2000余名，创办的首个全季型城市网红节——青岛网红节、年度自媒体生态大会、年度自媒体金海星奖等，会聚着越来越多的自媒体人，也汇聚着一个共创共赢的自媒体生态。

海尔是当代中国企业品牌创业的经典，我受邀参与的所有企业品牌建设，都源自海尔品牌模式。2020年，开始研究城市品牌和城市制造品牌传播，连续4年担纲城市级政府传播项目——"青岛制造"品牌传播和"青岛农品"品牌传播，建成了集政府引领、企业主体、媒体助力、智库服务于一身的城市品牌传播体系，创办了"青岛企业品牌官论坛""青岛品牌市集"等IP生态，参与促成了全国第一个城市级品牌节日——"717青岛品牌日"，并入选"全省宣传思想文化工作守正创新典型案例"，成为全省11个典型案例之一……

海尔"以'人单合一'模式创物联网时代新增长引擎"的企业愿景、"以无界生态共创无限可能"的战略意志，是我思想生长的源泉。从组织价值设计到平台建设布局，从管理运营模式到业务转型方向……职责驱使下的所有管理探索，都根植于海尔"人单合一"模式——我一直是这一模式的响应者。

有一种致敬叫祝贺，祝贺海尔创业40周年。案头摆放着张瑞敏先生签名的《永恒的活火》，那是一座管理思想的森林，不断提醒着我关于生存的价值本质。手头在撰写着有关城市制造品牌发展的书稿，海尔是文稿中的主导案例。不妨预录数语：40年来，海尔的商业理论探索，归根结底是对"人的价值最大化"这一命题的实践落地……由这一价值体系生发出的重构色彩的管理文化、独创性的模式体系、逻辑性的品牌实践、战略性的成长布局，代表着当代中国企业商业理论原创的觉醒，是全球制造业品牌文化的全新话语站位……

2024年巴黎奥运会即将启幕，它令我回想起2008年受海尔邀请参加北京奥运会开幕式的盛况——海尔作为全球白色家电赞助商，展示了中国品牌的风采和力量。直到今天，这都是一种持续向上的力量。

有一种致敬叫"感谢"。感谢海尔！感谢海尔人！

我与海尔共成长

知名财经作家　何伊凡

在我开始自己的职业生涯之前，海尔就是我熟悉的企业。20世纪90年代，在河北老家，母亲买的第一台冰箱和第一台洗衣机都是海尔的。那个时代，有品牌的中国企业不多。我成长记忆中，穿着短裤的名人，除了超人，就是海尔兄弟。

2005年大学毕业之后，我进入《中国企业家》杂志工作。入职后不久，就听到了一个故事。两年前，时任社长刘东华与总编牛文文带队去青岛采访了一周，与时任海尔首席执行官张瑞敏多次深度交流。回来后做了一篇封面报道《海尔雾中行走》，没想到此文还未刊发，就在海尔内部引起强烈反响。文章指向了海尔在1999年开始的"业务流程再造"，张瑞敏把流程再造的过程比喻为"在雾中行走"，并且指出流程再造三年多以来，海尔的组织结构已被打破40次，重建了40次。在这样一个动荡的环境中，难以相信企业还有多少精力关注完善流程所需的细节工作。当时的海尔认为，这会让外界对公司的战略产生误解，因此与杂志社反复沟通，希望不要刊发。但采编团队依然坚持发表了此文，这后来成为中企内部一个如何处理与企业关系的案例。中企一直坚持独立性，但从企业的角度思考：我对你敞开胸怀，你却对我造成伤害。双方都没错，也确实是个两难问题。

2010年7月，我已从见习记者成为助理总编，与社长何振红去拜访了张瑞敏先生。那是我们第一次见面，他对组织变革表露出强大的自信与坚定，而且对于"人单合一"已经建构了一套完整的理论体系。令我印象深刻的，是他阅读面之广，提起亨利·明茨伯格、德鲁克的经典著作，他都信手拈来，而且能够结合到自己的实践之中。

那天参观了刚刚升级的海尔文化展。和多数大公司不同的是，海尔的文化展并不是成就展。其中有一个部分，是在几根立柱上镌刻着不同时期主流媒体对海尔的批评和质疑。虽然此时我已参观过上百家大企业的历史展馆，但敢将批评声音刻下来的，它还是独一家。文化展的出口处，是张首席最喜欢的一幅日本油画：画面上是一个裸体男人的背影，手持一把砍刀，面前都是荆棘，身后有一串带血的脚印，前方有淡淡的曙光。后来我专门找到了这幅油画的电子版，打印出来贴在墙上。

此后，我与海尔的互动就更多起来，结识了海尔内部很多朋友。那时还流行纸质名片，我发现海尔高管名片上头衔变化特别快，不仅职务会变，机构也会变，而且会出现一些非常规的部门名称，比如，"小微"。还有一次，有人递给我他的新名片，上面印着头衔是"Interface"，对应的中文是"界面"，但用"界面"并不能恰当表达英文中体现出来的交互感。从这些细节上，可以看到海尔组织变革之剧烈。张瑞敏要把海尔的10多万员工，变成10多万创客，在每一个个体身上实现"人单合一"，这家家电巨头已经成为组织的试验场。

之后，我与张首席基本保持着每年见一面的频率，有时是采访，有时是私下交流，有时是在其"人单合一"模式引领论坛上。2013年8月，我们将海尔再次请上了封面，标题是"张瑞敏移民互联网"。10年前的《海尔雾中行走》中，张首席曾说，如果见到韦尔奇，最想跟他请教的问题之一是"怎么把大企业做小"；10年之后，他思考的依然是同样的问题，只是外部的生态环境以及他本人的思考深度也已大为不同。他自己也说，海尔仍在不断试错的道路上。他步步如履薄冰，虽尚未踏上坚实的地面，可思想体系已更为成熟。

此时会已成为中企的副总编辑，负责内容，每期都会在卷首写评论。有几次见面时，他都说：你的观察家我每期都看。我本来以为他是和我客气，后来发现他真的能举出哪篇写得还不错，哪篇写得不好。有了这样一位读者，我当然压力倍增。2016年，他对我说：怎么最近杂志上看不到你的文章了？我在那一年离开了中企，投入创业大潮。主要是因为写了这么多年公司，自己却站在岸上评点那些划船的人，觉得越来越没有底气。

在创业期间，我与海尔一直保持着密切联系。海尔也变得越来越开放，组织过多次调研活动，邀请不同领域的专业人士，走进海尔，贴身观察其业务板块。我先后组织创业者朋友去海尔参观卡奥斯工业互联网平台、日日顺物流体系等。张瑞敏对《道德经》倍加推崇，主楼前有巨大的水滴雕塑，象征"上善若水"；创牌中心南广场前的雕塑，从南向北看，是《周易》中第六十三卦"既济"；从北向南看，是第六十四卦"未济"，象征光明与艰难之间的转换。我也是传统文化的爱好者，每到此处，不禁心有戚戚焉。

2019年，我参加海尔在上海举办的一次大会，并主持了一场论坛。在这次活动上，海尔提出了"链群共赢进化生态"。所谓"链群"是海尔首创，即小微和小微合作方共同创造用户体验迭代的一种生态链。当然，要理解这个概念，你必须先理解海尔首创的其他概念。宴会时，我坐在张首席身后，一眼望去，他身边是一个个头发花白的聪明脑袋，包括多位诺贝尔经济学奖获得者。这是国际顶级学术论坛的阵仗，而非流量明星。在中国企业家群体中，除了张瑞敏，没有人有如此浓厚的兴趣与学界进行长期密切互动。

自2013年之后，我对海尔智家这个平台有了更多接触。海尔智家是海尔集团旗下的上市公司，其公关负责人及团队，组织过多次头脑风暴会。我观察到每次都不是表演型的讨论，而是发自内心地希望产生碰撞。

2020年12月，海尔智家在港交所上市，庆祝仪式就在青岛举行，我也在台下观礼。那面定制的大铜锣敲响之后，海尔智家成为第一家实现"A+H+D"全球资本市场布局的企业。

2021年11月5日，72岁的张瑞敏宣布正式辞任董事局主席，受邀担任名誉主席，周云杰当选新一届董事局主席，接任首席执行官。我一直觉得，张首席最好的退休生活恐怕是去大学做教授。

2022年2月，我又回归《中国企业家》杂志，继续主管内容。自2022年以来，全球家电行业整体承压，海尔智家的战略宗旨，包含了向高端走，以及向智慧家庭走，这两条路线上都充满了很多不确定性，我也得以观察其如何在种种不确定性中寻找确定性。

最近收到了张首席的新书《永恒的活火》，这是他管理思想的结晶。从这本书中，我看到的更多的是他对"人的价值"的全新理解。

德鲁克曾经担任通用汽车公司的顾问，深入研究公司政策和组织结构。德鲁克在通用汽车待了18个月，对这家全球最大的公司，对政治、社会结构以及工业秩序进行了全盘性的研究，出版了《公司的概念》。对一个商业世界的旁观者而言，长期、近距离地剖析，又能跳出来观察、赞许、批评一家公司，是一种幸运。海尔与我，也有类似的意义。在这个过程中，它坚持永远"自以为非"的精神，也成为我价值观的一部分。

国民共进，绿潮奔涌
——中核与海尔携手的新能源之旅

中核集团中核汇智总经理　干弈

我叫干奕，来自"1号央企"中国核工业集团。

作为一名80后，海尔兄弟是我美好的童年记忆，兄弟俩为解决人类灾难，探索无尽自然之谜环游世界的故事还种下了我对"百强民企"海尔品牌的深切敬意，蕴藏着一段"国民共进，绿潮奔涌"的新能源之旅。

2021年，观闻潮起，蓄力远航。在整县推进下的分布式光伏开启飞速发展全新周期，与之而来的是市场格局、商业模式与投资逻辑等多维度变化，同时为"国民共进"带来一种开拓分布式光伏市场更为擅长的途径以及更坚定的决心。

2022年，厚积薄发，同频共振。中核汇智与海尔绿舟在同年注册成立，不同于"做大做强"理念，我们始终坚持以培优提质效，优化资源配置，提升产品和服务质量以及提高运营效率，以精益促发展，为探索形成"多种能源供应+增值服务"的业务发展路径不断迈出坚实步伐，同时为后续高质量合作奠定基础。

2023年，协同共进，探见旷野。我们达成战略合作，共同启动"碳乡融合"新模式。其实，海尔兄弟本身就承载着协同共赢、朝气蓬勃的寓意，而"无私奉献 追求卓越""诚信生态 共赢进化"的海尔精神，更是与我们"强核报国 创新奉献"的新时代核工业精神、"责任 安全 创新 协同"的企业核心价值观有着深度共鸣。

2024年，红色引领，绿潮奔涌。在中国共产党成立103周年之际，我们以党建"五联三创"促"向海驭风，碳乡融合"。截至目前，双方签约总额已从3亿元增长至30亿元，联合开发建设的分布式光伏电站已惠及万家农户，每年可为社会提供清洁电能约38亿千瓦时。

岁序已入秋，但美丽中国处处绿潮奔涌。放眼世界版图，新能源正以前所未有的力量冲击并重塑着国际结构的轮廓，引领着我们迈向一个更加绿色、低碳、可持续的未来。借此，衷心感谢帮助中核汇智一路成长的合作伙伴，赋予我们勇往之力，从繁华都市到偏远乡村，在阡陌纵横间一起描绘绿色向往，在山河涤荡中书写"国民共进"的无限风光。

正是东方潮起时，诚愿青山不改、绿水长流，回响绵延、奔涌不止。

志合者，不以山海为远

中国工程院院士　首都医科大学副校长　吉训明

随着人口老龄化进程的加速，我国脑卒中的发生率依然呈现上升趋势，使得我国成人面临的终身卒中风险居世界首位。多年来，我一直致力于脑卒中防治的临床与研究工作，也是因为此项目与海尔结缘。

海尔，在我印象里是国内头部的家电企业。记得第一次和海尔大健康团队接触是在 2023 年 4 月。随着双方高频交流，才了解到海尔早已在大健康领域布局多年，让我逐渐认识到了一个"全新"的海尔。时至今秋，不过一年有余，我们的合作已经取得了多项阶段性的成果，给我最大的感触，可以概括为"志合者，不以山海为远"。

首先是理念一致，都是聚焦于临床需求，探索医学科研创新与临床应用。去年 6 月，谭丽霞董事长带领团队与我们签署战略协议，当时就达成了"服务健康中国战略，共创世界一流"的目标。自那时起，从聚焦临床患者需求的沟通，到科研成果样机化、商业化的全流程等，每一次沟通交流，不仅是学术、技术的碰撞，也能感受到每个海尔人对患者的负责、对科学的严谨态度。

其次是方向一致，医学的发展需要兼顾到科技创新和人才发展。从事脑卒中防治与转化医学研究 20 多年，我深知攻克脑病必须解决两大难题：一是科研成果转化，二是医学人才培养。而这两个难题盈康一生团队都在探索中。比如，依托"海医汇"平台探索"书架"到"货架"的转化，我们在推进全球首创靶向低温脑神经保护项目；再比如，今年 5 月，盈康一生通过公益基金落地的科创精英计划，资助培育医学青年科技储备人才，相信这也体现了海尔的生态理念和坚守长期主义科研的实践。

医者仁心，我作为神经科大夫的使命，是让人群卒中的发病率下降、残疾率下降、死亡率下降，找到更适合中国人自己的卒中循证指南，这个目标需要更多志同道合者的共同努力。发现临床问题、提出假设、动物实验、研究仪器设备，进一步研究验证，转化用于临床，在这一整体的研发过程中，企业、研究院所、大学之间的紧密合作可以打破藩篱，使过程更为顺畅，也让我们更有信心在卫生健康领域与世界并肩齐跑。

风起于青萍之末，浪成于微澜之间。今年是海尔创业 40 周年，衷心希望海尔能够"四十而砺"，一如既往引领民族企业担当，赓续时代创业华章。同时也希望我们能够继续与海尔大健康生态共创共赢，持续创新。

领投 A 轮融资，
上海城投控股与海尔共创共赢

上海城投控股股份有限公司

上海城投控股股份有限公司是上海城投（集团）有限公司市场化板块的核心企业，自 1993 年 5 月上市发展至今，形成了房地产开发、置业运营和金融投资三大业务协同发展的格局。

上海城投控股董事长张辰表示，自 2022 年 6 月，上海城投控股旗下两家投资主体（上海城投控股投资有限公司和诚鼎基金）领投了海纳云的 A 轮融资后，在两年的发展进程中，我们再次看到了海纳云四大核心能力在行业的领先地位以及经过实践检验的可复制场景和可推广的拓展模式。

上海城投作为上海市基础设施投资建设和运营管理的主力军，在持续提升国际特大型城市运营管理能级上，有着强烈的数字化升级需求和广泛的应用场景。双方在发挥优势场景共建的数字城市产业生态下，已由"共建场景"走向"共建生态"；对投资方和生态合作方而言，海纳云不仅实现了对于中国城市数字化升级的专业市场价值，同时还将通过金融赋能实现资本市场价值。

我们相信，在党的二十届三中全会精神指导下，海纳云定将为我国数字城市建设做出更多贡献，我们投资方和生态合作方必将实现合作共赢。

天道酬勤不忘初心，海纳百川向前行

道恩集团有限公司董事长　总裁　于晓宁

2024年是新中国成立75周年，也是海尔创业40周年。改革开放以来，中国家电从模仿、跟随到自主创新，从简单加工到产品全面覆盖、产业链全面布局从低端代工生产到品牌享誉世界，为世人演绎了中国制造到中国智造再到中国创造的传奇。中国家电不断崛起的过程实际上也是以海尔为代表的中国家电企业不懈努力、不断探索登顶世界制高点的品牌崛起之路。

道恩与海尔有着20多年的合作历史，双方相互认可彼此的经营理念和企业文化，合作领域不断扩展，合作关系不断深化，形成了紧密的战略合作关系，并多次荣获金魔方奖钻石奖、战略合作伙伴奖等奖项。道恩集团与海尔集团的合作，见证了中国家电行业高速发展的奇迹，也推动中国家电在世界舞台上扮演越来越重要的角色。

回首过去，双方务实合作，取得了丰硕成果。

洗衣机材料国产化，双方开启合作

工业制造，材料先行。没有质量过硬、性能高超的材料，再先进的设计和构想，也难以从图纸变成现实。

20世纪90年代，由于国内缺少相应的原材料，滚筒洗衣机只有国外可以生产。道恩通过对洗衣机行业的深度调研，基于道恩对洗衣机部件的认知，提出了洗衣机部件材料国产化的建议，为中石化和海尔集团牵线搭桥。协同双方共同开发出高端洗衣机专用材料。这打开了洗衣机材料国产化的大门，实现了石化公司高端产品自主研发及生产，洗衣机材料成本大幅降低的目的。道恩集团通过为上下游企业赋能，助力化工新材料为"中国制造"增添更多底气。

产业配套本土化，全球范围紧密合作

道恩集团积极响应海尔智家本地化战略，加快全球工厂布局，多个基地陆续投产。

2023年3月，位于青岛胶州的海纳新材料有限公司投产，新工厂毗邻海尔卡奥斯工业互联网生态园，实现对海尔的就近配套。

2023年6月，独联体道恩英德尔工厂投产，完成洗衣机筒体专用材料的批量生产，实现了独联体海尔洗衣机工厂的即需即供。

2024年4月，道恩集团在广东肇庆建立的生产基地顺利投产，进一步优化了产业区域布局，为海尔华南基地提供更优质的服务，降低供应链成本。

未来，道恩集团将以独联体道恩英德尔工厂为样板，积极探索和扩展在北美、非洲、东南亚等地的布局，全力支持海尔全球工厂建设，满足海尔海外工厂的当地化配套需求。

强强联合促发展，战略合作迈向新高度

作为海尔长期战略合作伙伴，一直以来，道恩集团不断提升协同能力、创新能力，持续突破行业前沿技术。依托高分子新材料上下游全产业链优势，以及材料开发、结构设计、仿真分析、模具制造、精密成形等全流程保障能力，参与海尔智家前端设计，开展跨界创新，支持海尔家电材料模块的行业引领。双方还共建了高分子新材料联合实验室，聚焦于前瞻新材料与新技术、基础技术研究、新产品开发，针对家电材料的痛点卡点问题重点解决，输出了多项行业引领的材料解决方案。

2023年3月，道恩与海尔在青岛签署战略合作协议，双方合作迈向

了新高度。未来，我们将继续围绕海尔智家全球化战略进行全面布局，提供绿色、低碳、高端的整体材料解决方案。持续深化在产业链、供应链、价值链、创新链和碳链的全面战略合作，携手打造数智新生态。

再循环前景广阔，绿色低碳引领新潮流

循环经济是促进我国经济社会发展全面绿色转型的重要途径，亦是提升我国经济韧性和绿色竞争力的重要模式。道恩集团与海尔再循环产业积极响应国家低碳绿色环保政策，密切协同，输出多个 PCR 材料产品应用方案。未来，道恩集团＆海尔再循环产业将继续聚焦低碳环保、PCR 材料改性与应用、生物基、可降解材料等领域的合作，打造海尔再循环产业回收—拆解—清洗—造粒—制品全产业链第一竞争力，支持海尔智家打造绿色、低碳家电。

展望未来，道恩集团将继续围绕海尔集团全球化战略，深化双方在产业链、供应链、价值链、创新链和碳链的战略合作。聚焦用户需求，加速培育新质生产力，以科技创新推动产业创新，持续为海尔集团提供绿色、低碳、高端的颠覆性创新引领方案。

40 年星移斗转，40 载岁月如歌。40 年的时间，海尔从一个小冰箱厂，成长为全球领先的大型生态型企业，取得了举世瞩目的成就。

非常荣幸，道恩能伴随海尔一路成长，一路生花。在这个特殊的日子里，我衷心祝福海尔生日快乐，祝愿海尔持续给全球用户带来更好的智慧家庭体验，引领全球家电行业持续发展。

构建"产学研用"新生态，以青春创造无限可能

中国物流学会

创新是国家竞争力的核心要素，是驱动社会全面进步与产业升级的不竭动力。特别是在物流及供应链行业，产学研深度融合，作为联结产

业实际需求、赋能行业创新发展的纽带，正以前所未有的深度和广度，引领着行业创新浪潮，加速科技成果向现实生产力转化。

2016年，中国物流学会携手海尔旗下日日顺供应链，联合发起"日日顺创客训练营"这一聚焦在校大学生的创业创新公益平台。九年来，日日顺创客训练营已覆盖北京大学、中国科学技术大学、华中科技大学、天津大学、北京交通大学等全国500+知名高校，累计输出创业课题438项，孵化创业项目223个，申请国家专利百余项，输出了一批丰富的创业创新成果。

凭借创新的产学研结合的生态共赢模式，日日顺创客训练营的行业影响力与社会认可度也在持续攀升，不仅连续两年被纳入《全国普通高校创新创业类竞赛指数》竞赛项目清单，还在2024年升格为"全国供应链大赛"子赛道之一。

作为首个聚焦产学研融合创新共创平台，首个聚焦产业链、供应链协同创新开放平台，首个聚焦在校大学生社群交互的创业创新公益平台，日日顺创客训练营在不断迭代升级中构建起开放、融合的"产学研用"一体化生态体系，并逐步实现了人的价值、品牌价值、生态价值、经济价值、社会价值五大价值点的重塑。在第九届日日顺创客训练营开营仪式上，中国物流学会会长、中国物流与采购联合会副会长任豪祥就对日日顺创客训练营在产学研领域的贡献给予了高度评价，并特别感谢了海尔集团及日日顺供应链的支持与付出。

当下，持续创新已成为推动企业及行业发展的重要驱动力。中国物流学会将与日日顺供应链持续深化合作，"产学研用"生态不断扩大，价值不断提升，携手探索物流及供应链行业未来发展的无限可能，共同推动行业迈向高质量发展新阶段。

如鹏展翅，与海共荣

常州澳墨海尔专卖店总经理　张冬明

1993年与海尔偶然相遇的那一刻，是我的命运转折点。海尔不仅仅是我事业的导航员，更是风雨同舟的老朋友。

时代的相遇，理念的光芒

1993年的某一天，我走进上海第六百货商店，第一次看到海尔冰箱，它的设计和品质都给我留下了深刻的印象。后来，我了解到海尔的服务理念"真诚到永远"，更是令我由衷佩服。

在那个年代，中国的工业还不太发达，家电没有普及，还只是大家眼中的"稀罕物"，但是海尔有一种与众不同的质朴理念——以用户为重，传递真诚。正是在这种真诚服务理念的感染下，我于1996年决定加入海尔大家庭，在金坛市开了第一家海尔专卖店，成为首批海尔专卖店的一员。

信念指引，逆境中翻盘

作为海尔专卖店第一代创业者，开店之初，我便始终紧紧跟随海尔总部的战略指导，紧跟转型方向，在总部的指导下，结合本区域特点，做出最适合的经营模式创新。

回顾这些年，我在经营专卖店的过程中历经了很多次困难，遇到了很多挑战。我特别记忆犹新的是2004年4月28日那一天，苏宁与五星同日在金坛开业，给我们的业务带来前所未有的挑战。这场激烈的价格战在家电行业中是空前的，两家卖场的多数品牌销售价格仅为其他店铺进价的一半。至5月底，金坛原有的40多家家电销售门店仅剩我们一家海尔专卖店。

2020年，上半年疫情刚过，门店陆续恢复正常营业。我们位于金坛红星美凯龙的门店 4 月单月销售破 150 万元。我认真研究市场，总结市场规律的变化，发现商圈门店客流量远不如建材市场。因此，2020 年下半年，我先后在红星全国第二规模大店常州飞龙店拿下 300 平方米的店铺，在全国最大面积单店红星常武店拿下 1300 多平方米的店铺。开业当天的销售量均突破 100 万元，卡萨帝占比 90% 以上，实现了开门红。同时，线上店铺在 2021 年也实现转型，为公司整体提升做出了非常大的贡献，保证了公司 2021 年零售业绩的高增长。

虽然这只是几十年风雨考验中的几次小小的经历，但现在回头看，正是有海尔总部的方向指引，有中国区的战略指导，我们才能够一次又一次在逆境中翻盘。

在创立专卖店的近 30 年里，在经历过的大大小小的考验中，每一次艰难的时光，对我来说都是一次不小的收获。让我懂得，不要被眼前的成绩所迷惑，更大的风浪和考验永远不知道会在什么时候到来，必须时刻绷紧心头之弦，提前预判风险，找到突破口。

薪火相传，初心永不变

作为海尔专卖店的初代创业者，栉风沐雨数十载，我深知创业之艰、守业之难。但我知道，必须有新鲜力量的加入，才能够让我们的事业不断向前、向高发展。

在我的影响下，我的儿子、儿媳也坚定了海尔信念，从当地的江南农村商业银行辞职，成为海尔专卖店的传承者。他们发挥年经人敢想敢干的行事作风，紧跟海尔中国区的战略，勇于创新，不断拥抱新变化，拓展新渠道，充分展示出了"海二代"的年轻活力。他们的加入，让我再一次看到了海尔专卖店生生不息的传承，时代在变，初心不改。

与此同时，作为海尔专卖店俱乐部全国总会长，我深知自己肩负的使命。在每一次专卖店的重要节点活动中，我都主动担起职责，努力做到不辜负大家的期待，带领大家收获更多、更美好的体验。

二、砥砺前行篇

卡泰驰：让"牛哥"变成"牛群"

卡泰驰太原总经理　曹伟强

加入卡泰驰的那天，我站在了一个新的起点，开始一次全新的蜕变。

从"牛哥只懂车"到"卡泰驰，牛哥只懂车"

2013年，我怀着一腔热血踏入二手车行业，凭借10多年的从业经验，我深刻体会到了"诚信"二字在二手车市场的分量。凭借诚信与热爱，我把"牛哥只懂车"这个ID打造成了太原二手车的一块金字招牌，赢得了500多万粉丝的信赖。生活中遇到粉丝，朋友们常亲切地称我一声"牛哥"，在太原，粉丝买车、卖车都愿意找我。

2019年，我组建了自己的团队，很快成为行业的百强企业，但我并不想止步于此。二手车是存量市场，只要有新车生产，二手车就会源源不断。我认为二手车一定会迎来爆发的黄金期，谁能抓住机遇谁就能取胜。企业要做大做强，就需要引入更先进的管理理念和更广阔的资源。于是在2023年，我带领团队和卡泰驰共同成立了合资公司。

门店成立后，卡泰驰总部仅派来了三个人。从青岛来到太原的同事目标明确——卡泰驰要把"以用户为中心，以诚信为核心"的理念与并购企业相融合，让"真诚到永远"在二手车行业创造价值，这与我多年来的想法如出一辙，我们的配合也十分默契。对我而言，这是一次全新的起点，也是"牛哥只懂车"的一次全新蜕变。

标准化、规范化带来了长虹的业绩

卡泰驰的加入，为太原门店带来了先进的运营理念和丰富的资源，让每一个团队成员都能找到自己的位置，让人的价值最大化。

卡泰驰帮我们创建了完善的门店目标体系。首当其中的变化，是我们团队的各个节点开始"相互倒逼"。过去所有材料需要我来把关，我做决策，现在每个节点都自驱动地为自己负责，流程清晰，员工也主动创新。太原生态的经理胡晓博开玩笑地说："从前的'牛哥'变成了一个'牛群'！"这正如张首席对"人单合一"新的诠释"鲤鱼跳龙门"，原来的企业像一个水池，所有的人像一条鱼一样在水池中出不来，而"人单合一"就像龙门，让你跳出来，让你自由发挥自己的力量。而卡泰驰带给我们团队的就像是"龙门"，一下子激发了每个人的潜能。

卡泰驰与我们共建了门店的诚信体系。诚信是二手车经营的"金钥匙"，现在我们从收车到卖车拥有全流程明确的规范和标准，而从前是只依赖"牛哥只懂车"的个人诚信。品牌的规范化、服务标准化赢得了用户信任，到店用户增长40%。围绕用户需求，我们调整产品策略，主打中高端车型及部分中低端车型。卡泰驰的加入为我们带来了收入增长的奇迹，半年多时间营收从每月3000多万元增长至6500万元，团队超百人。我坚信，只要心中有梦，手中有卡泰驰，就没有什么是不可能的。

从业10余年，我帮助许多用户选到了心仪的好车，在这个过程中我也收获了许多宝贵的经验。我的办公室墙上一直贴着一幅字——"一意孤行"，表面来看不是褒义词，但我始终用它来鼓励自己，做事情就是要坚定目标持之以恒，无论遇到什么困难都要走下去，坚持初心地走下去。今后，我也会不忘初心，与卡泰驰携手前行，为中国二手车市场的发展添砖加瓦。

创业创新，永不止息

卡奥斯物联科技股份有限公司董事长兼总经理　陈录城

岁月如梭，时光如白驹过隙，转眼间，海尔已历经了40载春秋。我于1995年加入海尔，正是有了海尔这个大舞台，才让我有机会在这里创业创新并不断成长。创业创新精神其实早已融入了我的血液中，从过去到未来，永不止息。

突破"10秒节拍"，供应链无尺度

如果要说我职业生涯中有什么难忘的事情，我在洗衣机厂期间，和团队一起突破"10秒节拍"一定是其中之一。

这件事发生在2003年前后，当时海尔的发展主题是"速度、创新、SBU"，也是海尔市场链流程再造的重要时期，集团提出了实现有竞争力的市场目标的预算体系——T模式：将集团创造订单、获取订单、执行订单的全流程分为13个节点，以按单生产的"T"日为推进的出发点向两端推进，"T-"是对"T"的目标的支撑，"T+"是对"T"日目标的提升。

T模式犹如一盏明灯，给我们的工厂经营指引了方向，青岛洗衣机事业部在践行T模式中也是奋勇争先，打头阵。我们通过全员SBU经营，推进T-1直通率、生产组织等全面预算保障模式；借鉴日本丰田的看板管理模式，创新U线变直线、成套KIT配送等；质量上导入六西格玛管理，培养员工的零缺陷观念，并通过"自主研"精益创新，攻克了工厂生产的一个个难题，事业部也连续五年在集团各工厂稳居第一名，并在2005年生产线节拍一举突破10秒，打破了当时韩国LG创造的世界纪录。

这件事让我有了两个深刻感悟：一是，当年的青岛洗衣机事业部展现出了强大的韧性与勇气，让我以此为荣；二是，围绕着高效率创新，海尔人那种不达目标不罢休的创业精神，让我引以为傲。

"10秒节拍"正是T模式的创新落地，打开了高效率的大门。2007年，集团进行1000天流程再造，组织也进行了重构，我抢单到了白电供应链平台。那时中国企业做供应链管理的并不多，对我而言是一个全新领域。我持空杯的心态，带领团队不断向HP、IBM等专家学习，确定了供应链的战略思路，搭建了供应链的组织架构与运营架构，并与白电各产品部联合，探索出从订单到生产到发货的161周单模式，以满足客户需求为前提执行订单，让T模式实现了更深入的迭代，实现了零库存下的即需即供，大大降低了海尔的原材料库存，库存周转天数（CCC）达到行业领先的-10天。不到5年的时间，我们也从0到1进入了亚太供应链的前10强，行业唯一。

基于供应链创新体系，我们的探索也从精益化向着模块化、柔性化迭代。在模块化的探索过程中，通过全流程模块化的推进，让我们的供应链体系实现了质的飞跃，特别通过搭建海达源供应商管理平台，打造了一个供应商共赢生态，具备开放、零距离、公开透明、用户评价的四大特征，由零件到模块到引领方案，目标由追求成本、质量、交货转变为共同满足用户最佳体验，开创了行业的先河。

当时有一款滚筒洗衣机，用户总是抱怨门窗螺钉生锈，能不能杜绝这类问题呢？找到根源后，供应商通过海达源平台事先交互用户需求，颠覆了产品设计方案，把门窗结构从原来的生产线螺钉组装，颠覆为模块化、一体化，取消了螺钉，完全根治了生锈问题，大大提升了用户体验，制造成本也大幅下降，由此整个洗衣机由200多个零部件变成了20多个模块，为后续的互联工厂奠定了基础。

从"10秒节拍"到供应链管理，再到模块化，海尔高效率的大规模制造日渐成熟。但这并非终点，当时代之风吹来时，以用户体验为中心的迭代进化便注定到来，而我们过去的探索，就是为"再进化"蓄积动能……

"三拆"与"三建",首创互联网工厂

2012年,海尔全面进入网络化战略阶段,提出了智能制造战略。当时集团提出:要以搭建互联工厂为核心实践,探索数字化、柔性化的制造新模式。同时要以沈阳冰箱为样板建成首座互联工厂,开启从大规模制造向大规模定制的转型之路。

什么是互联工厂?这在当时是没有定论的,一切都是未知,我们的每一步都在摸着石头过河。

海尔人的创新精神就是"把不可能变为可能",既然有了方向,哪怕过程未知,我们也敢为人先。

互联工厂的概念提出后,我们就开始牵头筹备新工厂的框架搭建工作,在建设中的沈阳冰箱工厂的基础上,根据工期要求,进行了第一次拆建。

那时,我们虽然知道互联工厂不是简单的自动化流水线,但对它的理解,也基本是实现信息在人与人、人与物、物与物之间自动传递。那次也是对已经安装好的生产线进行全面拆除,这在海尔历史上也极为罕见,但得到的结果不令人满意。

2013年,"工业4.0"的概念席卷全球,时代给了我们又一次学习的机会。参考"工业4.0"的理念,我们对标了当时德国最先进的智能工厂方案,开启了工厂的第二次拆建工作。但仍然是工厂内的改造升级,工厂与用户还没有融合在一起。

两次拆建,虽然有一定成效,但离引领目标还是有很大差距,这时候对整个团队而言,压力巨大,到底应该如何突破,真的没有答案。但目标定了,路虽远行则必至,要实现大规模制造向大规模定制转型,就必须打造以用户体验为中心的互联工厂,消除企业与用户之间的距离。

因此在得到了集团的支持后,我们着手对雏形初具的工厂进行第三次拆建改造。此时,互联工厂的建设思路也得到进一步优化调整:在前工序吸附、发泡等用户个性化需求少的工序,采用高效自动化线体生产;

用户的个性化需求则在总装线来实现。

2014年，全球首座互联工厂——沈阳冰箱互联工厂正式落成，工厂年产能达到150万台，单线产能是传统产线的2倍，可定制化产品种类由20+种提升到500+种，订单交付周期由15天缩短至7天，达到全球引领水平。

第一座互联工厂建成了！它标志着海尔开始引领行业从大规模制造向大规模定制的转型，由以企业为中心转向与用户零距离。在此后的时间里，海尔的互联工厂数量越来越多，智能制造能力也越来越强，但我们忘不了沈阳冰箱互联工厂在此次变革过程中的意义，因为海尔大规模定制的故事从这里开始。

时代的卡奥斯，持续引领未来

时代赋予了工业互联网的新机遇，幸运的是，我也做足了迎接新挑战的准备。在我48岁那年，真金白银对赌了卡奥斯"创全球引领的世界级工业互联网平台"的目标，开启了我人生的二次创业之旅。

沈阳冰箱互联工厂的落成，首创了以用户为中心的大规模个性化定制模式，奠定了卡奥斯平台核心差异化的基础，并不断向数字化、智能化迭代。正如卡奥斯的寓意，是世界一切的起源，是自涌现新物种的生态品牌。我们搭建卡奥斯平台，也正是为了书写"新"故事。

卡奥斯的"新"，是"新智造、新平台、新引擎"。新智造，我们以"三拆三建、敢闯敢试"的精神塑造了大规模定制模式，标志是打造了10座灯塔工厂，行业数量最多；新平台，我们用"勇争第一，不达目标不罢休"的精神创出了工业互联网第一平台，标志是连续五年位居国家级"双跨"平台首位；新引擎，我们打造了革命性的新引擎——智能交互引擎，向着数字经济领导者、新质生产力先行者加速迈进。

我仍记得2017年卡奥斯创业之初，只有一间简陋的办公室，一张会议桌，12位创客……一切虽然显得单薄，但卡奥斯团队坚定地认为我们做的是难而正确的事，一定可以成功！为什么？因为我们有海尔深厚的制造底蕴与卓越的"人单合一"模式支撑，我们拥有了坚实的基础。

卡奥斯平台是个赋能平台，也是个孵化平台，诞生于制造业，却可以孵化出许多的新业态。就像我们今天所熟悉的卡奥斯那样，它先后孵化出了汽车、化工、服装等15个行业生态，与大企业共建，与小企业共享，已经成为行业第一的千亿元生态品牌！

得益于卡奥斯的"与众不同"，卡奥斯担当起了全球引领的工业互联网平台排头兵，扛起了中国方案引领全球的大旗，2017年到2023年，卡奥斯五度亮相汉诺威展，从"威胁"到"欢迎"到"落地"的迭代，获得了包括工业4.0之父孔翰宁等全球专家、机构的广泛认可，向世界传递出中国数字经济发展的底气和信心。同时卡奥斯也成为全球唯一同时被三大国际标准组织授权制定大规模定制国际标准的企业，代表中国抢占了全球制高点和话语权。我们的标准链群在4年多时间飞行了20多万千米，2400多份文件，不分昼夜，在国际舞台上拼命奋争，突破了美国、日本等国的反对，以76.9%的赞成率高票通过大规模定制国际标准，填补了国际相关领域空白。

回顾过去的点点滴滴，从"10秒节拍"到卡奥斯平台，其中的每一步，都凝聚着每个海尔人创业创新的故事。我们将继续踏着时代的节拍，秉承"人单合一"模式指引，自以为非，坚定前行！

以海尔创业精神带动一个新西兰标杆品牌转型

斐雪派克首席执行官兼常务董事　Daniel Witten-Hannah

40年来，海尔用事实证明了一句格言：预测未来的最佳方式就是创造未来。值此海尔创业40周年的重要里程碑之际，我们不仅要庆祝海尔所取得的重大成就，还要回顾我们一路走来所收获的思想、影响和效果。展望未来，我们将秉承创业精神，共同取得更大的成功。

首先，祝贺海尔40年来取得的非凡成就和指数级增长，这是一座令人印象深刻的里程碑。这种成就有时被形容为奇迹，但它与偶然性关系不大，而是与敏锐的洞察力、果敢的领导力和先发制人的行动执行力息息相关。

在斐雪派克和海尔工作期间，我经常回想起职业生涯的三个关键时刻。第一个时刻是在 1995 年，当时我刚取得机械工程学位，是一名刚毕业的应届生，我特意到新西兰的知名家电设计公司寻求一份工作。我从工程实习生做起，跨团队、跨业务领域工作，从产品开发到战略规划，在不同的市场积累经验，创造出完全颠覆现有品类的产品。

第二个关键时刻是在 2012 年，斐雪派克被海尔并购。在我们公司 90 年的历史中，这是一个决定性的时刻，开启了一个探索的时代。因为我们开始将"人单合一"模式应用到我们的业务中，并倡导文化共享，以确保我们将集体的力量投入正确的事情上。

第三个关键时刻是在 2020 年，我有幸成为斐雪派克的常务董事兼首席执行官。这是一个与海尔更紧密融合的机会，让我深深沉浸在"人单合一"模式之中，并在我们的文化转型中采纳、适应和应用这一模式，同时投入于我们雄心勃勃的新引领目标——成为世界第一的奢侈家电品牌。

在海尔的生态系统中，每个企业和个体，都会以独特的视角和经历来看待这场伟大的变革。有的人或许亲身经历了自 2005 年起的那场深刻转型，彼时张瑞敏首席已经引领海尔踏上享誉国际的管理创新之路。而对斐雪派克而言，我们的故事始于海尔由全球布局迈向网络化战略的转型时期，这段历程尤为独特。值此海尔的重要里程碑之际，我想分享一下我们践行海尔创业精神的三大核心要素。

创业精神是开放心态

自 1934 年以来，斐雪派克一直是一家坚韧不拔、不断创新的企业。然而，随着时间的推移，增长和扩张冲淡了这种精神。海尔的全球规模为新产品创新提供了支持，并有能力在战略市场建立新的增长点，同时在新西兰和澳大利亚增强实力。

2012年以来，斐雪派克在海尔的指导下，围绕"人单合一"展开了一系列工作，成功地使之融入我们的业务和文化环境中。这并不是说重大变革的过程是容易的。文化融合很难，但也很重要。对我们公司来说，这需要所有业务层面所有员工的支持，也需要对这一模式抱有信心，更需要坚定不移地专注于创造用户价值，也就是以用户为中心的创新，并以此为动力，使组织能够迅速采取行动，为用户提供服务。

我清楚地记得张瑞敏首席在2019年12月提出的挑战："想想如何让猴子从你的背上下来。"他的意思是，想一想如何能够授予斐雪派克员工自主权，去面对用户，消除彼此之间的距离。同时，分担管理层的重担，培养出更多新的创业者，让所有人都有寻求发展的机会。

在这一点上，张首席一直很清楚：CEO的创业精神固然重要，但更重要的是你能激发多少员工的创业精神。这首先要求我们每个人都要开放。在我们更扁平化的结构中，团队拥有做决策的授权和资源，他们以雄心勃勃的引领目标来衡量自己，这就是指数级增长的原因。

创业精神是引领思维

海尔的"引领目标"概念，即不受时间限制的引领目标，对我思考业务的方式产生了深远影响。引领目标不是专注于逐年递增的增长，也不是专注于在季度收益周期内为股东创造最大利益，而是提供不受束缚的愿景和目标。它们可以帮助你围绕共同愿景建立一个联盟，并了解到现实与愿景之间的差距，以及要缩小差距所需的非线性步骤——无论是5年、10年、15年还是20年。如果没有引领目标，就有可能被困在对现状进行渐进式改进的循环中，失去指数级变革的潜力。一个引领目标能让你明确前进方向，这具有重要意义。

为了实现这一想法，我们可以展望一下自己的宏伟目标，即成为世界第一奢侈家电品牌。奢侈品是一个具有指数级增长潜力的平台，然而，奢侈品的定义一直在不断修正。在不断变化的世界中，健康生活也是一种奢侈品。现代衣橱及其内一系列精致服装，是值得特别呵护与投资的奢侈品。同样，体验也是一种奢侈品，比如，为家人烹饪一道完美的菜肴，或是以一瓶精心窖藏的佳酿，来庆祝生命中的每一个美好瞬间。

从用户的角度理解奢侈品，促使我们将品牌向高端产品、场景、生态提升。我们谈论的是将常规变成仪式，创造美好体验，是因为我们了解用户对定制方案的需求。我们采用学习为先的产品开发流程，在不同的产品类别中推进统一的设计语言，创造出一整套风格相同的产品组合方案，能够形成相互连接的生态系统。我们在一个相同的创新、技术和性能平台上，以同样的严谨态度创造出包含现代、简约、专业、经典四种家电风格的品牌。最终，我们打造出了一套标志性的先进家电产品，旨在为个性化的室内建筑提供支持。

创业精神是协作共赢

展望未来，用户对尊重地球的解决方案的需求日益增长，张瑞敏首席关于合作共赢的思想的确有先见之明。正如一家公司或组织无法为用户提供整体解决方案一样，没有一家公司能够单独解决气候变化的问题。

我是在奥克兰西海岸长大的，那里的景色壮丽多变，有16000公顷的天然雨林和壮观的海岸线。在斐雪派克，这种与大自然的亲近深深地引起了我们的共鸣，可以从我们的品牌形象中看到这种影响。我们要追求可持续发展，这是一个与海尔一起走得更远更快的机会。

我们通过小微进行创新，追求减排。通过斐雪派克零碳智能家居研发机构，与海尔、学术、科学和技术领域的顶尖专家合作，加速产品、平台和整体家居解决方案的颠覆性创新。通过斐雪派克家庭解决方案，将可持续发展和绿色能源转型作为一个指数级增长领域。要实现全球零碳排放，就必须转变家庭能源，根据用户的碳排放目标，将每个家庭重新视为一个微型电网。这是一个产生大规模影响的机会，将海尔和斐雪派克的解决方案扩展到未来的家庭硬件和软件生态系统，也就是互联家电、太阳能、电池储能和智能物联网控制系统。

走向未来

创业的核心是不确定性和预测风险，以及将其转化为增长杠杆的能力。海尔拥有众多业务，它支持创业精神，支持满足用户的需求而不断迭代创新。在短短 40 年间，海尔已成为全球最具创新力的企业之一，我为我们在这个生态系统中所扮演的角色深感自豪。与海尔同行，我们推动着全球最大家电市场的增长轨迹。

通过"人单合一"以及海尔链群合约的共赢，我们正在迈向革命性的目标，从"优秀"到"卓越"，为我们的用户、合作伙伴、员工、公司和社区创造价值。

展望未来，海尔和斐雪派克将秉承创业精神，致力于共同成长，让人们的生活更加美好。

"智爱"无界，创赢未来

海尔智家机器人产业总经理　丁来国

2024 年年初我转换赛道到家庭机器人行业，从外部来看，随着人工智能技术的持续发展，家庭机器人正逐步解锁多样化的应用场景，成为众多企业竞相布局的蓝海，竞争不可谓不激烈；从内部来看，这是集团生态品牌战略阶段规划的第三曲线，既然是第三曲线就承担着推动创新与增长的重要使命。

从家电行业到家庭机器人行业，我们依然在智慧住居生态中，但是两者之间存在明显的不同，家庭机器人行业超越了单纯的用户体验迭代，更强调对用户心智的引领。人工智能时代，我们需要以超前的视角审视当下，主动创造并满足用户尚未明确的需求，这不仅是技术的跃迁，更是用户思维模式的革新。我将此次转型视为一次全新的创业征程，支撑我坚定信念的，正是我在海尔 26 年中形成的创业精神。如集团领导在海尔创业 39 周年纪念会上所说"战略是路，文化是道"。战略与时代不断变化，但不变的是海尔精神，我也想借此机会，回顾海尔如何使我成为一个创业者，海尔文化如何指引我在一次次创业中探索前行。

"赛马不相马"的人才机制给年轻的我一个机会

1998 年毕业后，经历一番曲折，我如愿进入海尔工作，也让我更加珍惜这份向往已久的工作。初入海尔时，集团已经完成多元化战略并步入快速发展阶段，但是面对市场上强劲的竞争对手，我们深知唯有付出超越对手 10 倍的努力，方能立于不败之地。这种外部环境的紧迫感激发了年轻人创业的使命感。而集团也给新人大量机会，将"赛马不相马"的人才理念，体现得淋漓尽致。

1999 年，进入海尔的第二年，我便成为烟台产品总监，并被充分授权，企业将烟台仓库产品的负责权交给我，一个人负责财务、订单、出纳全流程。2001 年至 2003 年，我先后去西宁、长沙任分公司总经理。在这期间，集团提出"SBU"管理理念，每个人都是一个自主管理班组，直面市场。年轻人总是有一种"敢干"的冲劲儿，在长沙期间，1 个月跑了 12600 多千米，跑了长沙 35 个县，12 个地级市，最终完成业绩目标。SBU 培养了我躬身入局的能力，让我能深入市场深入用户，也在我心中播下了创新创业的种子。我一直认为，我们这代人是组织转型的最大受益者。

集团战略引领给了我成长与价值实现的机会

2011 年我去上海任分公司总经理，当时集团已经步入国际化战略阶段，上海作为与国际接轨的重要市场，其市场的突破对我而言不仅是挑战，更是集团赋予的不可推卸的使命。上海的经历，让我找到了我创业的"方法论"——用户体验至上。面对合资品牌的高市场份额，初到上海时会甚至心生畏惧。但"凡墙皆是门"，打破合资品牌这道墙，实现上海市场引领的破局之钥是我们对上海用户的深入调研。

上海用户需求的特点是：偏好打包食物、偏好批量采购且注重存储空间的高效利用，同时应对高昂房价对家居空间的挑战。我们从日本引入的六门冰箱正好满足这项需求，而合资品牌没有这款产品。借助当年春节期间的营销，我们以此优势，打破了合资品牌在上海的绝对引领，六门冰箱一举成为上海市场的第一型号，迫使合资品牌首次采取降价策略。在上海的 6 个月，我见识到了真正的用户，从用户中得到了破局之钥；碰到了强有力的对手，经历了从初时的敬畏到最终超越的心路历程，这一过程更加坚定了我将"用户体验至上"作为工作核心的信念。

2013 年，我抢单卡萨帝品牌总经理，彼时的集团拥有全球第一的冰箱和洗衣机的市场基础，为我们提供了研究高端用户、满足高端用户需求的坚实市场基础。同时集团拥有国际高端的技术资源和设计资源，为卡萨帝后来持续领先对手一到三个品牌代际奠定了资源基础，让我有幸亲历并见证了卡萨帝品牌成为中国高端家电第一品牌。

在做卡萨帝品牌期间，我们采用超过 100 个维度细致描绘卡萨帝的目标用户画像，聚焦于仅占市场 0.3% 的精英群体，提出了"为爱而生"这一品牌价值主张，以及"为完美永不妥协"的品牌精神，深刻诠释了卡萨帝对品质与梦想的执着追求。曾有一位年轻的大学生和我反馈卡萨帝的价格太高，我的回复是，卡萨帝是贵，因为你可能还不属于卡萨帝的目标用户的一部分，但在未来你有所成就，你选择卡萨帝的那一刻，你收获的不只是一台洗衣机，而是一个梦想。卡萨帝的经历让我在精准的用户定位与用户需求研究中，更进一步。

创赢未来，探寻人工智能时代用户心智价值

回到当下的机器人行业，今年是我来海尔的第 26 年，在 AI 浪潮中，我仿佛被赋予了不息的青春活力，那份自初入海尔便深植于心的创新创业之火，历经挑战与重塑，越发炙热。海尔的创业精神将我从一个懵懂学生培养至今，又赋予如今的我一个年轻心态,让我去拥抱新的时代机遇。

集团对家庭机器人行业的指导是，要找到"突破点"，过去的经验让我坚信这个突破点依旧源自用户。创业40周年，集团在智慧家庭领域积累的众多终身用户，为家庭机器人行业提供了良好基础。如今步入人口老龄化阶段，老年人的陪护场景将是未来家庭机器人产业的突破点，既能够解决人口老龄化的痛点问题，又能够帮助在外工作的子女照顾父母，促进科技与亲情的融合。人工智能时代要求我们不仅在产品与用户体验上追求卓越，更要深入用户的心智层面，捕捉并满足那些超越物质需求的情感与心理诉求，探寻用户心智价值。这既是对"用户体验至上"理念的深刻实践，也是我在新赛道上对用户价值探索的进一步延伸。

收到创业40周年征文邀请之时，我正在重读一本书——《人工智能真的来了》。这本书是2017年著名主持人杨澜赠予我的。书中一句"AI改变世界，那谁来改变AI？"，我想就是我们这个行业，而我们要做的是让AI传递"爱"，期望通过我们的努力，让AI技术融入人文关怀，引领智慧家庭生活的美好未来，这也是我此次创业旅程所追寻的价值主张。

活火于心，坚定前行

海尔智家小家电产业总经理　杜毅林

"海阔凭鱼跃，天高任鸟飞"

那一年，海尔已突破百亿元规模，在中国家电行业脱颖而出。海尔'砸冰箱'的壮举不仅响彻业界，更在用户心中深深烙印下"真诚到永远"的品牌信念。身处这一辉煌历程之中，我目睹了一个个品牌创立与奋斗的传奇，内心深受触动。我深知，自己也即将踏上这条前辈们曾走过的奋斗之路，心中充满了激动与期待。然而，一切还需从最基础做起，从生产线的各个岗位，到办公室的市场支援，再到市场最前沿的零售岗位，每一天的"日事日毕，日清日高"都如同晨钟暮鼓，激励着我不断向前。

1999年1月，我迎来了职业生涯中的首个挑战，被派往长沙中心负责彩电市场的开拓。这对我来说是一个前所未有的考验和挑战。尽管当时的忐忑与不安已渐渐模糊，但那段与团队并肩作战的日子依旧清晰如昨。白天在销售终端奋力拼抢，晚上归来进行日清总结与培训，直至深夜还在与团队共商次日的工作计划，每一个细节都历历在目。正是我们扎实的终端工作与不懈的努力，使得五一期间新品上市时，成功点燃了长沙市场的热情。在长沙最繁华的友谊商城，海尔彩电五一当天的市场份额竟超过了50%，甚至出现了断货的情况。这迫使商城的欧总破天荒地亲自跑到我们办公室求货，并明确表示要将海尔彩电作为主推产品。那一年，友谊商城的海尔彩电零售份额位居第一，也带动了长沙市场的整体突破。我与团队用汗水与青春交出了第一份满意的工作答卷，我也从一个稚嫩的大学生迅速成长为一名真正的海尔人。

"千磨万击还坚劲，任尔东西南北风"

随着时代的发展，市场环境的不断变化，连锁渠道迅速崛起，渠道和品牌之间的博弈不断加剧，与此同时海尔又开始了再一次变革。

SAP系统上线，产销全流程打通，以零售驱动销售，回款成为销售的开始。这些在今天看来正常不过的事，在当时对销售体系是前所未有的挑战。而我们面临的挑战还远不止这些，实现"零库存下的即需即供"才是真正的课题。此时我负责全国最大的连锁G客户，需要在SAP系统支持下，取消传统的TC仓中转，所有产品必须按客户要求从海尔的不同工厂下线，在预定的时间里准确送到全国的上百家门店里。刚开始，我觉得这是不可能做到的，要解决、协调的环节太多了，我们不但要自己变革，还需要客户和我们一起变，要颠覆整个行业的做法。

正当我迷茫不知所措时，周总的一番话让我豁然开朗：海尔的核心在于推动模式创新，引领行业发展，创造价值并与客户实现共赢。优秀的合作模式应建立在双方紧密合作的基础上，让客户对我们产生高度依赖。经过团队的不懈努力，我们成功攻克了这一难题，实现了与G客户的系统直接对接。在新的运营模式下，我们实现了总部集采的周下单、周回款、周到货的高效流程，客户的资金周转效率因此提升了40%以上。同时，海尔在全渠道的份额也持续攀升，稳居行业领先地位。

海尔的每一次变革都充满了挑战，但正是这些自我变革，让海尔在激烈的市场竞争中立于不败之地。而"人单合一"驱动我主动拥抱变化，突破自我限制，把每一次的不可能变为可能。

"今日长缨在手，何时缚住苍龙"

如今的我抢单到小家电产业，在新的机遇下开启了新的征程。我们的目标是承接智家战略，实现海尔小家电产业转型，成为全球引领的高端小家电品牌。这是一个艰巨的挑战，但海尔所有成功的事业，都是一代代海尔人从零开始一步步奋斗实现的，创业创新的精神已经根植于每一位优秀的海尔人心中。

小家电产业基础相对薄弱，我们深知差距非常大，因此更需要目以为非，扎扎实实地修炼内功。在两年不到的时间里，我们从无到有，开放吸引行业一流人才及资源，初步完成自主企划自主研发的转型。在聚焦提升用户体验的过程中，我们对传统的质量体系和服务模式进行了全面升级，从质量前置到推出"以换代修、自助换修"的数字化服务流程，小家电的整体用户口碑提升65%。当下，我们正在加速全球研发平台的建设，并坚定不移地推进产业高端转型，今年6月，全球第一款智能识别衣物的卡萨帝熨烫机成功上市，解决了行业无法熨烫丝织物的痛点，给高端用户带来全新的体验。在这筚路蓝缕的创业历程中，我深感团队的每位创客，都视小家电产业为自己的事业一般，充分发扬了"两创"精神，开拓着属于自己的新天地。

岁月如梭，回首在海尔的26年历程，我深刻体会到了成长的艰辛与喜悦。每一次的挫折与挑战，都是对我意志与能力的磨砺。我学会了如何在压力下保持冷静，如何在困境中寻找机遇，更学会了如何与团队并肩作战、共同成长。40岁的海尔正值壮年，傲立全球、生机勃勃。我庆幸我还是那个初入海尔、满腔热血的少年，和新生代的海尔人共赴征途。"长风破浪会有时,直挂云帆济沧海。"我相信,只要活火于心,坚定前行,我们一定会实现海尔更远大的梦想和追求。

踏着时代节拍,我与海尔共成长

海尔智家水联网总经理 管江勇

海尔40载波澜壮阔,犹如一艘巨轮,自昔日的小舢板蜕变为涵盖多元生态的庞大舰队,在历史洪流与行业竞技的交织中,扬帆远航,勇往直前。而我恰在青春年华之际,踏上了这艘承载着辉煌历程的航船,是海尔快速发展的见证者也是亲历者。更是借着海尔这艘永不停息的巨轮,书写着自己的成长历程。

在海尔,文化基因为我注入奋斗的梦想

2001年,一个交织着希望与挑战的纪元之初,正值互联网初露锋芒之际,我满怀着对未来的无限憧憬加入海尔。初入公司首要迎接我们的便是海尔文化的深度熏陶,自此,企业文化的精髓如种子般深植于我心田。

进入海尔一年后,我抢单到了哈尔滨分公司,担任客户经理和工程经理。那时,"洋品牌"家电正加紧其在中国市场的战略布局,而国内品牌则深陷价格战的泥潭。作为一个对市场残酷性尚缺乏深刻理解的新人,我在一次客户谈判中遭遇挫折,原本满腔的热情仿佛被现实的冷水猛然浇灭——我意识到,市场的征途远比想象中更为崎岖。我也曾在零下30多度的哈尔滨街头徘徊,偶然间看到了由吴天明执导的影片《首席执行官》,影片中的场景与企业文化培训中强调的"两创精神"不谋而合,老一辈海尔人将个人梦想与企业命运紧密相连的壮举深深触动了我,重新点燃了我为梦想奋斗的热情。受此激励,我开始密切关注当时房地产市场升温对家电市场的潜在影响,积极探寻与地产商合作的新机遇。在总部的流程支持和产品保障下,我成功拿下了一个又一个订单,为海尔在哈尔滨市场的拓展贡献了自己的力量。

自此，海尔文化的基因为我注入努力创新的活力和创业的激情，也是从那时起我将青春时代的梦想与企业发展紧紧连在一起，并一直持续到现在。

在海尔，责任担当教会我脚踏实地

前不久在央视《对话》节目中，周总引用了黑格尔的一段话："一个民族一定要有一群仰望星空的人，这个民族才有希望。"同样，一个企业、一个团队也需要一群仰望星空、脚踏实地的人。

2016年，家电市场遭遇了前所未有的挑战，互联网转型的浪潮与渠道变革的风暴让行业面临着更为严峻的考验。任何跟不上时代步伐的企业都可能迅速被时代的洪流所淹没。也是在那一年，我抢单到郑州分公司，面对河南9800多万庞大的用户群体，我深感肩上责任的重大，这份沉甸甸的压力，却也在无形中锤炼了我，使我形成了受益终身的工作作风——脚踏实地，勤勉前行。

在河南这片广袤的土地上，我们覆盖了17个地级市、21个县级市、83个县、53个市辖区以及1791个乡镇，每一步都坚实地踏出了市场创新的足迹。在郑州分公司任职期间，我身兼小微总经理与产品经理两职，不仅要对每一款产品了如指掌，更要带领整个团队——包括网络主管、产品总监及网络人员，回归产品原点，寻找突破与创新。记得有一次月度例会，大家激烈讨论着产品卖点，逐个"通关"讲解练习，原定一下午的产品知识头脑风暴，不知不觉拉练到深夜。第二天，大家带着这股子兴奋劲儿走向终端，讲给客户和直销员，得到大家的一致认可。在那一刻，我们感受到了产品的魅力，也更坚定"空谈不如实干"，唯有脚踏实地才能把市场做好。我们不仅在产品研发上脚踏实地，更在服务客户上倾注心血，建立了"心桥"沟通群，确保24小时即时响应，不让任何一个问题过夜，不让一丝不满情绪淤积。这份决心与务实，不仅赢得了客户的信赖，更展现了我们团队的专业与高效。

海尔给予我的责任和担当是我不断成长的阶梯，脚踏实地则是成长路上的基石。我始终相信，脚踏实地用脚步丈量过的市场，一定能开花结果。

在海尔，"两创精神"鼓励我敢于打破

成长，是不断从内在向外突破自我的过程。2018年，我抢单成为水联网平台主，面对市场份额、规模扩展及产品体验等重重瓶颈，我感受到了前所未有的压力。在深入调研并了解团队士气与现状后，我意识到：要突破外部的激烈竞争格局，首要任务是从内部进行革新与突破。

在技术研发和用户体验的提升上，我们勇于挑战"不可能，从不可能到可能"。首先，我们从用户体验的痛点出发，深入分析产品存在的短板，在审视用户反馈时，热水器漏水问题被凸显为首要难题，经过解剖上百台漏水热水器发现，焊缝是解决漏水问题最大的挑战。能不能将焊缝取消，团队开始认为这根本不可能，行业从未有先例。但我激励团队，我们的使命正是要打破常规，开创先河！为了攻克这一难题，我们做了上万次实验，整合行业一流资源，将跨领域的深拉伸技术应用到热水器内胆上，金刚无缝胆最终从不可能成为可能，这也打破了行业的传统认知。

智能制造转型中，打破"差不多"的观念，从差不多到追求极致。生产工艺差不多、成本差不多，这种差不多的观念让我意识到极大的风险，要实现行业绝对引领，团队中这种观念要不得。从产品成本入手，我带领大家逐个分析零部件，一台燃气热水器有157个零部件，这个数字我至今铭记于心。大到一个换热器，小到一个螺丝钉，我们都要研究到极致，为此每周的全流程会议上我们持续跟踪了几个月。团队中再也没有"差不多"的观念，面对极致的用户体验目标，每个人都敢于对过去的经验说不。

追求市场目标中，打破"该谁干"的观念，从营销部门单干到全流程拉通一起干。面对互联网营销模式的转变，李总多次提到营销的变革，"用户在哪，我们的内容就要在哪。用户喜欢什么，我们就要做什么"。

新的营销内容模式下，不是单单靠一个部门、一个组织就能干好的，要打破组织的界限，大家一起动起来。为此，我和团队研究构建全流程无断点的高效一体化营销体系——向前端拉通研发、企划、产品，实现内容一体化；向后端拉通渠道及终端触点，实现对用户需求的精准捕捉与高效响应，希望以此组建为全域触点协同作战的无边界组织，最大化发挥营销的内容价值，创造用户最佳体验。

敢于自我突破，既需要创业的勇气，又要有创新的魄力，这正是海尔两创精神给我的启示。而企业作为坚强后盾赋予了我勇于打破常规的信心与力量，激励我不断向自我发起挑战，持续成长与进步。

在海尔，变革挑战鞭策我永远"自以为非"

时代的永恒主题是不断变化。随着前行步伐的加快，我越能体会到"永远战战兢兢，永远如履薄冰"这句话的真谛。在当下市场环境的急剧变迁中，我始终保持高度的警觉，不敢有丝毫懈怠，变革的浪潮不断告诫我：要永远保持自我质疑，勇于自我否定。

从市场布局的变革看，从国内走向海外要争分夺秒，尽管已开始布局独联体、南非、印度等市场，但仍需应对产品当地化、营销当地化等挑战，以及布局全球网络更大市场的破局考验。

从品类发展的变革看，每个品类实现引领是我们坚定的目标，我们虽然在电热、燃热、热泵热水等品类上已经实现绝对份额引领，但采暖炉、净水等薄弱品类未实现绝对第一。

从专业渠道转型的变革看，尽管已组建基本暖通团队，打造部分样板门店，但在提升高端用户认知度、增强专业设计施工及渠道推广能力上，仍需加速推进。

这些变革带给我紧迫感和使命感，于挑战与机遇并存的风口浪尖，我们誓做自我否定的革新先锋，勇敢地走出舒适区，用新的思考和实践不断变革与创新。唯有怀揣坚定不移的信念，脚踏实地地去探索创新，才能勇立时代的潮头。

"多少事，从来急；天地转，光阴迫。"历经 40 年的风雨历程和岁月沉淀，海尔仍踏着时代的节拍不断前行，而我也将与之同行，坚持自以为非，坚持脚踏实地，牢记 23 年前的梦想和初心，不辜负责任与担当。

"鲤鱼"找到了"龙门"

海尔智家洗涤产业美式滚筒高级研发经理　侯永顺

我曾经是意气风发的少年，想闯出自己的一片天。后来，我成为一条幸运的"鲤鱼"，找到了职场的"龙门"——我深爱的海尔，并能够在这个大平台上给全球用户创造价值。

2005 年，我非常幸运加入了海尔。那时，海尔正值全球化品牌战略发展阶段。我在滚筒洗衣机开发部参与了澳大利亚第一款 5A 级滚筒新产品的研发工作。当我第一次通过邮件与澳大利亚客户进行技术、规格和当地化测试的交流时，我的内心抑制不住地激动和兴奋。一想到自己所做的产品有一天要卖往成千上万的澳大利亚用户家里，我就浑身充满了干劲。后来，经过团队的努力，我们的水耗 5A 产品成功走进了澳大利亚用户的家里。

参与完澳大利亚新品研发项目之后，我们又开启了更难、更富有挑战的大 GAEA 项目，改变滚筒洗衣机传统高度，达到符合人体工学 1.2 米的高度。这倒逼我们要更加创新，甚至突破行业的思维逻辑，去重新设计结构以及相关系统。当时，全都是空白的领域。幸运的是，集团实施了"N+1"研发模式。我们整合了日本优秀的专家资源，连同国内的资深研发团队，最终成功上市了新款产品，售价高达 10000 多元。在这个过程中，我也成长为一名合格的项目经理，带着伙伴们一起从事滚筒洗衣机的研发工作。继大 GAEA 项目后，我们又成功研发了小 GAEA 复式高级滚筒、复式二代 1427RH、复式经济型等一系列卡萨帝产品。

我很庆幸在海尔遇到一批志同道合的同事，得到很多资深洗衣机研发专家的指导和支持，打造了一款又一款能够给用户带来最佳体验的好产品。

"人单合一"模式打破了边界，让人人都可以发挥自己的才能，为用户创造价值。这种开放的环境给大家打开了一扇门，不仅是"鲤鱼跳龙门"，更是"群鲤跳龙门"。在"人单合一"的引导下，我跨上了更高的平台，成为洗涤设计小微H的小微主，组建了自己的团队，同时也接到具有挑战性的美国大滚筒UFFL项目。

这是集团收购GE Appliances以来第一个洗衣机合作的大项目，产品规格和领域是我们从未探索过的空白区域，对美国用户的使用习惯、产品需要具备的实验性能等，各种指标都是未知数。更具挑战性的是，中国青岛与美国路易斯维尔有黑白完全颠倒的时差。

团队开会经常到半夜，每次回家看见的都是爱人和孩子沉睡的脸庞。如今，从事大滚筒的研发工作七年了，回首无数个奋战的日日夜夜，我觉得无比欣慰。当年我想，集团把这么一个大项目交给我们，无论有多大的困难和挑战，我们都必须克服。最终，在跨国团队的高效协同下，大滚筒上市即大卖，销量达数百万台，给数百万名美国用户带去了好的产品，给企业创造了美誉度。这份付出和辛苦——值得。

UFFL系列大滚筒上市后，我们又企划研发了新的行业引领产品——超高效热泵洗烘一体机COMBO，单型号年销量达20万台，洗干一体机市场份额第一。我们团队也得到了集团的认可。

三生有幸，我参与了海尔集团20年的发展历程。在这里，我收获了爱情，更收获了终生的事业。我感恩海尔每一位同事的帮助、每一位前辈和专家的培养，我很幸运能在海尔这个国际化大平台上创业。

衷心祝福我们的海尔在未来更加美好，在商海中乘风破浪，勇往直前，所到之处，一路生花。

与海尔共赴转型与创新之旅

通用家电总裁兼首席执行官　Kevin Nolan

值此海尔集团 40 周年庆典的重要时刻,让我们共同回顾这段并肩奋斗的非凡历程。

过去的八年里,海尔与通用家电的融合,重新定义了我们服务美国市场用户的方式。通过融合海尔开创性的管理理念,我们实现了前所未有的增长、更好的创新和真正的价值创造。

管理与创新的新纪元

2016 年,海尔并购通用家电,开启了一个时代的变革。作为一名工程师,我的职业生涯始于 35 年前的爱迪生工程师培养计划。我先后在各种岗位上历练,最终成为通用家电的首席执行官和海尔的首席技术官。

我承认,在并购初期,如何将海尔的商业模式与我们既有的美国业务体系相融合这件事,让我感到颇为棘手。然而,与海尔管理团队并肩作战,并深入体验其企业文化后,我迅速意识到这一变革将为我们的企业发展带来积极的影响。实际上,这一融合不仅引发了我们整个组织理念的深刻转变,更助力我们成长为具有引领型的企业。

与我们之前的母公司不同,海尔的"人单合一"模式促使通用家电更加聚焦价值创造,价值创造成为我们转型路上的核心驱动力。

对我而言,海尔的独特视角令人耳目一新,其理念与我对公司未来的憧憬不谋而合。在海尔的引领下,我们的变革之旅远非单纯地采取新做法,而是从根本上诠释了作为行业引领者的真正含义。这一转变在业绩上得到了体现:自 2016 年起,我们实现了双位数增长。我们成为美国家电市场增长最快的公司,并连续两年成为美国第一名的家电公司。

践行"人单合一"模式

海尔"人单合一"模式的核心理念在于实现"与用户零距离",并将每位员工视为企业的创业者。这一模式彻底颠覆了传统,引领我们步入组织变革的新纪元。该模式通过下放决策权至企业内部的小微企业,赋予它们高度的自主权和创业精神,使之能够灵活应对市场变化,并直接基于用户反馈快速创新。这一变革打破了传统层级结构,形成众多小而灵活的组织,成功在员工心中激发了强烈的归属感和责任感。

这一方法彻底颠覆了我们的创新流程,我们在肯塔基州路易斯维尔打造的 FirstBuild 开放式创新平台便是这一变革的生动例证。该平台旨在搭建起与用户紧密合作的创新桥梁。在 FirstBuild 平台上,真正的话语权掌握在用户而非管理层手中,用户可以自主决定哪些产品值得被孵化和投资。这种自下而上的创新模式,确保了我们的研发成果能够精准对接用户需求,从而大大提升了研发效率和盈利能力。

FirstBuild 是践行"人单合一"理念的生动实践。我们坚持向社区开放,让多元化的创意与视角融入我们的创新流程。这样的合作氛围,催生了包括 GE Profile Opal Nugget 制冰机、智能室内焙烤机等在内的多款明星产品。这些产品并非传统市场调研的产物,而是源自与用户和社区的深度互动。这种共创模式颠覆了现状,有效降低了新产品开发的风险,并极大地提升了我们的创造力,让我们能够推出更多、更好、更受用户喜爱的产品。

文化转型与用户至上

过去的八年,我们经历了从"企业中心"到"用户至上"的深刻文化变革,这一转变成为我们转型升级的关键驱动力。我们告别了以往的风险规避与官僚主义氛围,步入一个鼓励探索、倡导灵活应变的新时代。如今,我们的小微能够迅速捕捉市场变革,精准响应用户需求。

以热爱户外生活的员工为例,他们发掘了潜藏的商机。通过与房车行业携手合作，共同创立了一个专注于休闲生活的新小微。这一创举，不仅彰显了海尔人勇于开拓的创业精神，更是我们不断探索创新、挖掘新市场潜力的生动写照。

我们的文化转型，绝非简单的流程再造，而是深层次的思维革新。我们秉持持续学习、不断适应的核心理念，这在日新月异的市场环境中显得尤为重要。在海尔的引领下，我们鼓励每一位员工勇于尝试、敢于挑战，并从每一次失败中汲取经验。这种氛围催生了浓厚的创新文化，让新思想得以在这里生根发芽，茁壮成长。

我们对"用户零距离"的承诺，彻底颠覆了产品开发的传统模式。我们主动邀请用户参与创新过程，确保产品紧贴用户的真实需求与期待。这种直接的联系，让我们打造的产品，能够真正与市场共鸣，进而巩固品牌忠诚度，提升用户满意度。

共创：打造战略新高度

共创已成为我们创新战略的核心支柱。通过直接与用户互动，邀请用户融入我们的研发过程，汇聚起社区用户无尽的创造力与深邃的洞察力。

基于 FirstBuild 平台的成功经验，我们在康涅狄格州的斯坦福德市，建立了 CoCreate 联创中心，集先进制造工厂、社区创客空间与前沿设计中心于一身。CoCreate 是我们对开放创新理念的生动诠释，为我们搭建起了一座交流、创新与启迪的桥梁。这一平台，不仅加速了产品的创新步伐，更增进了我们与客户、用户之间的联系，使他们成为我们创新征途上不可或缺的同行者。

市场的热烈反响，是我们共创成果的最佳证明。以智能室内熏烤机为例。这款产品的诞生是烧烤爱好者群体与我们紧密合作的产物，他们在研发全程中贡献了宝贵的意见与反馈。这种携手共创的模式，让产品极富创新性，并与市场需求高度契合。而该产品在 Indiegogo 等平台上的耀眼表现，更是对我们共创策略有效性的有力证明。

CoCreate 将共创理念推向了新的高度。它巧妙融合了制造能力与用户驱动的创新空间，让我们能够在现实情境下，迅速制作模型，孵化并测试新想法，进一步缩短了新产品上市的时间，降低了成本。通过让用户深度参与每一个研发环节，我们确保了创新成果不仅站在时代前沿，更紧密贴合用户的真实需求与偏好。

利用人工智能共绘数字未来

展望未来，人工智能（AI）在我们的战略中扮演着至关重要的角色。正如互联网改变了我们的生活方式和工作模式，我相信那些选择忽视AI的人将会被时代抛弃。对我们来说，AI正成为一种变革性工具，使我们能够更深入地了解用户，优化我们的运营，并以超越竞争对手的速度进行创新。拥抱AI，对我们而言，不仅仅是跟上行业趋势，更是在引领这些趋势。

我们的企业文化允许员工在安全的环境中试验人工智能，探索其增强我们产品性能和运营能力的潜力。我们特设"AI Playground"，为员工提供试验与学习的安全场所，营造创新文化。通过AI工具和资源触手可及，我们充分赋能团队在各个业务领域探索新应用、推动创新。

AI使我们能够从海量数据中提炼出前所未有的智慧见解，帮助我们持续优化生产流程，不断提升产品质量与客户体验。

我们与谷歌云携手打造的SmartHQ用户应用程序，正是AI赋能的成功代表。其中的Flavorly功能，能够根据用户冰箱中的食材，为用户量身定制烹饪方案。与谷歌云携手，我们以个性化、实用化的解决方案，改善人们的日常生活，展示了AI在为用户创造价值方面的巨大潜力。

迈向可持续发展的未来

可持续发展是我们未来愿景的核心。我们致力于开发增进地球福祉的解决方案。我们与Savant和Tantalus合作开发的Eco-Balance系统，就是一个实现净零能源的解决方案，充分展示了这一承若。这一创新解决方案集成了可再生能源、节能电器和智能家居技术，创建了净零能源家庭。通过与 Savant 和 Tantalus 等行业领导者合作，我们正利用尖端技术和专业知识开发既惠及用户又有利于环境的解决方案。

此外，我们与核心战略伙伴谷歌云及美国领先的杂货零售商克罗格合作，重塑用户搜寻食谱、采购及烹饪的全流程，将可持续理念深深根植于人们的日常生活之中。通过将我们的智能电器与前沿的应用程序和服务无缝对接，我们让用户能够更加高效地准备餐食、选购食材并高效烹饪，帮助减少食物浪费。通过这一系列合作，我们试图打造全方位的解决方案，在提升用户生活品质的同时，推动社会可持续发展。

对家电的未来展望

家电的未来在于构建全面提升居住体验的智能互联生态系统。在通用家电，我们超越传统家电的范畴，拥抱崭新的未来：我们的家不仅仅是居住的空间，更是促进我们幸福、舒适乃至地球健康的积极力量。

我们对未来的展望，是持续深耕智能家居生态系统。这一系统将家电设备、可再生能源方案与人工智能技术紧密融合。这些生态系统不仅能够带来便捷与高效，更将助力可持续的生活方式。凭借我们在家电制造领域的深厚积累及对创新的不懈追求，我们致力于成为行业的引领者，为用户打造既智能又环保的家居环境。

我们聚焦开发既能提升用户生活品质又能尽量降低环境负担的产品与解决方案。例如，我们革命性的 GE Profile Combo 洗干一体机，为减少能源消耗而不减损任何性能优势而设计。这款创新产品将洗衣机与烘干机结合在单一机体中，为用户带来前所未有的便捷与高效。Combo 通过采用先进技术优化水电使用，帮助用户节省时间、金钱及能源。结合我们的 EcoBalance 系统，帮助用户打造既舒适又环保的高效家居。

此外，我们还在不断探索提升家电互联与功能性的新途径。通过整合人工智能与物联网技术，我们正在创造能够相互通信以及与其他智能家居设备互联互通的智能家居解决方案，为用户带来流畅便捷的无缝体验。这些创新不仅让我们的产品更加便捷易用，还使我们能够提供新的服务与功能，进一步提升产品的整体价值。

海尔集团成立40周年不仅是一座里程碑，更是一场庆祝我们共同成长与创新旅程的盛会。在海尔集团前瞻性领导力和创新管理理念的指引下，通用家电经历了深刻的变革。我们秉承共创文化、创业精神和以用户为中心的理念，实现了业务的持续增长和市场领先地位。

展望未来，我们仍致力于突破行业边界，探索更多可能性。我们将继续与海尔同行，坚持创新，提供改善人们生活的解决方案和体验。这段旅程证明了融合的力量，以及与海尔共同成长的无限潜力。

通用家电的未来光明可期，我们坚信，与海尔同行，我们将继续在家电行业树立创新与卓越的新标准。感谢海尔与我们一同走过这段非凡的旅程，让我们共同创造更多辉煌。

用赤诚与梦想奋战上海滩

海尔智家上海分公司总经理　李计坤

我是李计坤，一个市场营销人，也是在海尔市场一线已经干了26年的"老兵"。

这26年，我始终保持与海尔用户之间的零距离，我与海尔的故事很多，但最重要的三段经历，我始终铭刻于心。

与张首席近距离接触，他的一句话点醒了我

1998年，毕业不到半年的我，在支付了当时堪称"天价"的5000元离职违约金后，走进了这座"梦想之城"——海尔。

从最基层的空调生产车间工人、业务员、产品经理，我一路快速成长，25岁就成为海尔集团第一批工贸公司总经理。职业生涯看上去顺风顺水，但也不出意外地遭遇了我的第一次职场"大考"。

2000年前后，随着互联网大潮席卷而来，海尔集团顺应形势主动

变革，撤销原来的区域营销中心，成立了工贸公司。同时，客户提货的方式全部改为现款现货。新政策引起了市场一片哗然，因为代理商习惯了先拿货再付款，现在要求他们现款现货，纷纷表示不愿意跟海尔合作了。

当时，我作为武汉区域市场负责人，面临销售额连续六个月下滑、团队人员流失、多产业合并后对业务不熟悉等问题，一时间陷入艰难的困境。

此时，海尔集团的首席执行官张瑞敏先生来到武汉考察市场。他没有批评我市场没做好，反而说了一番令我至今记忆犹新的话："互联网改变的是沟通方式，不变的永远是与用户之间的零距离。"他言简意赅又高屋建瓴的话语，犹如醍醐灌顶，让我仿佛在暗夜中突然找到了光亮。此后，在集团一系列指导和营销支持下，武汉市场迅速扭转了颓势，销售回升，我也在武汉打开了新局面。

奋战上海滩，啃下硬骨头

2011年，我怀着忐忑的心情，抢单上海区域小微主。这个全国消费潮流的引领之地，也是国产家电品牌最难啃的一块"硬骨头"。

与国内其他城市和区域相比，上海经济比较发达，居民收入水平较高。同时，上海市场由于较早、较深入接触西方文化，更喜欢购买外资品牌，尤其是高端市场长期被外资品牌牢牢占领着，国产品牌很难切入。

但我坚信：最好的家电来自海尔，未来有一天，海尔一定会站在高端市场最显眼的位置。当时，我跟朋友们"吹牛"，海尔不仅能打败外资，还能成为上海滩高端市场的第一品牌。

当然，为了实现这些"豪言壮语"，背后要付出百倍甚至千倍的努力。在深入分析上海区域竞争形势的基础上，我和团队以心智占领和精准引流为突破口，实施品牌升级和精准营销，同时注重开展新用户培育和老用户复购活动。

为了达到品效销合一的营销价值最大化，上海团队开展与连锁、联盟、建材、家装、独立设计师等渠道的深度合作，持续经营金融、

MBA、设计师、汽车、投资等卡萨帝高端圈层"朋友圈",积极推动执行集团高端、智慧、场景、生态品牌策略在上海本地的落地细化方案。那时候,我和团队就像给树苗剪枝一样,事无巨细,一根枝条一根枝条地修剪。锁定一个用户,成交一个用户,服务一个用户,留存一个用户。

没想到,10年不到,我给自己设立的小目标都一一实现了。2018年,卡萨帝冰箱成为上海高端家电市场的第一品牌。同时,公司在品牌营销、模式创新、市场开拓等方面不断引领行业风向,销售业绩蒸蒸日上。正如诗中所言:"万山不许一溪奔,拦得溪声日夜喧。到得前头山脚尽,堂堂溪水出前村。"海尔和卡萨帝品牌已形成不可阻挡之势,在上海快速扎根、生长。

扬帆奋进,探索发展"上海模式"

近年来,国内家电市场面临重大调整,行业由增量市场迅速进入存量博弈的新阶段。海尔作为行业的"领头羊",也在加速蜕变,集团提出"场景替代产品,生态'复'盖行业",推出了全球首个场景品牌三翼鸟,发力智慧住居赛道,推动全球高端创牌……这些战略规划,为我们的一线工作指明了方向,而我们所做的和能做的,就是全力以赴,落地战略,创造价值。

2019年,集团规划在上海开设海尔智家001号体验中心。上海团队在6个月内,马不停蹄地选址、谈判、装修,完成了新店建设。那一年,集团的9·20"人单合一"峰会首次落址在上海举办,我和团队所有成员都感到无比荣幸和骄傲。海尔智家001号体验中心建成后,在行业内引起巨大反响,政府相关部门、生态企业前来参观交流,络绎不绝,因此海尔的"朋友圈"范围更广了,成为家电行业的现象级事件。该店的销售业绩也非常亮眼,大额订单不断,目前最高一笔订单达到648万元。

在市场多变的情形之下,我和团队积极探索渠道创新。以前,海尔在上海市场的布局类似于"游击战",没有规模大店,而且建店位置也是随机选择的。如今,在零售渠道加速碎片化的时代,上海市场80%以上的连锁店退出，实体店正在大量消失，零售网络出现了空白。根据这一现实情况，上海团队快速应对，制定了"1+N网络策略"，深化零售模式转型。

到2023年年底，在上海八大核心区域的8家上千平方米面积的大店全部落成，同时全方位布局Shopping Mall店、建材商圈店、三翼鸟店、生态融合店，再到与社区用户交互的"毛细血管"量子小店，各类触点在全上海16个区近百条街道保障海尔品牌无缝覆盖、无感体验，真正实现了"用户在哪里，触点就建在哪里"，同时响应了政府提出的一刻钟便民生活圈建设。上海市场也成功地从"游击战"，转型升级为韧性更高、战斗力更强的"阵地战"。如今，由上海探索开展的新零售模式，已经在海尔集团全国推广。

回顾在海尔奋斗的26年，我更加认同海尔的企业文化，认同海尔提出的品牌理念，一切创新都基于用户需求，哪里有用户，就去哪里。而我也始终保持年轻的心态，把每一天都当成入职的第一天，满怀激情，昂扬奋进，强化用户思维，践行"人单合一"模式，用实际行动，践行对公司的责任和对用户的承诺。

海外入"海"，乘风破浪

海尔智家全球研发协同平台总经理　李建武

结缘：在全球化的路上

第一次听说海尔时，我在上海交大制冷工程专业读大三。青岛电冰箱厂作为20世纪80年代末中国几家主要冰箱厂之一，在我找工作的名单上赫然在列。但后来我被保送研究生，随后留校任教，出国留学，海尔似乎和我的人生轨迹越来越远。博士毕业后，我加入了美国通用电气（GE）照明事业部，负责自动控制和研发创新。在与同学聊天时，时常感叹大学里学的制冷工程专业知识不会有用武之地了。我开始习惯在通用电气的生活，迎来了孩子的出生，对工作也越来越熟悉，建立了新的朋友圈。而从国内带来的制冷工程专业书籍，静静地在地下室的角落里发黄积灰。

打破我平静生活的，是一封来自通用家电的电子邮件。GE 投资 10 亿美元全面升级家电产品和技术，通用家电的冰箱产业邀请我加入全新法式三门冰箱的开发。在家人的理解和支持下，经历了 6 个月的两地分居、孩子转学和烦琐的搬家等，我得以重新回归老本行，在通用家电的冰箱研发部负责产品设计、新品上市、产能爬坡、成本和质量管控。

而我与海尔的缘分也从此开启。2016 年，青岛海尔宣布收购美国通用电气公司的家电业务资产。有的同事跳槽到 GE 的其他事业部，有的脱离 GE 加入其他公司。在我看来，这是一个崭新的机会。家电不是 GE 的发展和投资方向，而海尔已经发展为全球知名的家电品牌。加入海尔对通用家电来说，是一个能够重新获得投资和重视的机遇，对我个人也意味着新的发展机会。我坚定地选择了留下，正式成为海尔的一名海外员工。

成长：全球研发协同的探索

2017 年 6 月，我在日本拜访一家战略合作供应商时，接到领导的电话，让我出差结束后，改变行程飞青岛，具体任务到青岛后再告知。那是我第一次到海尔青岛生态园，当时还是旧园区，青岛制冷产业的研发团队在模具大楼的四楼。赶到四楼的会议室，我才知道通用家电和青岛团队准备联合开发最新的四门冰箱平台，包含法式和 T 型，金属门和玻璃门，有不锈钢、黑钢和钛白三种颜色，中高端共 11 个型号。

作为美国开发团队的负责人，这是我第一次和青岛冰箱开发团队合作。多门冰箱项目也是海尔第一个全球合作开发项目。在项目中，我经历了许多第一次，学到了许多不同的思维方式，受益良多。在合作过程中，由于地域、文化和习惯的不同，很多的习以为常却能带来差异和冲突。设计工具的不同、审批流程的不同、开发系统的不同，都需要团队之间的磨合。暂时解决不了的问题，我们就找替代方案保证项目进度，两个团队为了同一个目标不断调整和优化自己。

在项目的进程中，给我留下深刻印象的是青岛团队的速度。在西海岸冰箱工厂准备样机的第一次门体发泡的时候，样机的发泡模具和门体有干涉，无法进行门体发泡，我心里顿时"咯噔"一下。按照在美国的经验，需要把发泡模具卸下来，运回模具商那里改模，再运回来装上。一个流程下来，要将近一个星期时间。而设计门体的美国团队只在青岛待一个星期，必然错过门体现场发泡。可青岛的同事却很淡定，打了个电话后招呼大家去吃午饭，并说能按计划调试门体发泡。我将信将疑，心思也不在午饭上，着急赶到现场。等了一个多小时，一位师傅背着一个鼓鼓囊囊的大背包进来了，说是模具公司来修模的。他来到已经卸下的门体模具前，打开装着各种各样工具的大背包，照着门体实物的大小尺寸，拿出凿子和榔头就开始手工改模。我被这一幕震撼了，两小时模具就改好了，冰箱样机的门体发泡调试当天顺利进行。同时第一时间把试模和调试当中发现的问题及时反馈给模具公司，保障了正式量产模具一次到位。

青岛团队的应急处理预案以及他们的速度，让我记忆深刻。我也多次把这个案例分享给其他美国同事，破除传统思维和经验的限制，青岛各产业新品迭代和开发速度值得借鉴。同时通用家电超过70年的技术沉淀和经验积累、规范的流程、完整的测试标准和体系，通过全球合作项目顺利整合到海尔各产业的开发系统中。多门冰箱上市后，销量超过预期的3倍，成为北美市场最畅销的BM冰箱之一。这是完美的双赢，体现了海尔作为全球化公司的优势。

融入：海尔是海，如川归海

2023年8月，海尔在青岛成立全球研发协同平台。我非常荣幸成为全球研发协同平台主，与同事们一起进一步发挥海尔的全球化优势，不断升级和优化全球研发能力，提效降本，服务青岛各产业和海外各区域。在将近一年的时间里，我已经习惯了在中央研究大楼、创牌大楼和各产业研发大楼之间刷脸通行，去海餐厅或云餐厅就餐。中午在谦园观赏亭台楼阁、小桥湖水，傍晚在中央研究大楼和卡奥斯展厅间的广场上欣赏广播里的名曲和落日的余晖。甚至连说话有时也会带上青岛特有的口音，我渐渐融入海尔生态园，成为一个不折不扣的海尔人。

海尔是海，海纳百川！每次走过新园区，这句话都会在我脑海里回响。每个海尔人都以自己独特的方式，把自己与众不同的经历汇入海尔的大海，而海尔则是我们永远的骄傲。

为海尔的 40 岁喝彩

海尔智家海外市场总经理　李攀

如果回到1997年，当我带着离开校园的青涩加入海尔的时候，我一定想不到，即将踏入的是一个"创造一个世界级品牌，打造一个世界500强企业，创新一个物联网时代管理模式"的伟大征程。我也绝对想不到，没有任何资历背景的我，会有机会参与并购通用家电这种重量级的事件，有机会用"人单合一"模式整合不同国家的文化背景，有机会成长为海尔海外的平台主。

27年前的一天，我在武汉大学图书馆里，读到《经济日报》对海尔创始人张瑞敏（时任青岛电冰箱总厂总经理）的专访。在那个追逐经济利益为上的时代，报道字里行间表达的却是与一般企业领导人完全不同的管理哲学——"企业唯一正确而有效的定义就是创造用户""日事日毕，日清日高"……让我这个管理学院的学生钦佩不已，也兴奋不已，心里的声音告诉我，"这个张总不一样，这家企业不一样，这就是我要加入的企业"。于是，我加入了海尔。

张瑞敏首席在多次演讲中深情地表达过，"没有改革开放，就没有今天的海尔"。时代的发展给企业造就了一个又一个舞台，而海尔恰恰是在创业元老们的带领下，踏准了时代的步伐，才有了迄今为止的六个战略发展阶段和"没有成功的企业，只有时代的企业"的论断，才有了我们施展才能的机会和成长的空间。

我从校园走向工作岗位，生活在一座从没去过的城市，无亲无故，更不要说靠山和关系，所以，心中的担忧和对家人的挂念常常挥之不去。海尔的"赛马不相马"用人原则，让我这个新员工很快安下了心。我从工厂实习生，到站柜台当直销员；从竞聘承接集团国际化战略的海外推进本部业务员，到负责东南亚、美国乃至成为海外平台主，每一次的竞单上岗都是赛马，每一次的业绩回顾都是对自己的鞭策。现在想起来，"赛马不相马"让每一个海尔人都可以拥有自己的舞台。在海尔智家2024迎新的活动上，我无意中听到有几个新创客在悄悄谈论他们的规划——"三年小微总，五年区域总"。我心中暗想，现在的年轻人，比当时的我们更有冲劲。我更高兴的是，这种积极向上、争先恐后的赛马精神得以在创客中传承。

不管是在车间实习，在西安民生商场当直销员，还是进入管理岗位的各个不同部门，我觉得自己似乎受到命运的特别眷顾。车间的老师傅们不厌其烦、手把手地教我们怎么拆装洗衣机，电器柜台的张大姐口传心授地帮我们分析顾客的购买心理。后来在管理岗位上遇到的各级前辈都针对我的个人特点给予指导和帮助。例如，柴永森同志（时任集团常务副总裁，海外推进本部本部长）教会了我硬朗的工作风格，这些都是在书本上不可能得到的收获。

1997年，集团刚刚成立"海外推"时，从国内市场面试合格的队伍中，我是其中的一员。自此，我就踏上了海外创牌之路。我记得Eric（海尔印度总裁）团队通过BM不弯腰冰箱找到高端创牌路径的兴奋；也记得独联体王寿荣（冰箱建厂负责人）团队在$-20℃$的环境下提前6个月完成建厂的艰辛；我看到疫情防控期间，通用家电总裁Kevin带领1000多名管理人员亲临一线，累计工作15万小时，最终用连续多年的最快增长换来美国大家电市场第一的拼搏；也看到在日本家电市场，杜镜国（海尔日本社长）带领日本同事用22年的不懈努力赢得冰洗第一的坚持……这一路走来，海外创牌的一帧帧、一幕幕，构成了海尔创牌最生动的写照，也塑造了中国品牌海外创牌的传奇。

但所有这些庆幸，都化为海尔40岁的喝彩！为我们独一无二的企业文化，为我们在张瑞敏首席带领下取得的成长，为我们优秀的海尔创客们喝彩。

事实证明，我们抓住了40年来的时代机遇，成为这个时代的代表企业。我更加坚信，在周云杰董事长带领的新领导集体引领下，在所有海尔创客的继续努力下，在物联网时代"人单合一"链群机制的保障下，我们海尔人将再创新时代的辉煌！

做一名坚定的探路者

海尔智家研发平台全球企划总经理　李晓峰

在海尔创业40周年之际，我感到无比自豪和荣幸。因为自己与海尔共同走过了20多年的风风雨雨，见证了彼此的成长和进步。

1997年大学毕业后，我怀着激动的心情加入了海尔。那时正值海尔快速发展的时期。当得知自己加入冰箱产业时，我干劲满满。张瑞敏首席"砸冰箱"的故事早就耳熟能详，严格的产品质量意识是海尔给我上的第一堂课。

创新引领，从以市场为中心到以用户为中心

在2008年之前，负责冰箱产品研发的只有开发部门。产品创新主要采用"对市场畅销型号进行创新"的方式。这样做的优点，是所有的研发都有设计母本可以参考，产品研发成功率高。例如，那个时候开发的带有"能耗减半，厚度减半"的宇航绝热层技术宇航冰箱，实现了三个月内上市一套全新产品，畅销海内外，刷新了行业纪录。

转折发生在2008年奥运会之后，集团提出了"引领"的要求，仅仅依靠以市场为中心的产品策略已无法实现。以市场为中心，产生的创

新大多是延续性的，而非颠覆性的。长此以往，无法实现行业持续引领。所以，在这种大背景下，各产业陆续成立产品企划部门，将目光都聚焦在用户身上。

挖掘产品的引领点，是一名合格的企划人员必须具备的素养。在开发每个产品前，都要有产品USP（Unique Sale Point，差异化卖点）。在国内，经过大量的用户调研后，我们推出了"把新鲜超市带回家"的对开门冰箱。这个系列产品在当时掀起了一股对开门品类的引领风暴，推动了整个冰箱行业主流容积从180L向500L的转变。海尔牌大容积对开门冰箱成为满足换新用户高品质生活体验的首选，也为海尔品牌市场份额的大幅提升打下了坚实基础。

当时，我被派到韩国和美国，深入当地做市场分析和用户需求挖掘，依托深入的卖场实地走访和细致的用户深访，逐渐形成一整套完善的产品MRD（Market Requirement Document）报告。我清晰地记得，当年在韩国进行入户调研就花费近两个月的时间。在美国，我们根据当地用户的使用习惯和存储需求，创新性地研发了美式对开门新品类和法式四门大冰箱，推出全球首台超级空间法式对开门冰箱。产品一经推出就在行业内实现了创新引领，成为名副其实的爆款。

带着问题找平台，数字化平台建设解决问题

2023年12月，我抢单到智家企划平台，聚焦单型号竞争力，以单品企划、成套企划、新场景为核心，构建爆款产品企划体系，优化SKU，并要在一周之内拿出详细的工作预案。

首先，在业务上，得益于以前在产业做产品企划，我现在能够带着之前在产业中遇到的问题和痛点来平台，用数字化手段解决问题，例如，长久存在的型号提效的顽症。

其次，在平台上，采用数字化手段能够实现型号效率的大幅提升。比如，单型号竞争力提升，在产业中时是项目思维，现在是体系思维。在大家的共同努力下，智家后10%型号的收入占比提升了6倍，而制冷产业更是提升了 18 倍。

到新部门、新岗位后，最切身的感受就是紧迫感。以前是对制冷产品熟悉，现在需要对全产品线熟悉，要学习的东西很多，这是不断学习、不断自我提升的紧迫感；同时，另外的压力来自团队协同能力提升，主要是要带动薄弱产业能力提升，搭建爆款企划体系，这是推进团队协作、实现业务提升的紧迫感。可喜的是，经过几个月的磨合，产业之间越来越团结了。沟通过程中大家不再惧怕问题，相互之间取长补短、相互帮助。

海尔的创新精神让我深刻认识到，要时刻保持创新和改变，适应时代的发展不仅是一家企业，更是每一个人都应该努力把握和坚持的。

从跟跑到领跑

海尔生物医疗总经理　刘占杰

2000 年前后，中国没有自己的超低温冰箱，技术和市场都被欧美和日本品牌垄断，中国科研工作者要花大量外汇去引进设备。2001 年 5 月，我受到海尔集团创新创业平台的启发和吸引，选择放弃大学老师的工作，走上了创业之路。当时目的只有一个：打破低温制冷关键核心技术垄断，并将技术产业化。

来到海尔后，我担任集团低温技术研究所所长，组建了一个 10 余人的团队。5 年后，终于攻克了关键核心技术，打破了国外 30 年的技术垄断，生产出中国第一台超低温冰箱，改变了我国超低温产品长期依赖进口的局面。2005 年 9 月，海尔集团董事局主席、首席执行官张瑞敏首次提出"人单合一"模式。这对我们来说，又是一个新的开始。一个月后，海尔生物医疗注册成立。

2013 年，我们的"低温冰箱系列化产品关键技术及产业化"项目获得国家科技进步二等奖。这项成果，让国外品牌产品在中国的市场售价降低 50%，并实现民族品牌国内市场占有率超 60%，出口到世界 100 多个国家和地区。在低温技术领域，实现了从跟跑到领跑。

海尔集团为我们提供了一个非常好的创业平台。近 20 年时间里，在海尔集团战略指引下，海尔生物医疗走向物联网生态创新，率先推动低温存储技术与物联网技术的深度融合，开创性地推出以物联网血液安全管理、物联网智慧疫苗接种为代表的综合解决方案，支持中国临床用血技术规范升级和疫苗管理升级，引领生物医疗产业变革。从一家生产低温制冷设备的电器公司成功转型为生命科学与医疗创新数字化场景方案服务商。2019 年，海尔生物医疗成为青岛市首家科创板上市公司。2020 年 10 月 30 日，海尔生物智慧疫苗网、智慧血液网等 4 项科研成果同时获评国际领先水平。

得益于海尔的创业平台和"人单合一"模式，海尔生物医疗经历了技术创新、产业全球化和物联网转型三个阶段，实现了从高端品牌到场景品牌再到生态品牌的转型升级。未来，希望继续在海尔创新创业的沃土上，带领海尔生物医疗研发团队，在生命科学与医疗创新领域深耕下去，为大健康事业贡献绵薄之力。

以科技之力奋进拼搏

卡奥斯工业智能研究院副院长　鲁效平

我是卡奥斯研发平台的鲁效平，想用三个词分享在海尔创新创业的感受："相信""光荣""使命"。

首先，"相信"。我加入卡奥斯已经五年，至今清晰地记得入职时的初心和憧憬，这源自对卡奥斯工业互联网未来发展的信心，这种信心一直支撑着我迎难而上、攻坚克难。

2020 年，我的第一个任务，是要在五个月内研发国内首个工业互联网虚实融合测试平台，其中的核心技术数字孪生逆向控制面临国际封锁。

我们联合国内一流高校刻苦攻关，最终打造了自主可控的国产平台，多项技术指标远超国外，成本却只有其五分之一。

2022年，我们从0到1构建卡奥斯技术预研体系，支撑代际产品开发和平台能力提升，输出多项引领科技成果，入围科技部国家新一代人工智能开放创新平台。今年，我们的大规模个性化定制技术成果获得山东省科技进步特等奖，这是青岛市第一个省特等奖，标志着卡奥斯的科技创新能力得到了国家层面的认可。

其次，"光荣"。重点讲一下我参与全国重点实验室申报的收获。2022年在集团领导的带领下，我和团队连续奋战40多个日夜，克服了时间紧、任务重、要求高、难度大等困难，最终顺利入围科技部首批重点实验室，也是智能制造领域唯一企业独建的实验室。这对海尔集团、对卡奥斯都具有重大的战略意义。过程中，我深切感受到海尔的那种不达目的不罢休的创业精神，正是这种精神，让我们战必胜、攻必克、变不可能为可能。这种历练和成长，正是海尔带给我的最大光荣和财富。

最后，"使命"。目前全国重点实验室的建设工作正在有序开展，我们深感使命光荣，也深知任务艰巨。我们一定不辱使命，坚持科技自强，持续输出原创性、战略性、关键性成果，加速建设成为国家战略科技力量，支撑海尔集团、支撑卡奥斯跨越式发展。

功成不必在我，功成必定有我。我们将在海尔创业创新的精神的指引下，勇担重任，拼搏奋进，不负时代，不负华年。

做大健康产业医疗服务的坚定探路者

上海永慈康复医院院长　沈旭东

我是一名医生也是一名军人，我在医院做了30多年的管理工作，也在中国知名集团做过医疗投资。2016年，我加入海尔集团，担任盈康一生上海永慈康复医院院长。当时我是竞聘上岗，后来才知道在海尔叫

"抢单"。当进入海尔后,我就被海尔独特的企业文化所深深吸引。

在立项之时,集团就对永慈医院的未来有清晰的定位和目标。这一路走来,永慈医院始终秉持差异化发展,完成了从无到有、从 0 到 1 的蜕变,逐一实现了各个目标和里程碑,在海尔这就是"事前算赢""目团机"。在整个过程中,海尔文化的深厚底蕴成为我们不断前行的强大动力,使我们努力实现各项既定目标。

永慈医院用短短七年时间跃居全国康复医院之首,其综合效能之强令人瞩目。在过去几年里,永慈医院的综合指数持续攀升,展现出强劲的发展势头。这一成就的取得,离不开海尔集团卓越的文化基因与高效的管理方式,如同引擎一般,驱动着永慈医院不断突破自我,创造佳绩。

海尔的"人单合一"模式在永慈医院应用为"医患合一",这种管理模式的魅力在于,它不仅仅是一种管理方法,更是一种文化、一种哲学,鼓励我们每一位创客都成为岗位上的"创业者"。身为海尔创客不仅是医疗产品的制造者,更是优质服务的提供者、持续创新的推动者。在为用户创造美好生活的同时,也在不断实现自我价值的升华,共同推动着医院的发展。海尔始终以用户需求为导向,不断突破自我,引领行业前行。这种勇于创新、敢于尝试的精神,在医疗行业再次得到了成果验证。

在海尔这片充满活力与创新的沃土上,我们不仅见证了企业从初创时的坚韧不拔,到如今行业领军者的华丽蜕变,更亲身体会到了在布局大健康领域中,每一次技术革新、每一次开拓新领域背后,所付出的汗水与凝聚的智慧。

40 载春秋,海尔如同一条奔腾不息的河流,汇聚了无数创客的梦想与激情,共同铸就了大海的波澜壮阔。

星河长卷,绿野千里。海尔,这个在全球家电行业中闪耀的名字,其未来之路正铺展着无限的可能与辉煌。

最后,祝福海尔,愿你的明天如同星辰大海般辽阔无垠,愿你在未来的道路上,勇往直前,创造更多属于海尔"真诚到永远"的传奇故事。

关于"休克鱼"的故事

海尔智家研发平台总经理　舒海

在海尔发展史上有过许多佳话流传，其中"海尔文化激活休克鱼"的故事曾经走进哈佛商学院的讲堂。1988年7月我入职的正是这家被称为"休克鱼"的企业——青岛红星电器，成为这家企业技术开发处的一名研发工程师。

红星电器的主营产品是洗衣机，技术是从日本夏普公司引进的，技术开发处负责技术转化工作。把日文的资料翻译成中文，用硫酸纸描图，最后再用晒图机晒成蓝图，完成技术资料的转化，然后是部件的国产化配套及整机的投产。我们与夏普工程师一起参加各项验证和试制，这样的合作使我们的专业技能提升很快，1994年大规模返销日本的F420全自动洗衣机，是当时研发能力最好的诠释。

可这些产品都是夏普公司设计的，不允许中国的研发工程师做任何改动。我觉得自己像是没有灵魂的工程师，什么时候才能真正为用户自主研发一款洗衣机？

1995年7月，红星电器整体划归海尔，第一次走进海尔的我感受到了海尔文化——"海纳百川，而不捐细流"的博大胸怀。来自海尔、时年33岁的第一任洗衣机总经理柴永森提出了"海尔洗衣机，专为您设计"的理念。研发人员立即开始了解用户需求，研发新产品。这一刻，海尔的创新文化基因注入了那条"休克鱼"。我们感受到了前所未有的工作激情，作为项目负责人，我曾经参与过两个新产品的研发，时隔近30年，那些激情燃烧的岁月仍记忆犹新。

印象最深刻的，是1997年2月我接下的第二个项目——全自动版的小小神童洗衣机。这个产品是为了满足用户夏季洗涤小件衣物的需求而研发的。当时行业内没有这类产品，为了让用户在当年夏天就能用到这款小小神童洗衣机,我们必须在四个半月内完成开发。对从零开始设计的全新项目而言,这个期限几乎是不可能达成的。

为了节省时间,接到任务的当天,我们就决定住在公司,全身心投入研发。那天下午 5 时,正在忙碌的我们听到有人在敲窗户,是司机于师傅来送行军床和被子。那段时间我们每天设计到深夜,睡在电脑旁,早上醒来就继续工作。

小小神童为用户解决了小件衣服的洗涤问题,上市后广受欢迎,夏季也不再是洗衣机市场的销售淡季。从 2 月底接任务到 7 月中旬小批投产,四个半月的研发速度,现在我和同事们回想起来还是感到不可思议,而这个项目只是吕佩师带领的洗衣机开发部众多"疯狂"项目中的一个。是海尔的创新文化点燃了我们内心的激情和潜能。

1998 年,"海尔文化激活休克鱼"的案例进入哈佛商学院的讲堂。

在接下来的 30 年里,海尔洗衣机一直在贯彻集团的全球高端品牌战略,我们也一直在回答一个绕不开的问题:凭什么用户会相信并且认可我们的高端定位?

当时我国家电行业基本上都是引进国外的技术,消费者对进口品牌的信仰很难撼动。中国市场尚且如此,海外市场,特别是那些发达国家市场的难度就更可想而知了。我们明白,只有我们的产品体验超越了那些已占据用户心智的品牌,用户才可能在心中为海尔品牌留出专属的位置。

为了实现超越,海尔洗衣机的研发工程师们做出了不懈的努力。波轮洗衣机容易缠绕衣服,即使是发明波轮机的日本公司的也不例外。海尔创新研发的双动力技术——通过内桶与波轮的反向旋转解决了衣物缠绕难题。滚筒洗衣机电机的碳刷在工作时会与换向器摩擦发出很大的噪声,即使滚筒机的鼻祖德国公司的也一样。海尔创新的直驱滚筒,既取消了碳刷,还取消了易损件皮带,解决噪声问题的同时还提升了可靠性。伴随着一个又一个难题的解决,海尔洗衣机成为中国用户新的信仰。中国万元以上的高端洗衣机市场,海尔的份额超过了 80%。

不仅在国内市场,海尔洗衣机在全球市场也实现了一系列成功突破。

2012 年，在澳大利亚海尔并购了斐雪派克。当时，斐雪派克没有滚筒洗衣机产品，我们和斐雪派克共同研发了直驱滚筒洗衣机，只用三年时间就在澳大利亚做到市场第一。2016 年，在美国海尔刚刚并购通用家电时，因为缺乏竞争力通用家电正准备放弃滚筒机产业，我们去到路易斯维尔，用了两周时间说服了通用家电。2019 年，双方合作研发的能换气通风的美式大滚筒投产，解决了困扰美国消费者已久的异味问题，产品上市后，通用家电一扫多年颓势，成为美国洗衣机市场发展最快的品牌。欧洲、日本曾经分别是海尔的滚筒和波轮洗衣机的学艺之地，如今海尔洗衣机也都已经登堂入室，成为主流。

这一系列突破证明了一个事实：面对有着不同品牌信仰和生活习俗的各国消费者，海尔的创新文化是普适的。海尔洗衣机自 2009 年以来连续 15 年全球销量第一，当年的那条"休克鱼"如今飞龙在天，引领全球。

在辉煌的海尔 40 年发展史上，洗衣机的成功只是其中的一个缩影，在迈入人工智能时代的今天，身处科技前沿，肩负新使命的海尔研发已经再次出发，为用户的美好生活，为海尔的未来再续新篇。

风雨 40 载，我与海尔共成长

海尔智家空调产业总经理　宋玉军

40 年很长，长的是悠悠岁月；40 年也很短，短的是弹指一挥间。

转眼间，海尔成立已有 40 周年，这期间，海尔经历了突飞猛进的变化，从当初的小厂成长为全球 500 强企业。

很幸运、很感恩，在这 40 年里，有 26 年是我有幸参与的，是海尔给了我舞台，让我从一个懵懂的新兵，变成了一个能承担智家全球事业的创客。

成长，在海尔国际化开拓之初

我入职海尔的那一年，正是海尔集团开启国际化战略的元年——1998年，那一年，当别人还在做外资品牌代工时，张首席毅然决然走向世界。我很幸运地赶上了这个机遇，从1500多个大学生中被选拔出来，成为周总所成立第一届"黄埔军校"中的一员。

在海尔，"你有多大的能力，我就给你搭多大的舞台"，经过"黄埔军校"的淬炼，我们一行五个新兵作为走出国门的排头兵被选拔赶赴美国。在那里，我负责设备的安装与维修，当时虽然忐忑，但充满了激情，每天都在学习图纸和设备资料并与供应商沟通，这一段时间，我的语言、设备安装、调试、建模、维修能力都得到了大幅的提升。

在这个过程中，我深刻理解了张首席讲的"做好企业的运营体系"的重要性，更明白了海尔"日清、运营、激励体系"的必要性。

在美国有一件事让我印象深刻，2000年年底，正是发泡机设备调试的关键时期，赶上了圣诞节，德国厂家发来传真，提醒我们必须尊重德国工程师的休假制度，怎么办？最后，只能请求工程师教我以手动的方式完成发泡机的调试，当时我记英语，同事记中文，记了200多步手工步骤。过程很难、挑战很大，但我们最终成功突破，完成了发泡机的生产调试。那一次，我有了打赢的信念，同时也认识到了不同文化的差异。

以这个原则，我逐步成长，从一个"什么都不懂的学生"，变成了当地负责建筑、能源配套的管理者，甚至成为美国人眼中的资深专家，而这，是海尔给了我足够大的空间，让我能够快速地成长。

冲锋，在拓展海尔全球化的战场

2007年，我抢单成为主导建设海外全球工厂的负责人，那是海尔从国际化到全球化品牌战略发展的关键时期。对我而言，准确认知海外工厂的规划、布局与建设，以及全球政治经济格局、各国发展水平是至关重要的。

那段时间从巴基斯坦到印度,从南亚到东南亚,我们通过并购、自建工厂等策略,分别在突尼斯、约旦、阿尔及利亚、叙利亚等国家和地区建设了13家工厂和30多家公司,初步完成了海外制造的规划和布局。

在冲锋的路上,最不缺的就是挑战。2007年,我抢单到巴基斯坦,建立了营销和运营体系,将海尔在巴基斯坦的规模增长了几十倍。

同样,印度也有相似的挑战。2011年,我抢单到印度,梁总提出"把印度市场当成第二个中国市场去发展"。

我们通过"人单合一"的沙拉式文化采取了新的策略:在印度,不扣工资,而是鼓励员工多创造价值多拿工资,逐年增加部分变动酬,这样员工不但能接受,积极性还更高了,我们的目标、管理策略、方案也能快速落地了,8年时间,印度整体规模增长了4倍。

海尔文化的种子种到每一位海外员工的心里后,迸发出强大的生命力,不断升级、沉淀。在海外,坚持以"人单合一",坚持区域创牌,未来将继续开创全球引领的新局面。

深耕,在空气产业创新与变革

2021年11月,对我来说是个十分重要的节点,这一年我跨界抢单,从海外回到了产业,成为空气产业的平台主。

其实抢单来空调之前,我很清楚这个单的重量,它可能比以前面对过的挑战都大,但我心里也清楚,空调作为集团的战略产业,这个目标必须达成。刚开始心里想得简单:通过空调产业所有员工的努力,不辜负企业的信任,给企业一个交代,给产业一个持续发展的能力,给员工一个实现自我价值的平台,也给自己的职业生涯增加最具特殊意义的一笔。

尽管我有所心理准备,但在深入调研空调产业后,我深刻意识到:这不仅仅是关乎产品与市场落地能力的问题,而是整个经营体系面临的挑战。要破解这一难题,必须重塑经营体系。因此,我与团队着手从最基础的体系和能力建设抓起,从明确愿景到制定战略,从构建业务框架到优化组织设计,我们逐一梳理全流程的每个环节,引领团队不断细化工作、提升专业度，并最终实现流程化简。

在目标实现路径上，我们构建了从情报洞察、战略规划到战略运营的一整套保障体系。对大产品、大成本、大口碑、大供应链、大市场五大板块进行目标、业务框架顶层设计、组织流程的重构。如大口碑体系，以前是研究产品质量，现在是搭建全流程用户口碑委员会，聚焦用户交互、方案设计、交易、交付、安装、使用、服务等全流程的用户体验，重构7个渠道166个端口切入，实现用户体验信息收集、传递和快速闭环。

在人才培养方面，我们针对能力弱，长期封闭的问题采取了有效措施。研发端方面，我们积极开放并引入了70多位行业精英，其中包括10多名博士，成功建立了涵盖智慧AI、EMC仿真、震动噪声等八大技术领域的技术体系，填补了天氟地水、天水地水、管道机、嵌入机等多个产品类别的技术空白。市场端方面，我们引进了16名行业新媒体人才，为空气产业的营销转型奠定了坚实基础。同时，我们注重通过"传帮带"的方式，将自身经验和知识传授给年轻创客，助力他们快速成长并独当一面。我们大胆起用年轻人，近两年间，90后创客的比例从23%大幅提升至53%，实现了翻番增长。

在财务体系管理中，主要构建"业财合一"模式，搭建与战略和组织匹配的管理损益框架，严格执行权责发生制原则，确保数据及时准确，真实反映业务的经营状况。让财务三表成为各级各类管理者管理人、财、物的工具。做实事前算赢的全面预算体系，明确资源配置权限及分层分类的审批流程，提高决策速度及资源配置效率，改变业财博弈局面，推动预算准确度及运营效率均显著提升。

破局：永远战战兢兢，永远如履薄冰

转型两年半以来，虽然空调业务的能力有所提升，但距离真正破局仍有较大差距。在此过程中，我们始终坚守以"引领者"为志向，不断提振团队士气，紧密围绕用户需求进行持续创新，并以务实的态度加速创新突破的步伐。

面临着平台多、型号多但效率低的困境，我们通过向前兼容、向后拓展打造平台引领的能力，上限打造极致性能，下限打造极致成本。以市场打赢为目标实现产品策略、渠道策略和营销策略的转型升级。

在制造方面，创新全数字化高效协同制造体系，实现工厂与供应商、用户等端到端价值链的互通互联，快速满足用户多场景下的复杂需求。空调目前已攻破技术壁垒，从 2023 年 4 月起实现电脑板自制，已实现较好的收益；压缩机项目也在 2024 年实现量产。

为了有效应对国际贸易壁垒和安全弹性风险，快速抢占海外市场增量，我们在泰国建立了集研发与制造于一身的智能制造园区，专门服务于东南亚及欧美市场。与此同时，扩建包括印度和巴基斯坦在内的五家区域智能制造基地，形成了全球"2+5"的供应网络布局，实现了国内外管理体系的无缝对接，为公司的全球化高速高质量发展提供了坚实支撑。今年，随着 5 月埃及工厂的正式开业以及 8 月泰国春武里工厂的奠基完成，我们的海外工厂不仅在布局上日益完善，而且在运营效率上也呈现出积极向好的态势。

回首过去的 26 载风雨兼程，我们经历了成功与失败，见证了进步与教训，但始终坚守着不变的初心与目标，保持着自我反省与不断进取的心态。随着时代的演进和市场的变迁，在海尔 40 年的发展历程中，每一天都充满了新的挑战与机遇。我们铭记肩负的使命，时刻铭记"永远战战兢兢，永远如履薄冰"的警醒，视每一天为全新的起点，勇敢地迎接每一个新的挑战，不断向前冲锋。

我在海尔向三类人学习

海尔智家数字用户总经理　孙丹凤

海尔是海，是培养人、锻炼人的摇篮。1998 年我大学毕业后加入海尔，一路走来，在海尔得到了很多人的指导，使我不断成长。回顾

20 多年职业生涯，三类人的指导让我深刻体会到，学习无止境，创业无止境。

职场新人要向领导和同事学习

1999 年 9 月，我成为滚筒洗衣机东营市场的产品代表。本以为自己在海尔总部销售公司已经做了一年的综合业务管理员，下市场做销售会很容易，但是到了当地，和市场接触后，才知道自己所知相当有限。

产品知识不熟悉，我就向直销员学习，每天和她一起站柜台，向用户推介；不懂业务技巧，我连从哪里学、学什么都不知道，只能边干边问。记得当时拜访当地一位专卖店老板，见面沟通后，对方要求签工矿合同。这是我人生中第一份业务合同，我一边打电话咨询业务部部长，一边和老板沟通。本来十几分钟能干完的事，我花了一小时才完成。

真正进入业务中，才知道自己不会的事情太多了，只有不断向他人请教，才能干好活，完成目标。

创新产品向客户学习

2016 年，我在创业小微带团队，当时面临资金紧张的压力。我们团队在海尔经销商与乡镇客户的业务断点中找到了机会，但是我们该怎么做生意呢？我想起周总当年对 42 个工贸经理说过："答案在客户那儿。"于是，我和同事开始拜访服务商、乡镇客户，现场观摩他们的采购方式，随车送货到他们的用户家里。跟客户学习完，我们就立即着手设计"易理货"的页面，再拿着演示稿现场操作给客户看，让他们提意见。当我们走访了 1000 多人次乡镇客户后，我们的产品雏形就基本打磨完成了。

如今"易理货"平台已经是乡镇客户离不开的工作平台，他们的产品采购、培训学习、用户资源的获取，甚至是销售结果的分析都在平台上，一目了然。

新模式向行业最佳实践学习

进入人工智能时代，我们紧跟时代的步伐，积极推进数字化转型。没有现成的模式借鉴，如何做？需要怎样的组织？采用什么流程？都需要我们探索。为了实现以最小的投入创造最有价值的产品，我们积极解放思想，寻找行业的最佳实践。

比如，向HW学习"项目式管理"方式，使业务与技术深度结合，并以此重组了数字化转型组织，提高企业运营效率和用户体验。向Gartner学习数字化转型趋势，并在企业内部实践落地，通过生态系统合作和应用创新技术，推动企业的数字化进程，实现技术和管理融合、全域数据分析、数据智能和价值再造。数字化转型要求企业拥有高度专业化、多样化的人才组合，我们通过开放引进了行业一流人才，保持持续竞争力。

今天，我们的数字化转型已经进入深水区，不只是停留在项目管理和开发上，也不是简单地引入新技术就能解决问题，而是一场企业的变革，一场引领时代的变革。变革的道路上，也会遇到千难万险，要在黑暗中走正确的路，没有现成的老师可学。跟谁学？我想，唯有以用户体验为中心，做全流程的数字化变革，实现持续引领，才能拥有光明的未来，做时代的领航者，用户是最好的老师——心中有用户，脚下就有路。

收获与感悟

在海尔这个大舞台上，我们有榜样可学，并且学以致用，还能够创造价值，实属幸事。因此，我珍惜每个岗位的历练，在每个岗位上做最好的自己。我深刻认识到，只有不断学习和进步，才能在快速变化的时代中立于不败之地。每一个阶段的成长和积累，都是未来成功的基石。将学习成果转化为数字化的产品与服务，持续沉淀在平台上，以数字化的方式创造价值，提高企业的效率和用户的体验，是我下一个学习的目标。

永远离用户更近一点

海尔智家智慧楼宇中国区总经理　王晓强

40年来，在海尔集团的带领下，我们最终让一个中国的品牌闪耀在世界的舞台，并成为全球10亿用户的选择。这是我们一起走过的路，是属于我们每个海尔人的光辉岁月。

赛马不相马，小兵有大舞台

2000年，我是一个从大山里走出来的青年，对一切充满了好奇和渴望。那时，海尔、长虹、美菱等家电企业既是大众心目中的名牌，也是大学生就业的首选之地。在大学时，海尔"砸冰箱"的故事已成为管理界的佳话，一家注重产品质量的企业一定更有未来。抱着这个简单的认知，我选择成为海尔成都工贸的一员。

没想到，我这样一个刚入社会的初生牛犊，没有任何背景，在短短一年里就升职为总监，这在其他公司里是难以想象的。回想当初，正是海尔"人人是人才，赛马不相马"的管理理念和机制给了我一个机会，也让我认定：海尔是值得奋斗一辈子的事业。

2000年到2004年，海尔集团高速发展，我也快速成长。在2004年创业纪念日上，张瑞敏首席说：20年是海尔所走过的路，1000亿元是海尔达到的水平，"世界的海尔"是海尔将来必须为之奋斗的目标。当听到这里时，一种奋斗的情愫油然而生，我暗暗下定决心：下一个20年有我、有我们！

品牌好不好，用户才是裁判

2006年卡萨帝创立时，高端家电市场被伊莱克斯、西门子、三星、松下等外国品牌瓜分。当时，海尔品牌在市场上非常畅销，很多人不理解海尔为什么还要创立一个新品牌。不管外界怎么质疑，集团所有的人都有一个信念：海尔应该有一个高端品牌。

2006年，我抢单到济南分公司工作。当时卖场里分为两个区域——国产品牌和外资品牌。卡萨帝作为市场新秀，跟渠道商要政策没有任何可谈的空间。为了让卡萨帝被更多人所知，让大家知道卡萨帝的产品体验不比国外品牌差，我们在国产品牌和外资品牌中间的区域要了一块场地，让卡萨帝与外资品牌有了同台竞争的机会。

通过一次一次耐心地将产品的设计、功能对比给用户看，越来越多人对卡萨帝品牌有了一定的认知和认可，不久就有用户冲着卡萨帝品牌来选产品了。这让我深刻认识到：企业的设计标准、质量标准都是内部的，品牌好不好，企业说了不算，用户才是裁判。

用户把卡萨帝选在C位

正如海尔全球创牌奉行"下棋找高手"一样，卡萨帝要想在用户心中真正站立起来，必须抢占北上广深一线城市用户的心智。2013年，随着集团战略的布局，我又抢单北京小微主。到北京的第二天，渠道商开会深深刺激了我。在所有的品牌商中，西门子第一个发言，海尔排在第二位。在商场里，西门子、三星可以选位置，而卡萨帝却不行。

品牌要想真正地进入用户心智，就必须激活员工，才能感动用户。北京小微在"人单合一"机制下，开启了全员共创"离用户更近一点""感动用户"的渠道策略。比如，我们在商场的门口、电梯口第一时间主动接触用户，免费提供清洗薄衫的体验，一件件空气洗后干净、蓬松、消毒的衣服，换来了用户主动打听卡萨帝的机会。

用户是最好的传播者。当时北京的经销商对卡萨帝缺乏信心，我们就带着他们做市场，通过品牌直达用户的大型活动，让用户零距离体验卡萨帝的产品和服务。用户影响用户，形成口碑传播，后来出现了卡萨帝之家、卡萨帝楼栋和卡萨帝小区，大大增强了经销商的信心。

当我们眼里只有用户、没有对手的时候，越来越多的用户选择了卡萨帝。最终，卡萨帝被用户选在渠道的 C 位。2013 年到 2021 年，北京区域市场份额由 10% 增长到 20%，卡萨帝实现了单渠道第一。随着整个中国区在全国不同城市一场场硬仗打下来，卡萨帝品牌从 2016 年开始 8 年蝉联高端家电第一，实现 13 倍增长，已成为行业内的现象级品牌。

以归零心态，创业再出发

随着国家绿色"双碳"和数字经济的发展，楼宇产业迎来万亿元级的发展空间。这对海尔是一个很好的发展机会，却缺乏直面终端用户的交互体系。我选择以归零的心态，创业再出发。

智慧楼宇是一个 TB 的产业，不但要有专业的能力建设体系，更需要用户的最佳体验。我们顺应用户的需求，推出了卡萨帝物联多联机，希望借鉴卡萨帝品牌的发展模式，为用户提供差异化的使用体验，走出智慧楼宇的高端品牌之路。

以食品饮料行业为例。娃哈哈集团对相关产品非常专业，市场上的经销商陷入比拼价格的怪圈。但是，与用户深入交流之后，我们发现：一方面其工厂吹瓶注坯／PET 灌注／升温包装的不同环节对温度稳定性要求极高，另一方面生产过程中会产生大量余热。于是，我们从磁悬浮工艺的稳定性，以及余热回收等角度为其提供综合解决方案，并对比 10 年的运营成本。最终，海尔以高于外资品牌 R 和国产 M 品牌 30% 的价格中标。

当我们走向用户，就远离了对手。近期，杭州的市场份额由区域第八上升到第四，深圳由第四上升到第二，都证明了阶段性探索成果，更加坚定了我们信心。

我相信，当我们将创用户体验价值最大化全面贯彻到海尔智慧楼宇一线的时候，一定会迸发出难以估量的能量。我希望以一个千亿元级的品牌回馈社会，在集团创世界一流企业的征程中贡献力量。

藏地筑基石，真诚架桥梁

日日顺场景服务师　王志伟

迎着清晨的第一缕阳光，我驾车抵达位于西藏雪域高原上的网点，清点货物、装卸产品，而后翻越雪山，长途跋涉几百千米将货物运到用户家中。这样的日子虽然艰辛，也是我日复一日的工作写照。每当想到能通过自己的服务，为这片雪域高原带去温暖和便利，我更感到无比满足。

今年，是我来到林芝的第13个年头。作为日日顺生态链的一名场景服务师，我与团队从零开始，共同搭建起了林芝市首个家电、家居大件送装网点，填补了当地的服务空白。回想起第一次到林芝，那时我只是一名游客。旅游过程中发现墨脱、波密这些地方村落偏远，路不好走，送货成本特别高，而且周边也很难找到懂得家电安装和维修的专业人士。

正好赶上日日顺提供这样的创业机会，而我又擅长维修家电，于是我决定留在林芝，开启这段不平凡的创业旅程。

初来乍到时，面对复杂的地形和时常失灵的导航，我们只能依靠向当地人打听，一步步摸索前行。每送完一家货，我们都要详细询问下一家的线路，才能顺利前行。翻山越岭、暴雪严寒、高原反应，这些在常人看起来挑战十足的经历，早已成为我们工作的一部分。因此，我们的送装车辆上除了满载的家电、家居产品外，还特意准备了氧气瓶、防滑链等应急物品，以备不时之需。

在送装过程中，我们不仅会教藏族群众如何使用新产品，也会主动帮助他们排查家庭用电安全隐患等。每当看到他们满意的笑容，我们便深感自己的跋涉与付出都是值得的。为了进一步扩大网点规模，提升服务质量，我也招募了一些藏族群众加入服务团队，除了教他们掌握家电清洗、维修等方面的技能，我也会跟着他们学习藏语，以便更好地与当地用户沟通交流，为他们提供更加专业、贴心的服务。

实现"人的价值最大化",是日日顺供应链 20 余年发展过程中不变的主线,也正是由于对"人"的高度重视与持续培养,我与团队才能在日日顺这一平台上不断进步,逐步蜕变成一支能够提供高品质服务的专业队伍,我自身也从一位普通的场景服务师成长为日日顺在西藏林芝的网点负责人,个人价值也得到了实现。

13 年深耕西藏,我们的脚步踏遍了林芝的每一个角落,甚至延伸至中国最后一个通公路的县城墨脱,确保边远的藏族群众也能享受到便捷的服务体验。而"进村入户、无处不达、真诚服务",不仅是我个人的坚持,也是千千万万日日顺场景服务师共同的追求。用专业的技能和有温度的服务链接千家万户,未来,我们也将继续在这条充满人生价值的道路上不断前行,为越来越多的家庭送去关爱和温暖。

在海尔,努力成为一团活火

海尔智家厨房电器产业总经理　吴勇

今年是海尔创业 40 周年,也是我入厂 23 周年的日子。回首往事,历历在目。海尔经历了六个战略阶段,正风华正茂,以焕然一新的面貌,昂首迈入一个崭新的时代,稳稳地站在了世界家电舞台的中央。而我也由满怀憧憬的青涩大学生,踏上了实现自我价值的征途。一路走来,有领导的教诲,有同事的帮助,也有自己的坚持,更有家人的奉献,心中充满了感慨与感激。若要用一句话来总结这段历程,那便是:"在海尔,努力成为一团活火。"

被"活火"感染

2001 年 8 月,怀揣着激动与憧憬的心情,我正式成为海尔大家庭的一员,并被分配至小白干路冰箱厂,开启了我的职业生涯。首先开始的是半年多生产线实习,我们要学会冰箱制造过程中每个岗位的操作,哪怕是最难的管路焊接岗位，也要按节拍保质保量地完成。作为刚毕业的学生，周遭的一切对我们来说都充满了新鲜感，但随着时间的推移，大家就会觉得枯燥、乏味。在一次和焊接师傅交流这个话题时，她说："公司正举办焊接比赛，我已完成了数万个焊点，无一泄露，有希望得第一名。为什么这样坚持呢？因为任何一台冰箱泄露，对用户来说都是百分之百的灾难。"把一件简单的事情重复成千上万遍，坚持下来就是不简单。那一刻，我深刻体会到了坚持的力量。

2002年夏天，我被派到了刚投产时间不长的特种冰箱事业部工作，职位是出口订单经理。中午到工厂报到，得知晚上有一批出口到美国工厂的冰箱新产品散件要装箱发运，可是物料还没有集齐，包装工作无从谈起，一时之间，我倍感压力。白班结束后，事业部部长带领着所有干部和生产线上白班的员工，一起下车间包散件。虽然当时已是夜晚，但车间内近40℃的高温，大家却浑然忘我，汗水浸湿了衣衫，疲惫与困倦被对订单的坚守和对市场的敬畏所替代。忙到第二天上午，装满散件的集装箱开走了，大家才松了一口气。事后，工会的领导歉意地告知我，因忙于应对紧急任务，竟忽略了宿舍的安排，我则以笑回应："无妨，我还能坚持至今日工作结束。"后来才知道，之所以时间这么紧张，是因为开拓美国市场，新产品的开发周期被大大压缩了，而美国工厂也是新的，产品还没试制过，特冰工厂临时承担了试制和发运散件的职责。尽管新产品面临各种困难，一旦散件延误，美国工厂就会停产，市场也会缺货，影响很大。那场深夜的奋战，不仅让我深刻体会到了"担当"二字的重量，更促使我养成了每晚守候至夜班步入正轨后才下班的习惯，直至2007年我离开这座工厂。

初入海尔的日子，周遭的人和事，如同一团团炽热的火焰，以其坚守、担当、敬业、创新的精神，照亮并感染着我，成为我职业生涯中不可或缺的宝贵财富。

让自己"燃"起来

你有多大本领，海尔就给你多大舞台。其实，在海尔做的远不止这点，而是你有多大潜力，海尔就给你多大舞台。海尔愿意给你机会去挑战自己的潜能，让你成为更优秀的自己。

2007 年，我抢单到了贵州冰箱事业部担任总经理，那是我第一次驻外，第一次当合资公司的总经理。那时的挑战是非常大的，一是当时冰箱厂还没有完全和青岛总部融合，有独立的开发、市场、物流、采购、人力、财务等部门，覆盖的业务面非常广，和在青岛工作时的业务完全不同。二是当时事业部也没有集团统一的信息化系统，数据不可视，管理上也有不少漏洞，曾经给集团造成不少损失。怎么办？作为一位年轻的负责人，我深知这是集团给的机会，因为我是当时抢单三个候选人中最年轻的一位，所以我告诫自己，必须勇于挑战，突破自己。因为自己的高度决定这个公司的管理水平。两年时间里，经过团队的不懈努力，工厂发生巨大的变化，不仅制造效率翻了一倍，质量也是所有冰箱工厂中最好的。更重要的是 HGVS 系统按期上线，理顺了所有的业务流程，重构了组织，将公司的管理纳入集团统一的平台，杜绝了各类问题的发生。

其实，很多时候，我们往往并不清楚自己潜藏着多大的能量与潜力，直到成功后你才恍然大悟："哦，原来这件事我也可以做成。" 2009 年，我抢单到泰国担任总经理，去管理销售公司和从三洋收购过来的工厂。面对一群花白头发的泰国人和日本人，我是当时管理层中唯一一位黑头发的年轻人，这家工厂在日本人的管理下连续亏损 10 年，情况之糟糕可想而知，大家眼中充满了怀疑和不确定。面对这样的质疑和压力，我深知答案只能从现场找。于是，我带着日本、泰国、中国三方团队，深入生产一线，对每个细节进行仔细的研究和分析，发现了诸多亟待解决的问题：日本的钢板采购价比青岛总部贵了 20% 多，发泡门体因为质量问题导致废品堆积如山，生产线上效率极其低下，尤其是到了 Q4 工会谈判时更低，各种设备故障层出不穷，等等。问题虽然找到了，但如何落地解决却成了摆在我面前的一道难题。由于团队成员有着不同的文化背景，管理方式各异，对问题的理解也存在很大的差异，甚至有些人根本就不认为这些问题是问题。我遭遇了前所未有的挑战。然而，我并没有被这些困难所击倒。经过深思熟虑，我决定采用"人单合一"的管理模式，通过机制把每个人的贡献和分享紧密结合起来，打破原来日本企业留下的正三角组织架构和管理方式。过程是艰难的，但我们挺下来了。两年后，工厂就实现了盈利。

聚起一团更大的"活火"

"独行速，众行远。"2014年，当我重返冰箱总部时，一个有活力的组织对于推动企业持续发展的重要性在我心中越发清晰。后来到了厨电，这种感觉更加强烈。曾有人问我，厨电发展20年，你是第19任总经理，你凭什么能干好？是的，凭什么？我认为厨电长期发展不顺利的原因有很多，但说到底还是人的问题。我深知，要推动厨电业务的发展，首要任务便是赢得团队的信任，会聚更多有志于厨电事业的创业者。这一问题始终萦绕在我的脑海中，成为我近年来不断思考和警醒的焦点。我曾与很多人交流，他们把到厨电产业工作当成一个高风险的事。因为产业小，工资标准不高，如果指标完成不好，得到率不高，那么就拿不到钱了，不如在别的成熟大产业有保障。令人欣慰的是，这一状况在悄然改变，一批满怀激情、不服输的年轻创客正在快速成长。

徐晓峰，作为产品经理的典范，实现了从过去仅关注竞争对手、微创新的传统模式，到如今深入用户、真正以用户为核心的根本转变。今年年初推出的"致境全嵌升降烟机"，在8K+高端价位段取得了前所未有的市场反响，这是过往难以想象的突破。

孟永哲，开发经理的杰出代表，从依赖非原创方案到自主引领技术创新，如在烟机噪声控制技术上达到行业领先水平。他不仅规划了2024年产品的上市，还前瞻性地储备了2025年的技术模块，并正积极探索2026年的迭代方向。

张幸，产品总监的标杆，他勇于打破常规，敢于进军高端市场与前置生态圈。通过买断机会调整网络策略，从区块化管理向更精细的区域 7 类端口化管理转型，成功解决了客户对前置家装垫资及设计师产出周期长等痛点，构建了以产业为主导的前置生态，实现了超过 30% 的逆市增长。

秦友玉，制造经理的佼佼者，面对用户体验与利润的双重挑战，他不断突破生产局限，实现产品精细化与质量的飞跃。今年，他主导的灶具无人化自动线项目使人员减半、效率翻倍，并设定了 25 年零基目标的挑战。随着行业内首条全自动玻璃自制线的投产，我们的供应链能力再上新台阶，成本竞争力大幅提升。

这样的年轻创客不胜枚举，正是他们的存在，让我们的业绩焕然一新。今年，厨电业务的净利润率预计将实现显著提升。但我们深知，无论是规模还是利润，仍有巨大差距，需要更多创客激发潜能，共同迎接这一挑战。

23 年，在海尔，努力成为一团活火。

深植海尔沃土，探寻无限可能

海尔智家中国区卡萨帝总经理　夏涛

2024 年，海尔提出了"以无界生态共创无限可能"的品牌口号，更坚定地明确了创新的战略方向，预示着更多界限将被打破，更多价值将被连接，更多无限可能将被激发和实现。

"无限可能"这四个字常常令我感慨万千。在海尔这片充满机遇、孕育梦想的沃土上，每个人的潜力都在不断被放大。我与海尔同行 20 余载，不仅看到了自己的无限潜力，而且亲历了海尔的无限可能。

稳扎稳打，坚持实干主义

2001年，我走出大学校门后就加入了海尔。"人人是人才，赛马不相马"——海尔的这一用人理念让我深受鼓舞，因为海尔提供了一个公平竞争的舞台，不问出身或学历，人人都可以展示和发挥自己的能力。那年与我一同进入海尔的大学生很多去了研发、市场等岗位，我选择了一条不同的道路——成为黄岛中一事业部喷粉、钣金两个车间的车间主任。

车间是产品制造的起点，也是我职业生涯的起点。作为车间主任，我要严格把控每一道工序的质量。记得有一批出口美国的订单，颜色需求多样，每次换色对喷粉工艺要求极高，一旦混色或产生轻微色差都意味着产品不合格，为了确保订单产品零瑕疵，我们整个车间一起连夜赶工，经过三天三夜的试制，才拿出合格的样件，确保了订单顺利交付。

在车间的工作经历，不仅让我体会到海尔人对待产品质量精益求精、对待每一道工序严谨认真的作风，而且让我发现了自己的潜力，建立了稳扎稳打的工作风格。

锚定高端，敢为行业先

2006年，海尔旗下高端品牌卡萨帝诞生了，标志着海尔在高端家电市场的破冰，也在中国家电行业树立起新的里程碑。我被调任北京分公司冰箱产品总监，有幸亲历了卡萨帝的品牌崛起之路：敢于创新，敢为行业先。

卡萨帝推出第一款冰箱产品就引起了市场的轰动。此前，在人们传统的印象中，冰箱只有三开门或对开门，功能仅限于基础的冷藏和冷冻。2006年，卡萨帝301多门冰箱在北京上市，不光能"储藏"还能"储鲜"，短短数日，第一批上市的1000台冰箱就被抢购一空。从此，市场对冰箱功能的认知发生改变，高端市场的新需求被创造出来了，卡萨帝开始引领一种全新的科技生活。继多门冰箱后，卡萨帝又相继推出了法式对开门冰箱、意式抽屉式冰箱、双子云裳洗衣机等引领行业发展的创新型产品，不断拓展市场格局。通过品牌创新、产品创新、模式创新，今天，卡萨帝不仅是一个家电品牌，更是代表了一种高品质的生活方式，在国内连续八年稳居高端品牌第一，在全球已经成为高端市场的引领者。

从创新产品到"再创品牌"，不断以创业精神要求自我、不断颠覆自我，海尔的"两创"精神激励着我在工作中不断打破服务边界、激发团队潜能，追求更高的职业目标。

初心不移，沉淀长期价值

2013年，海尔荣获首届中国质量奖，再次成为业界标杆。这一年，我被任命为广东分公司总经理，开启了全新的挑战——将海尔全品类产品推向市场。

那时，大湾区的大型综合类商场都主推合资品牌，国产家电普遍不被看好。面对艰难的市场环境，我认为，价格战无济于事，价值主义和互利共赢才是长期发展的根本。本着"真诚到永远"的合作态度，我带着十足的诚意主动拜访客户，为他们呈现海尔的品牌理念和发展布局，力求在价值理念和品牌文化层面与客户达成共鸣。

经过多次深度沟通，东莞时尚的李董事长被我们的诚意所打动，也被海尔品牌潜藏的巨大价值所吸引，决定将双方的合作向前推进一步。于是，海尔在东莞市场的销售规模从不足5000万元迅速提升到1.5亿元，打开了在广东市场的新局面。此后，我们又陆续与广州百货、珠海泰锋、梅州晓记等大型综合类商场达成战略合作，进一步拓宽了市场增量。这一段经历，让我对海尔的价值主义和长期主义坚信不疑。

2021年疫情防控期间，我调任北京担任总经理，带领团队在国内的高端市场中激烈竞争，经过三年的努力，2023年海尔在北京实现销售41亿元。不论到哪里，我都告诉团队：海尔人不仅是在销售产品，更是在传递一种合作理念——真诚、可靠、值得信赖。

今年，我被调回青岛总部，带领卡萨帝品牌继续成长。我将保持新人的热忱，在海尔生态平台上汲取更多智慧和资源，不断向内探寻、向外生长，继续发现海尔品牌的无限可能。

干市场就是打桩，每一下都要脚踏实地

海尔智家中国区市场总经理　肖陷彬

人生如一场漫长的旅行，我们在这段旅途中不断前行，经历着无数的风雨与阳光。而正是这些经历，才是我们最好的成长。

20 年前的 8 月 1 日，我从成都坐了 39 小时的火车来青岛海尔总部报到，那辆车次为 K206 的绿皮火车，载着我开启了在海尔的职业生涯。

梦想的力量

当时市场的很多大学生都是在集团商流的平台上历练成长，我们在经历了工厂、市场的培训后，开始在海尔工贸历练。为了快速提升大学生的业务能力，每个月工贸总经理回总部开会时，大学生也会跟着回总部旁听会议。

印象最深刻的是 2005 年 4 月，郑州的工贸总经理现场分享完市、县、镇的"狼计划""虎计划""豹计划"后，提出了需要 20 名大学生的需求。"好，给你 20 名大学生，20 名大学生增长 20 亿元。"当时商流平台负责人现场答复。话音刚落，会场参会的工贸总经理齐刷刷地看向正在旁听会议的我们。当时我很震惊，一名大学生 1 亿元，这就是我们的价值！这就是梦想！那时一颗梦想的种子已经在心里种下，期待着在海尔这片沃土中生根、发芽、开花、结果。

创新的力量

有梦想还不够，海尔的平台鼓励每个人积极创新。2010 年，我抢单国美渠道华北区域的负责人。如何在这种富有竞争性的渠道打出海尔特色？我开始尝试"直销班"的模式。之前直销员属于不同的产业线，各

自只负责自己的产品。我以门店为单位，将海尔的直销员形成一个团队，也就是直销班，以此来解决两个问题：一是成套销售，二是带动薄弱的产品。

为了提升直销员的积极性，我们设计了成套家电销售的资金池，每卖出一个套购，直销班长和直销员都可以获得额外的激励，很快就出现了一楼的直销员领着用户去二楼，接着购买海尔家电的情景。在我的印象中，当时的样板门店，市场份额提升了几个点，创造了最高的份额纪录。后来这一模式，在国美、苏宁等渠道进行全面复制，支撑了我们在传统渠道的引领。

10多年过去了，直销班的模式经历了数次的迭代和创新，目前仍旧是提升海尔在传统渠道门店竞争力的一项重要措施，对着要实现的目标探索出切实可行的办法，这就是我理解的创新。

较真的力量

干市场总会遇到不同的挑战。这些年来，我自己最大的感受就是面对挑战，较真是一剂"良药"。

2012年，我来到西安发现当地的海尔专卖店体系尚待加强，市区仍以传统门店和综合店为主导。许多专卖店客户反映积极性不高，主要抱怨销售海尔产品利润微薄，甚至无利可图。为解决这一问题，我和冰箱、洗涤、空调三大业务线的产品总监，共同走访了抱怨声最大的乾县海尔专卖店。客户展示了其账目，显示综合毛利率仅为12%，确实难以盈利。客户指出，问题源于乱价现象，而"罪魁祸首"据称是传统渠道。

为查明真相，我指示三位产品总监设法获取传统渠道的零售数据。数据揭晓后，连客户都感到震惊——原来乱价的正是客户自己的门店。进一步探究发现，问题出在门店直销员身上，他们为了挽留顾客，听闻传统渠道价格更低便擅自降价销售。

症结一旦明确，解决方案便水到渠成。三位产品总监随即为客户重新规划了产品组合与价格管理体系。短短四个月后，客户兴奋地告知我，其门店零售额实现了30%的增长，毛利率也提升至20%。客户开心，我也欣慰。再遇到类似的事情，我会告诉自己：其实问题并不可怕，可怕的是自己能否真的较真起来。

行动的力量

2017年我来到郑州，开始负责全国规模最大的一个区域小微。2020年开始的疫情，让我感受到前所未有的挑战，郑州连续两个月下滑70%。最难的不是业绩下滑，是当时没有找到有效的路径。一时间，压力、无助甚至恐慌袭来，我也开始焦虑、失眠、急躁。

转折的关键时刻出现在2020年3月12日，当天我与柘城专卖店店主刘勇通话时，他的一句话深深触动了我："柘城县空调销售指标超额完成，达到了200%，我们尝试的进村圈定用户、建立村长策略，成效显著。"接完那通电话，"万村战役"的构想在我脑海中悄然兴起。考虑到河南这个人口大省，拥有1.09亿的居民，其中70%分布在村镇，涵盖1700个乡镇，而每个乡镇平均拥有20至30个村庄。家电产品的更新换代周期约为10年，若以一个镇拥有10000户家庭计算，每年约有10%的家庭会进行更新，这里的市场空间和增长潜力显而易见。

鉴于此，我们迅速行动，组织客户学习柘城的成功经验。3月20日，我在工作日志中明确记录：摒弃不切实际的幻想，坚定不移地推进样板模式，誓要在3月和4月打赢这场"万村战役"。令人振奋的是，仅在上半年的时间内，我们不仅弥补了之前的差距，还实现了业绩的显著增长。因此，疫情带给我的深刻启示是：唯有行动起来，才能发现解决问题的办法总是多于困难。

平台的力量

今年9月底，我从成都抢单来到中国区平台，赵总指导我们中国区要成为引领产业、引领小微的一个平台，这不是一句口号，唯有求真务实、踏踏实实落地，方可实现。

我再次有了疫情初期的那种压力，我想到了苏联经典战争大片《兵临城下》的一个片段，前线军队到处弥漫着悲观情绪时，一句"给他们希望"，激起了大家继续战斗的勇气，一直到取得战争的胜利。

希望并不虚无，来自每一项工作的落地，来自每一个触点的开拓，来自每一场战争的胜利，十一、双11、开门红……

还是那句话：干市场就是打桩，每一下都要脚踏实地。

今年是集团创业40周年，也是我在海尔的第20个年头。20年前，带着憧憬，带着希望，我从成都来到青岛。20年后，带着责任，带着承担，我再次从成都来到青岛。我愿意再次踏上奋斗的新征程，在海尔的平台上再拼搏一个20年。

从工厂实习生到"青岛大工匠"

海尔智家制冷产业中一冰箱预装班班长　徐传洲

在海尔10年，我就像进了一所学校，学习新的知识，不断成长进步，从最初的一名工厂实习生，成长为海尔集团首席技师和青岛大工匠。从一个济宁农村孩子，成为一名青岛市民，在西海岸新区买车买房，结婚生娃，在这座充满梦想的城市里耕种希望。

最初对海尔的印象，是海尔冰箱里海尔兄弟的动画片，我从小就觉得海尔非常了不起。

2014年一次校企联合的机会，我以职校实习生的身份加入冰箱中一工厂。17岁的年轻人初次离开农村，感觉在外面没有依靠。我的班长魏金磊像对弟弟一样对待我，在工作中帮助我，在生活中关心我、照顾我。他常对我说："在海尔，只要肯干认真干，就会有很大的提升空间。有问题不要怕，有事一起商量。"我从熟悉本身岗位、掌握上下游工序工作入手，很快找到了归属感。

入厂第二年，我开始帮助新员工，就有了成就感。在工厂安排下，我有幸拜崔惠峰（制冷产业从一线工人成长起来的优秀创客，先后获评全国优秀农民工、山东省劳动模范、齐鲁大工匠）老师为师。他悉心教导我，我非常希望像他那样，成为一线员工代表。于是，我利用休息时间学习各类岗位知识，没想到这会改变我以后的工作和生活。

偶然一次机会，我看到海尔承办青岛市电冰箱柜技能大赛的消息，当时就被比赛吸引了，让我仿佛找到下一个努力的目标。为了能够快速进步，我每天研究各种技巧，理论与实操相结合，遇到不懂的问题就去请教师傅。在崔老师的"传帮带"下，我不仅赢得了青岛市电冰箱柜装配比赛的状元，也开启了各种大赛获奖的全新道路。经过不断学习，工厂里多个岗位的业务我都能娴熟精通，并学会了发现问题、解决问题的方法论。

我从工厂全流程的角度推进业务提升。针对中转工序多、拣配之后再次磕碰的情况，创新了"物料拣配颠覆改善"，取消待产中转工序和待产车，释放了操作空间500平方米，节省人工8人，结果是直接为工厂降本155万元。

我从同事的抱怨入手提升工作效率。比如，焊接火焰大小不一，质量不稳定，我提出了"焊接标准数字化管理"，各人负责不同部位的焊点，数字化锁定最佳燃氧比例，焊漏实时推送，使工厂焊漏降幅达75%。当年在产业推广应用后，创造价值800万元。

虽然三点一线的生活看起来很枯燥，我却感觉很充实。2017年我竞争上岗总装前排班长，2018年管理班组全年人员无流失，获评工厂年度金牌班组长。在工厂培养和师傅的帮助下，我们累计输出小改善和样板推广改善180余项。因此，我先后获得青岛市技术能手、青岛市青年岗位能手、崂山拔尖人才、青岛市五一劳动奖章、青岛工匠、青岛大工匠等荣誉，被多次邀请到各学校和企事业单位进行"工匠精神"宣讲。

回首来时路，我觉得海尔最大的优势是，海尔给我们培训，给我们竞赛的规则，给我们公平的赛场。在这里，只要你愿意学习，只要你有能力，只要你不断创新，你就可以成长。只要认真向上，公司会不断帮助你，既传授给你技能，也为你争取荣誉。

感谢 10 年前的那个机会，让我在海尔开启了精彩人生。

"创"出现在，"新"造未"莱"

上海莱士总经理　徐俊

1984 年，海尔成立，四年后，上海莱士成立，作为改革开放的见证者和参与者，我们两家 80 后，有着诸多的相同点，都在坚持"从实体中来，到实体中去"，都是当年勇闯无人区的探路者，也都是今天行业内的领路人。

按下时间的快进键，来到 2024 年 6 月 18 日。这一天，上海莱士正式加入了海尔大健康产业盈康一生，融入了海尔大家庭，从相加到相融，从小家到大家，我作为一名新晋"海尔人"，在感到分外自豪的同时，也有了更深的体会。

服务于人民、奉献于社会是我们终生的追求。一句"真诚到永远"，道尽了海尔"以人为中心"的新价值观，莱士加入集团后，继续坚持"安全、优质、高效"的质量方针，履行"健康卫士"的品牌承诺，做更好更多的创新药，服务百姓、造福社会。纵观其中，本质是在"人单合一"模式引领下，与用户建立信任关系，为用户创造价值，即为"和合与共"。

如果说理念共通是基础，那产业共融就是关键。

之前，盈康一生就已经布局了血液采集、存储、运输的设备耗材，也有智慧城市血液网。随着我们的加入，血液生态产业链将不断完善，推进从"血管"到"血管"的流程整合与创新，让每个创新主体都能够发挥最大化价值，也实现了"人的价值最大化"，此为"美美共生"。

加入集团不过三月有余，医工转化平台海医汇就已链接一流资源，赋能莱士加强基础研究、临床转化和产业升级，助力单克隆抗体、重组蛋白等非血源性药品研发。

作为在血液制品行业深耕细作的工作者,"通过研究新产品新技术,使患有相关疾病的患者能像健康人一样地生活和工作",是我和莱士全体创客,也是海尔全体创客最大的理想和追求。

我们坚信,在集团的强赋能下,莱士定能坚定"拓浆"和"脱浆"齐步走战略,深挖用户未被满足的临床需求,诚以人心事业,涵养家国情怀,为中国乃至全球患者,从根本上改善治疗效果,提高生活质量,让中国研发成果普惠全球。

40年风雨兼程,从关注生活健康到关注生命健康,海尔的路越走越宽、越走越专,其背后是海尔人对质量的极致追求和默默坚守,对创新的坚定挑战和不懈奋斗。在未来的日子里,愿融入海尔大健康生态后的莱士,能够在集团战略指导下,共启新征程,实现"天下人一生盈隶"的愿景。

海尔,在路上;莱士,亦在路上。

一场品牌的翻身仗

海尔智家杭州分公司总经理　杨光

从小学到大学毕业是16年,我从2008年入职海尔到现在,刚好也是16年。懵懂少年时,从学校学习知识;风华正茂时,在海尔打拼事业。

今年是海尔创业40周年,一步步走来,我与海尔一起,经历了风雨,也分享了喜悦。在这个瞬息万变的时代,海尔就像一座巨大的灯塔,为我指明了方向,而我与海尔共同演绎着一段段动人的故事。

海尔给我提供创业新机会

2008年7月,一个阳光明媚的清晨,我第一次满怀懵憬踏入了海尔长春分公司的大门。那时的我,怀揣着对海尔的好奇和对未来的期待。从基层的冰箱代表到产品管理经理,再到全国自有渠道的运营管理者,我的成长道路并不总是一帆风顺。每当我迷茫和困惑的时候,海尔就像一双无形的大手，推着我不断地勇毅前行。

2014年6月，我抢单银川小微主岗位，这成为我在海尔创业生涯中最重要的转折点。干小微主之后，我发现，经历不会亏待任何人，之前在海尔的"折腾"反而变成了我最大的"资本"。

在银川，我们成立了首个TOP联盟客户俱乐部，彻底补齐了海尔在联盟渠道的短板。后来，我又转战精耕哈尔滨市场。疫情防控期间，我带领团队研究直播模式，在市场最困难的时候，用新方法一次次练兵，不仅让专卖店实现逆市增长，更是把薄弱的空调产业在当地做到行业第一。

2021年2月，我抢单来到了杭州。在东三省，海尔品牌早已一骑绝尘；但在来杭州之前，我已经知道海尔品牌在当地市场地位并不领先。到杭州的飞机刚落地，我就受邀参加S渠道会议，发言顺序是按品牌销售排名。我是第三个上台的，第一个是X品牌，第二个是M品牌，我的自尊心仿佛被扎了一根刺。过了两天，在经销商开业仪式的舞狮"画龙点睛"环节，商家老板点中庭，左右点睛请了两个品牌，又是X品牌和M品牌。那时候，我感到如坐针毡。这一连串的刺激，让我深切地体会到，品牌影响力决定了企业的市场地位。从那时起，我就暗下决心：一定要让海尔在浙江这片市场上赢得尊重，笑傲江湖。

初心如磐，使命如炬

最好的竞争策略是差异化。海尔用卡萨帝高端品牌迅速成为行业的引领者，卡萨帝品牌的策略在杭州市场得到了很好的验证。

杭州是中国新零售的示范地，也是中国电商的发源地。浙江的营商环境和东北完全不同，而且浙江的老板都很"精明"。海尔在当地的专卖店体系比较薄弱，在跟当地海尔经销商客户接触的过程中，我了解到大部分客户都没有开新店的打算。那么，我们的生存力是什么？突破口在哪里？这些是我日思夜想的问题。

经过不断走访调研和数据分析后，我发现，杭州客户的经营成本比哈尔滨要高5个点。客户想要赚钱，首先需要改变销售产品的结构——在本地主推高端品牌卡萨帝。这并不是一件容易的事，因为现有的客户对海尔品牌的信心不足，更别说做海尔的高端品牌了。

于是，我开始学习浙商精神，用"人单合一"统一团队思想，在每周的小微经营分析会上，带领团队重点分析两个数据：客户毛利和周转天数。通过研究产品型号规划、盈利空间，结合市场经验，我们不断对客户的销售策略进行实时调整。方向找对了，空间也找到了，接下来就是形成作战团队，把市场抢回来。

到 2021 年年底，杭州一共新开了 63 家卡萨帝专卖店，很多员工实现了收入翻番。之后，越来越多的经销商客户对海尔有了信心，杭州小微的业绩也迈入了良性增长的轨道。

让三翼鸟场景进入千家万户

在家电市场上，走传统的老路越来越难。2023 年论证发展目标时，我想起了张瑞敏首席说过一句话："没有完美的产品，只有永远向完美迭代的场景。"我把杭州一年内交房的小区数据进行分析，总共有 505 个小区。如果 1 户按 1 万元成交计算，就有 47 亿元的业务空间。

当时杭州小微还没有服务小区的专业团队，经销商客户更是对小区的"玩法"一窍不通。我决定，必须打造一支专业队伍做小区服务。刚开始，只能摸着石头过河。我亲自带着产业总监挨个进到小区，基于用户的需求及户型痛点，在别的品牌还在卖产品的时候，我们的三翼鸟给用户提供了整个家的场景解决方案。不久，我们吸引了专业的设计师，开发了小程序，开始在线上为用户定制多种局改方案。杭州的江照华庭小区就是最好的例子。小区共有 1100 户，半年多的时间，我们通过方案转化成交了 300 多户，促进了三翼鸟的品牌竞争力。

在商场上，实力是最好的诠释。浙江拥有多家知名的家电企业，海尔让我在家电行业竞争非常激烈的市场上赢得了声誉和尊重。如今，海尔在杭州实现了家电 22% 的第一份额和持续两位数增长，但还有 78% 的空间等着我们去攻坚。

让所有用户都成为海尔的终身用户,这是下一个我和海尔一起奋斗的目标。

以感恩之心服务客户,真诚到永远

海尔智家北京朝阳区金弘远服务网点厨电服务师　姚群

2007年,我从河南老家到北京,在海尔干了17年服务兵,日常工作是厨房油烟机清洗和维修。两年前,海尔顾问龚老师曾经问我,将来退休后是打算留在北京还是回老家?我向她说过自己真实的想法:从个人生活考虑,我想回县城养老,可是,我放心不下这些年在北京服务的用户,因为现在干服务的大多数年轻人不肯吃苦,又不能受气,如果我走了,不知道可以交班给谁。

入职海尔以来,我已经服务过几千位不同身份的居民,在此过程中,我同时收获了用户对我的尊重和关爱。作为一个海尔最基层的服务人员,我牢记海尔"与用户零距离"的理念,一直把用户当作自己的亲人一样,真诚对待、细心服务。我在工作中接触了很多老年用户,因此和不少老年用户建立了朋友般甚至亲情的关系。在海尔工作,能够对别人的生活改善有所帮助,让我感到每天的日子充满了阳光。

有一次,我在北京第二外国语学院家属院上门做油烟机清洗,用户是一位76岁的老教师,当我敲开门时,她的面部表情十分严肃,接着,她用充满警惕的目光"护送"我走进厨房。厨房台面很干净。但是油烟机上积有多年的烟熏油污。我按照海尔的标准流程,先将工具摆放好,然后把油烟机外罩拆下来,用海尔的专业洗涤液和蒸汽枪清洗完,再安装回去,把烟管也重新固定好。整个过程大约两小时。

考虑到老人登高不方便,我就顺便把油烟机上方的墙壁刷干净了,按照服务流程,最后给她简单介绍燃气灶的安全使用事项。离开之前,我告诉她,厨房存在一个严重的安全隐患,因为清洗前我发现她家燃气灶的灶面有烧黑的痕迹。她随口说："好的。"语气和态度与之前完全不同。没想到，她紧接着问我："海尔哪一款燃气灶最先进？"她说自己早就想换新的了，但因为年纪大了，出门不方便，又不相信网上购物。老人对我的信任令人感动，我帮她挑选了卡萨帝防干烧的那款。第二天，货到安装调试完成后，老人非常开心。但美中不足的是她家原来的灶具是放在一个单独台面上的，新燃气灶安装后比旁边的台面低三四厘米。老人在旁边自言自语："要是再高点，和台面平齐就更完美了。"

听到她念叨后，我没有接话，开始琢磨怎么能够让老人更满意。我看到她家的旧灶有四个小钢管（当时或许也是为了增高），就量好尺寸锯下来，刚好能够套在新灶机的四个脚上，这样正好和旁边的台面在同一个水平线。一切搞好后，老人当时有点激动，一个劲儿说"谢谢"。为此，她连续向海尔公司打了五次电话表达感谢。后来，她家里的空调换成卡萨帝，也是我帮她选购的。一直到现在，老人每隔几个月总会给我打电话，嘱咐我要按时吃饭，问我工作怎样，要注意保重身体。这么好的用户，把我感动得一塌糊涂。

在北京，像她这样可敬的老人可多了。有的老人在我第一次服务后，每次都刻意把上门时间预定在晚饭前，因为她已经提前给我准备了晚饭打包，让我下班带回家吃。还有一位老人，每年在五一和春节清洗两次烟机，结束后，他都要多给些费用，他说，我知道公司有规定不让收小费，所以我特意选在节日里，这是咱们私人关系好。但是，我告诉他，您的心意我领了，额外的费用是绝对不能收的。

有一家老两口，每次上门服务都选择在晚饭时间，我上门时，老人已经把饭做好，让我一起吃晚饭。这样的场景常常让我想到自己的父母，这不正是父母在家做好饭菜等孩子回家吗？后来，我不想给老人添麻烦，就有意把服务时间安排在错过饭点儿。

还有一位更特别的老人，她常年一个人住，性格有点孤僻，说话言语特别犀利，有一次，同事上门服务她不满意，她把我们的信息员给说哭了。公司安排我第一次上门，心里十分忐忑，生怕哪里出错惹到她。

在清洗服务的过程中，我慢慢尝试与她沟通，发现她并不是故意较真的人。后来，我再次上门服务，两人熟悉后才了解到，她受过亲人的伤害，所以对任何人都产生了戒备心，不爱接触陌生人。后来，她把我当成了朋友，每年报清洗服务三到四次，每次我工作完成后会跟她聊会儿天，劝她要走出去，多接触人，因为并不是人人都那么坏。如今，老人和前几年相比，性格改变了不少，也开心多了。一个陌生人的善良也许能弥补老人曾经受到的伤害，现在，她有时参加公益活动，人变得开朗自信了。我始终认为，做服务岗位，跟用户沟通非常重要。

2022年，因为民政部党委组织的结对共建主题党日活动，中益老龄事业发展中心安排海尔为建外街道光华里社区的老年居民提供免费清洗公益服务，在此服务期间，居委会的领导们让我这样一个外来务工人员充分感受到了平等和关爱，不仅每次都有志愿者带我上门，还为我准备工作午餐，让我深深感受到北京首都的温暖。我以一颗感恩的心，尽心尽力做好服务，获得了社区居民的一致好评。

现在，大家都说服务行业最不好做。我的体会是，只要始终坚持海尔的"人单合一"理念，真诚到永远，牢记"上门服务是带走用户的烦恼，留下真诚、热情和爱心"，就没有服务不好的用户。

我的海尔转型之路

海尔智家东南亚总经理　张政汇

2000年，我第一次踏入海尔工业园，带着满腔热血和一颗探索的心进入海尔冰箱厂，职业生涯由此开启。

2003年，我从中二事业部调至国内市场部的订单执行处。面对冰箱市场容量的测算任务，由于缺乏第三方数据支持，我凭经验，测算结果为600多万台。实际上，通过市场的仔细论证，最终得到一个相对准确的数据是1100万台。这件事对我触动很大，我深刻意识到远离市场、远离用户的弊端。

同年，集团要求优化市场上的库存和订单，要即需即供、零库存、质量零缺陷，抓订单预测准确率。刚开始，预测时准确率偏差很大，原因在于我们的数据分析过于依赖历史数据，而不是基于市场和用户需求。为了改变这一状况，每到周末，我便深入市场一线，零距离接触用户，通过了解市场和用户需求，精准预测订单。这是我工作的一个转折点。

2007 年，我抢单担任长沙产品总监，从平台支持转战终端市场，坚持以客户和用户为核心。当时乡镇市场上冰箱开始流行，为了给用户提供最佳体验，2008 年集团在全国铺设展台，我在长沙申请了 400 个，并赶在旺季启动之前，把展台和样机全部铺到乡镇，抢占终端市场。势头起来了，经销商愿意推，用户愿意买，带动了 2008 年长沙冰箱的高速发展。短短一年半，我们销售额从 4 亿多元增长至近 7 亿元。

2011 年，我调至巴基斯坦。在这里，我遇到了前所未有的挑战——产品单一、市场接受度低、推广难。结合在国内的经验，坚定以用户为导向，我跟当地人一起深入用户中去，针对巴基斯坦用户的特殊需求，迅速推出大冷冻玻璃门冰箱系列。通过差异化的功能卖点，成功带动整个冰箱的销售，两年内实现了翻番增长。终端份额提升之后，工厂的产能略显不足。随后，我们扩建冰箱产线、新建冷柜厂，实现了市场与供应链的双增长。这段经历让我深刻认识到，产品企划必须基于当地用户需求，才能赢得市场。

2015 年，我抢单泰国小微主。面对竞争激烈的泰国市场，我们先研究用户，以泰国用户的需求为核心，不断进行产品升级迭代。2016 年之前，海尔空调在泰国市场的渗透率很低，为满足当地安装工追求效率的需求，我们推出了易安装产品，提升安装效率，多安装多赚钱。渗透率提高以后，用户更重视空调的健康体验。以前，一个用户每年清洗 4 次空调，花费高达 3000 泰铢。为解决这个痛点，2017 年开始，我们推出自清洁变频空调，自动清洗蒸发器，每年为用户节省 1500 泰铢。在此期间，我们成为泰国的主流品牌，进入行业销量前三名。由于空气污染 PM2.5

超标，我们在 2019 年推出空净一体空调，除了自清洁还有自净化功能，很快成为市场主导品牌，份额做到了泰国行业第一。

2021 年年底，我负责东南亚市场，要求各国链群围绕用户需求进行产品升级迭代，驱动各链群不断做样板，并复制样板。比如，在越南，当地小微主与洗涤产业充分并联，上市了 Color AI 滚筒洗衣机。根据越南消费者喜好新潮和科技范儿的特征，通过差异化的触控彩屏、智能 Wi-Fi 等功能获得用户青睐，洗衣机跃居越南行业第一。在马来西亚，当地小微主与空调产业团队深入研究用户需求，从 2022 年的经济型变频空调，到今年的自清洁 +UV 杀菌系列，产品不断随着用户需求的改变而升级迭代，今年已经成功登顶马来西亚空调行业第一。

张瑞敏首席在《永恒的活火》中讲道：对企业而言，最重要的是打造好的用户体验。预测未来，不如创造未来。愿我们每一个海尔人在这个伟大的时代里共同筑梦，让明天更加绚烂。

在海尔，最好的成长就是承担

海尔智家中国区总经理　洗涤产业总经理　赵弅锋

在 2024 年 7 月智家举办的迎新交互会上，望着那一张张洋溢着青春与自信的脸庞，我不禁回想起自己初出茅庐、加入海尔的那一刻。时间回溯到 2001 年，大学毕业的我，满怀憧憬地踏入了海尔的大门。和众多销售人员一样，我的职业生涯也是从最基本的站柜工作起步，足迹遍布石家庄、广州、北京、郑州等地，几乎体验过销售领域的所有岗位。如今，20 余年时光匆匆流逝，当我在脑海中"复盘"自己的过往时，那些曾经的经历如同电影般一幕幕、一帧帧地浮现在眼前。回首在海尔的历程，我深刻体会到，最好的成长往往源自承担。

练好基本功

加入海尔的第二年，我从商流平台抢单到石家庄做洗衣机的产品经理，刚开始拿到手里的只有一份产品的价格表，我就跟着直销员学习产品卖点。一有时间，我就背诵产品手册的知识点，在卖场对着产品练，回到宿舍对着镜子练，到现在像5028型号洗衣机省时一半、省水一半的卖点我还记忆犹新。

那段日子，用产品知识来填充自己，用跑动的脚步来扩充自己，虽然很累，很苦，但是很充实。现在回头看，我反而特别感谢那段经历，让我积累了宝贵的市场经验。

到终端找答案

2012年，我抢单负责郑州区域小微。可当我踏上郑州这片热土时，瞬间感觉重任在肩。那个时候，郑州1300多名员工、500多个经销商、2000多家门店，销售额规模占到全国的1/8，是全国最大的一个市场小微。按照自挣自花的机制，我抢单的第一、第二季度，郑州小微都没有完成目标，也没有拿到增值分享。

问题出在触点建设上。郑州很多服务商都从夫妻店做起，那几年依附国家政策，海尔平台早已身家过千万元。市场变了，很多老板却固守一隅，止步不前。于是，我搭建了公开抢单机制，在机会均等、结果公平的原则下吸引优质的服务商主动并联抢入，让想创业的客户能实现更大的成就，混日子的客户被淘汰。如同历史上的每次变革一样，改制势必涉及一部分人的利益，有的客户到中心门口表达不满，还有的客户公开表示要向青岛总部反映问题等。

压力排山倒海般涌来时，我也会动摇，每每这时，我都会到终端找答案。这一次，我来到漯河的三个乡镇，看到服务商价值链不下沉、淡季产品展台空样、旺季产品货源无保障的种种问题，让我更加坚定了触点开放竞单的信念。改，必须改！做，一定要做好！再大的压力也要做！

就这样，4个月的时间，30多家服务商被优化。第三季度销售规模达到25%的增幅，郑州小微实现了超利分享，客户利益也得以提升。

所以，从那时起一直到现在，遇到困惑或者难题，我的第一反应就是去终端，去终端发现问题，去终端找到答案。

越不容易越要坚持

2014年，我抢单冰箱国内的市场部部长。从区域到总部，最大的变化并不是业务本身，而是思维观念的转换。

经历了家电下乡，很多人会说冰箱的市场已经饱和了。起初我也会这样想，但是我更坚信永远存在没有被满足的需求，永远有薄弱和差距的地方。我们内部一直秉持的理念是，首要任务是发掘新的市场增长机遇，而不必过分纠结于行业现状和竞争对手的动态，通过弥补自身薄弱点和缩小差距，自然能够实现稳健增长。

秉承这一理念，我们洞察到了换新市场的需求。历经八年多的探索与实践，我们的策略从最初的简单进村卖货，逐步进化到建立村级联络人体系，进而实现服务进村、口碑扎根。这条路并非坦途，挑战重重。记得一次终端调研中，我发现尽管许多区域已配备了进村车辆，但其中一辆车的年度行驶里程竟不足2000千米，这显然意味着我们的进村行动并未真正活跃起来。车辆闲置，实则反映了人员行动的滞后。归来后，我们深刻反思进村入户模式的不足，特别是节奏把握上的问题。为此，我们优化了进村服务换新的流程，并明确了终端市场人员的工作节奏，确保换新行动更加高效、有序。

然而，最大的挑战并非业务操作层面，而是观念的转变。有人质疑进村入户为人海战术，难以持久；也有人担忧投入产出比下降，影响长远发展。但我们坚信，在尚未找到更优方案且当前方法仍具成效时，坚持就是胜利。正是这份坚持，让我们连续多年实现了稳健的良性增长。

做好当下

2024年，我抢单洗涤产业。如果说干市场要找机会、找增量，当负责一个产业的时候，真正担心的是来自未知新领域的不确定性。

我记得去年和一个媒体老师交流，媒体老师问我担心不担心竞品的模仿和追赶，当时我的答案是：这个我们不担心，在这条赛道上走着，后面有越来越多的跟随者，这说明我们的选择和策略是正确的。我们担心的是在一些不确定的未来领域，给我们带来的影响是什么、怎么提前布局。

如何破题？我并不是预言家，我能做的就是到用户最近的地方，先把当前做好。比如，欧洲的用户注重可持续和绿色发展，我们就率先在全球推出了最具引领性的节能洗衣机。比如，印度的用户有晚上洗衣的需求，我们就推出了风巡航技术，这样即使用户忘记及时取出衣物，衣服也不会有异味……

时代一直在变化，有变化就有机会。管理大师彼得·德鲁克说过，没有人有能力预测未来，预测未来最好的办法就是创造它。那么，创造它就是从做好当前开始。

主动变革

在今年"9·20"论坛的盛会上，集团创始人张首席给予我们鼓舞人心的寄语："与时代同行，勿让他人言语左右。"紧随"9·20"论坛之后，智家迅速成立了中国区变革委员会，我荣幸地肩负起领导这一委员会的重任，随之而来的是沉甸甸的责任与巨大的压力。

在当今时代背景下，如何使中国区成为一个引领性的平台，我深思熟虑后得出了答案——正如集团张首席所倡导的，我们要紧跟时代的步伐；同时，这也契合智家李总的要求，即与用户、客户保持零距离的紧密联系。无论是当前我们积极推进的数字库存管理、营销模式的革新，还是组织结构的调整与变革，都围绕着这一核心理念：紧跟时代潮流，积极主动地进行自我革新与升级。

今年是我加入海尔的第 24 个年头，我依旧清晰地记得初入海尔时，集团周总对市场人员的谆谆教诲："干市场的人，需兼备韧性、悟性与耐性。"那时，我对这句话的理解仅停留于字面，而历经风雨后才深刻体会到其中的真谛与宝贵。韧性，是我们在面对挫折时不屈不挠的精神；悟性，是让我们能够举一反三、触类旁通的智慧；耐性，则是告诫我们不可急功近利，需稳扎稳打。这三者，无一不是个人成长与经历的真实写照，是智慧的凝结。

在海尔的征途中，我边承担边成长，又在成长中勇于承担更多的责任。我深感荣幸，能在集团这个机会与结果均公平的平台上发展，感激"赛马不相马"的机制，它让我在挑战中不断突破自我，实现飞跃。值此集团创业 40 周年之际，我衷心祝愿海尔的明天更加辉煌，未来无限可期。

在海尔，我成为更好的自己

海尔智家中德中央空调互联工厂首席技师（齐鲁最美职工） 赵宇

2004 年，我带着梦想加入海尔，到今天刚好满 20 年。海尔是我人生中最重要的部分。曾经，我只是一名普通的农民工；现在，我既是互联工厂首席技师，也是青岛市首席技师、山东省技术能手。

这是海尔给我的机会。因为在海尔有公开、公平的发展平台，只要肯刻苦钻研、精益求精，就能快速成长。我在这个平台上不仅学到了技能，还做出了创新改善方案，解决了行业的痛点。

现在，中央空调小微把我当作全员的创新典范。但我清楚，这些成果和收获都源自海尔创业、创新精神的不断激励。海尔人不畏艰难、坚持创新，深刻影响了我的人生观和价值观。

20 年间，我亲眼见证了海尔的产品创新、服务升级，背后都凝聚着海尔人对品质的追求和对用户的负责。这种精神，让我懂得了做企业如做人，唯有用心才能赢得认可和尊重。

2009年，我因为刻苦学习和日常总结，也因为海尔"人人都是人才"的公平制度，取得了国家高级焊工证，让我有了更大的发展空间。2018年9月，我获得互联工厂"首席技师"的称号；2019年12月参加青岛市第十五届职业技能大赛，获钎焊工种第一名，取得国家二级技师证书及"青岛市钎焊工种状元""青岛市技术能手""青岛市青年岗位能手""青岛市工人先锋""第八届青岛市首席技师"等称号。这些荣誉，让我增添了自信，也深深感受到团队的支持和力量。在海尔，没有单打独斗的英雄，只有团结协作的伙伴。

这份信心，让我在工厂担任风冷模块线的线长期间，从班组的痛点和短板出发，实现了质量、效率和现场三个维度的突破。在我的线体上，效率差距最大的是成品打包操作。中央空调模块机组体积较大，以前人工缠绕拉伸膜包装一台机组需要20分钟，劳动强度大，效果不稳定。但是，用户收到产品，首先看的就是包装，包装的瑕疵会影响用户对海尔产品的第一印象。后来，我主动联系相关团队，研发出一个自动打包的方案，不仅降低能耗85%，而且确保了打包质量。2016年10月27日，打包机在中德园区海尔中央空调互联工厂投入使用，将打包时间从20分钟缩短至5分钟，效率提升3倍以上。至今，我贡献了28个像这一类的创新，每年为企业节省成本200多万元。

在海尔，我不仅接触到世界前沿的科技，还学到了先进的管理理念。更重要的是，我学会了如何在快节奏的工作环境中保持学习的态度，如何在面对挑战时展现出积极的心态。这些都是我人生中最宝贵的财富。

2021年4月我获得了"山东省技术能手"称号；2021年10月我当选为"青岛工匠"；2021年11月我获得青岛西海岸新区"优秀青年人才"的荣誉称号。

我的每一次进步，都离不开团队的伙伴们的支持和帮助，我坚信团队的力量，它让我敢于不断追求卓越，成为更好的自己。我为能成为海尔人而骄傲，为能与这么好的同事并肩作战而自豪。

三、匠心服务篇

我想要一个更有幸福感的家

扬州千百度装饰董事长　戴蓝

我是戴蓝，在创业这条路上打拼了18年，现在是扬州千百度装饰的董事长。创业给我带来了很多收获，但这18年来，我和家人相处的时间很短，陪伴非常少。所以在新家装修的时候，我希望让家更有幸福感。经过反复考量后，我最终选择了海尔三翼鸟。

我喜欢一家人坐在一起看电影，氛围特别温馨。三翼鸟定制的客厅场景，能根据我们不同的需求，变换灯光、温度等，让客厅的氛围变得非常舒适、轻松，让我和家人一起，好好享受当下的幸福时光。

厨房我选择了开放式设计，因为我女儿喜欢烘焙，所以我也在学做糕点。橱柜我特意选择了一体式设计，这样冰箱、消毒柜、烤箱等电器都可以完美嵌在里面，既美观又方便使用。

我们一家人特别注重饮用水的健康。装修的时候，我慎重考虑了这方面的需求，经过跟设计师沟通，我了解到三翼鸟全屋用水系统能分区定制，所以无论是饮水还是用水，都让我非常安心。

我是小区里最早装修完的家庭之一。有些还在装修或者没有确定方向的邻居会来我家参观，我们常常讨论一些能带来幸福感的方案。慢慢地，大家就被我家这种智能又便捷的感觉种草了，后来，有50多位邻居在体验后，和我一样选择了海尔三翼鸟。

在这个过程中，结合我自己的体验，包括邻居们的反馈，我嗅到了一丝商机。好的品牌总是被认可的，也是有潜力的。加上我也算是有一些家装行业的经验，所以当机立断，决定在扬州做一个海尔三翼鸟体验中心，也期待能有更多人能因此了解、体验海尔三翼鸟带来的智慧生活方式，拥有理想的智慧家。

智家科技的进步和创业的探索一样，充满艰辛、未知和无限可能。全屋智慧弥补了很多我在生活中的遗憾，也让我对幸福有了更多具体的感知和理解，这就是我和海尔三翼鸟的故事。

海纳云助力实现从"治水"到"智水"

合肥经开区建设发展局

合肥经开区的地下雨水管网、中水管网和污水管网等排水总管网，长达1336.9千米，连起来比京沪高铁线还长，重点排水户多达1014个。在以往，地下排水管网、排水户的日常监测和运营主要靠"人海战术"，雨污混接、偷排污水的现象时有发生，给我们的排水管理带来不小挑战。

2023年，我们注意到，一些城市的排水管理变得很"聪明"、智慧。一番取经下来，发现它们都引入了海纳云的智慧水务解决方案。彼时，海纳云的青岛市安全风险综合监测预警平台、青岛市智慧水务项目、鹤壁市防汛辅助决策平台等样板案例，蜚声业内。

我们第一时间联系到海纳云，对方也以极快的响应速度，针对我们辖区的水务特点打造解决方案。我们一起绘制了《合肥经开区（南区）排水管理网格作战总图》，把经开区细化成6个大网格、11个小网格，一共186个网格路段挂图作战；打造出合肥经开区智慧排水综合管理平台。针对排水领域管道淤堵、污水偷排、雨污混接等问题，通过深度融合物联网、大数据等先进技术，构建覆盖"排水户—雨污管网"的精细化监测防控网，形成"监测预警—问题处置—结果反馈"全流程高效闭环，实现了对区域内排水设施的全面感知、智能预警与精准管理。

在海纳云的协助下，我们不仅极大提升了排水系统的运行效率与应急响应能力，还有效降低了维护成本，为城市防洪排涝、排水设施管理提供了强有力的技术支撑。

未来，我们将继续与海纳云深化智慧城市建设合作，不断优化城市排水管理体系，提升城市治理现代化水平，让城市更宜居、更有韧性、更智慧。

郯城依托卡奥斯工业互联网平台实现高质量发展

山东郯城

郯城，作为山东省的一个县城，一直秉承着开放创新的发展理念。海尔集团不仅是中国制造业的骄傲，也是全球工业互联网领域的领航者。在过去的几年里，我们与海尔集团紧密合作，共同探索工业互联网的无限可能。通过引进卡奥斯新技术运营的新模式、管理的新方法，让郯城的企业在发展的过程当中转型升级，实现新旧动能转换，助力企业最终实现高质量发展。

在企业端，300多家中小企业接入工业互联网平台，以较小的成本实现数字化的改造，提高了生产效率。

在产业端，织链成网，联动市场，接入的企业覆盖了化工、电子、建材、医药、食品五个行业，让小企业也能融入大产业链，也让产业链延伸得更远更快更广。通过工业互联网+园区，聚链成群，协同发展，目前在郯城已经形成百亿元级的绿色化工产业集群，同样在电子产业园和医药产业园里，一家家曾经分散发展的企业也都找到了属于自己的产业链。

在海尔集团的引领下，郯城正逐步构建起一个以数字经济为时代的新型产业生态。我们坚信，随着5G、人工智能等新技术的不断融合，郯城的制造业将迎来更加广阔的发展前景。

海创汇拨回了我们的暂停键

华引芯创始人　孙雷蒙

2017 年，我和几个老同学创办了华引芯。当时的想法很简单，中国是全球最大的 LED 生产基地，但是几乎 95% 的高端光源芯片市场被美国、德国、日本、韩国等占领，国产企业在这个领域很难进入。我是研究微电子的，所以就想着利用所学，在光源芯片行业做些贡献。

创业仅两年，华引芯就发布了全球可量产的最小尺寸 Mini LED 产品，公司计划加大出货量，并启动新一轮的融资，一切都在向好的方向发展。

但是，突如其来的疫情，给华引芯按下了暂停键。订单减少、项目中止、生产停工、融资中断，一个个难题接踵而至。"疫情之下，最怕的不是资金链断了，而是市场对武汉企业失去信心。"那是我创业以来最焦灼的时刻。

转机出现在 2020 年 4 月，我们参加了海创汇"武汉加速"云路演活动。经过四个月的云尽调，海创汇在了解我们的项目优势后，很快就从资本、产业等多个维度，给华引芯提供了优势资源的链接。

海创汇平台以华引芯作为共创项目方进行战略投资，为华引芯科技深紫外 UVC LED 和 Mini LED 两大核心优势项目提供了资金支持。同时，海创汇从产业资源角度为华引芯加速赋能，让我们和海尔内部产业资源建立链接，帮助核心产品融入海尔集团生物医疗、果蔬清洗、冰箱制冷、净水机等多个领域的杀菌消毒场景。很快就扩大了华引芯的技术应用场景，加速了华引芯深紫外 UVC LED 光源的产品研发技术与产业深度融合，这为后续华引芯产品的应用打开了新的思路。

现在，华引芯自主研发的多个核心光器件系列产品成功打破国外垄断，成为高端半导体光源 IDM 厂商。借助海创汇的平台优势和信任背书，2022 年 4 月，华引芯顺利完成 B 轮融资，2023 年 8 月完成 C 轮融资。

现在，华引芯已经是国家级专精特新"小巨人"企业，在 Mini-LED 技术上已经达到国际领先水平，成为国内屈指可数的高端半导体光源 IDM 厂商。

感谢海尔、感谢海创汇带领我们企业走出低谷，并期待未来更大的合作共赢！

携手卡奥斯工业互联网打造数字新引擎

延长石油集团信息中心

已有 119 年历史的延长石油，是中国陆上石油开采的鼻祖，正在实施"油化并举、煤气电并重、新能源新材料并兴"的产业战略。海尔集团作为全球引领的物联网时代生态企业，旗下的海尔卡奥斯平台在工业互联网领域展现出了卓越的领导力。双方的探索，是一次跨行业的深度融合，是双方优势互补的典范。

在共建能源化工集团级工业互联网平台的过程中，充分发挥了延长石油在能源化工领域的专业优势和海尔卡奥斯在工业互联网平台建设方面的技术优势。通过平台延长石油形成了"三地四中心"算力一张网、"三中心四中台"工业互联网数字化能力，为内部数据汇聚和生态开发提供了统一的"数字底座"，加快沉淀油气煤化电等领域的产业链数字化应用，推动产业链上下游企业间横向贯通、资源共享和业务协同，实现企业内部的业务穿透以及对外服务的协同增效，支撑延长石油化工产业转型升级，促进了产业数字化和数字产业化发展强强联合，凝结硕果，有望成为国家级石油化工行业工业互联网平台示范标杆，引领行业集群式数字化转型。

双方协作不仅仅是技术的融合，更是理念的碰撞。面向未来，双方将加强协作，共同探索石油化工产业高端化、智能化、绿色化新模式，为整个能源化工行业的高质量发展注入新的活力。

四、寄语未来篇

跟着时代走，让别人说去吧

海尔集团创始人　董事局名誉主席　张瑞敏

"人单合一"从提出到今天已经整整19年，我主要就"零距离卓越"的概念讲一讲。

零距离卓越奖项是刚设立的，今年是首届，但是全世界已经有很多企业来申报，整个过程是由周云杰主持推进的，这也说明了我们独创的生态传承模式是非常有优势的。

昨天上午，我与多位获得零距离卓越奖的代表进行了深入的座谈交流，他们将"人单合一"理念与当地多元文化进行融合创新实践，深深触动了我。"人单合一"（硅谷）研究中心的安妮卡·斯泰贝博士和ISO／TC 279创新管理体系美国技术顾问组主席里克·费尔南德斯将"人单合一"模式引入ISO56001创新管理体系中，成为国际标准。还有像刚才那位来自乌干达的小伙子，他不当会计，却创造了乌干达难民营的净水系统。这在我们听起来可能觉得没有什么，但在当地真的很了不起。从进入ISO56001国际标准，到进入非洲的非营利组织，为人们谋福利，这说明"人单合一"已经进入世界的方方面面，成为一个普适性的模式。

所以，我在这里要向所有获得零距离卓越奖的组织和个人表示衷心的感谢。谢谢！接下来，我解释一下"零距离卓越"的概念。

零距离的三个特性

首先来看零距离。我个人认为零距离的含义可以归结为三点：零距离的时代性、零距离的挑战性、零距离的紧迫性。

1. 零距离的时代性

零距离的时代性体现在与互联网的关系上，如果没有互联网，就没有零距离。谁最早提出的零距离？我认为是管理大师德鲁克。20多年前，在他90岁高龄之时，深刻洞察了互联网的真谛。他在《21世纪的管理挑战》这本书中提道，"互联网消除了距离，这是它最大的影响"。在我看到的文献里，德鲁克是首次提出这个理念的。当然，今天我们都已经能看得很清楚了，比如，如果没有互联网就没有今天的电商零距离网购。

2. 零距离的挑战性

零距离对我们既是机遇也是挑战，它的挑战性在于摧毁经典的管理模式。为什么呢？因为经典的管理模式都是有距离的，它的很多管理原则设立的基点也是有距离的：传统企业和用户的距离太远，不但没有交互，甚至连交易也没有，因为传统企业做得更多的是把产品卖给了经销商而不是用户。

零距离最重要的就是要和用户零距离。德鲁克在1999年提出的零距离，我们也是从那年开始了零距离的探索。第一步做的就是和用户的零距离。通过和用户的零距离，从大规模制造变成大规模定制，由此带来了第二个"零"，就是产品的零库存，再由这两个"零"倒逼职能部门，倒逼出第三个"零"，也就是零签字，不需要职能部门去指挥，让大家自己就可以自主创新。

在此基础上，2005年9月20日，我们提出了"人单合一"。从这个角度来看，零距离是一个体系，涉及各方面的零距离，它的本质是，从零距离体系演变成一个生态型的结构、一个生态型的组织。

2005全球海尔经理人年会召开，张瑞敏做主旨发言

3. 零距离的紧迫性

紧迫到什么程度？紧迫到今天就必须改变、刻不容缓。德鲁克在2000年曾预言："据我们所知，公司在未来25年后不可能得以幸存，从法律和财务方面来看可以，但从结构和经济方面来看无法做到。"这句话带给我们的启迪就是，如果不改变，那你在物联网时代就会变成名存实亡的公司。"名存"，就像德鲁克说的，法律和财务意义上还存在——从法律上来讲是合法注册的；从财务上看可以公布财务报表、进行财务核算，这都没有问题，虽然还"名存"，但就像行尸走肉一样。"实亡"，就像德鲁克说的，"但从结构和经济方面来看无法做到"——从结构上，如果你的组织结构还是科层制而不是自组织，那么必定会被物联网时代所抛弃；从经济上，如果仍然是产品经济而不是生态经济，那么一定会被物联网所抛弃。德鲁克预言25年后，也就是明年，其实不用等到明年，现在我们就已经看到大量没有改变的公司已经难以生存了，有的已经开始倒闭。所以，企业要么进化为生态，要么就是名存实亡。

我们刚才说了零距离的三个特性。那零距离到底意味着什么？就意味着我们的组织内是零距离的，也就是我们相互之间没有从属的距离。没有"你是我的上级""你是我的主管部门""你是我的职能部门"这些关系，我们之间是零距离的。我们只是合作伙伴，这就是零距离要达到的目标。

零距离卓越的三个"卓越"

零距离是一种理念，践行零距离需要付出卓越的行动。零距离卓越榜单和奖项的导向体现为三方面的卓越：第一个是自主人卓越，第二个是自组织卓越，第三个是自进化卓越。

1. 自主人卓越：每个人和自己的尊严零距离

我个人认为，自主人就是自己可以成为自己主人的人。直白地说，就是我的创新我做主。打一个通俗的比方，自主人就是一只鹰，可以自由翱翔，也可以自由捕猎，可以自由决定自己的行动。非自主人是什么？是科层制下的人，他们就像是一只风筝，而且这只风筝身上不只是拴着一根线，而是许多根线。就像科层制下，你不只有一个上级，各个职能部门都可以管着你，你可能接到多方面的指令，所以这只风筝既不能飞得高，又会有各方面的力量在拉扯。

我们为自主人创造了一种氛围。海尔去掉了中层管理部门和中层管理部门里的1.2万名中层管理人员，让大家都变成创客。有了这个环境大家都可以自主创造自己的价值。

自主人卓越的目标：每个人和自己的尊严零距离。为什么我可以和自己的尊严零距离？因为尊严是由价值来体现的，这些价值是由我自主创新创造的，而不是被迫执行的。康德在《实用人类学》中说道，"人具有一种自己创造自己的特性"，即每个人都可以自己创造自己的目标，只要给他创造自主人的氛围，他就可以自己设定目标、自己设计路径、自己达成目标，这也就是人的价值最大化。加里·哈默教授在《人本共治》里的阐述我认为很有高度。他对人本共治的定义就是"以人为中心的新的价值和法则……释放人类精神"。这是一种新价值，不是旧价值，区别在于自主人创造价值。这样做的目的就是释放人的精神，不仅在层次上更高，而且范围更广，希望全人类都要释放自己的精神，创造自己的价值，实现自己的尊严。

自主人卓越，让每个人有自己的尊严，创造自己的价值。

2. 自组织卓越：与第四次产业革命零距离

自组织就是由自主人组合成的组织。如果没有自主人，就不存在自组织。我们先从自主人发展到自组织的小微，每个小微尽量不超过10个人，然后从小微发展成自组织的链群（生态链小微群）。

自组织卓越的目标：与第四次产业革命零距离。我们现在已经身处第四次产业革命了，但是很多企业并不能融入其中，因为第四次产业革命要求的组织是生态组织，所以科层制组织就融合不进去。世界经济论坛主席施瓦布在《第四次产业革命》里提出，第四次产业革命就是让所有的产业、产品都没有距离，融合到一起。融合到一起后企业的定位发生根本的转变，它只能是互联网上的一个节点，而不再是一家孤立的企业。现在如果你的组织还是一家孤立的企业、一家科层制的企业，那就融入不了第四次产业革命。

举一个简单的例子，如果一个人需要一件产品，他在互联网上都可以找到，但如果他需要的是一个智慧家庭，那么任何一家孤立的企业都无法单独提供，因为孤立的企业只能提供某一种产品，但组合起来的智慧家庭它就做不到。所以说必须融合。

第四次产业革命把所有的产业和产品融合了，如果企业不融合成为一个生态组织，怎么可能适应呢？

为了使大家更有危机感，海尔提出了两句话："产品会被场景替代，产业将被生态'复'盖。"这两句话前面都有一个"产"字，产品和产业都是孤立的，如果只是局限于一件产品或者一家产业当中，组织将不能生存。也就是说，如果还只是干产品而不是去做场景，那就无路可走；如果只满足在一个行业里做老大，只想在一个行业更加风光，而不是把行业变成一个生态，那也无路可走。

自主人组合成自组织，而自组织就必须与第四次产业革命的"融合"

相契合。

3. 自进化卓越：进化到零边界，创造出物联网时代的新引擎

我个人的看法是，可以自进化的组织一定是生态，不能自进化的组织就一定不是生态。比如，亚马孙雨林是自进化的，它就是生态，而且这个生态可以无限地良性循环。一家传统企业是不能自进化的，它就不是生态。它不能自进化，只能自成长，而且是在封闭的空间里自成长。结果显而易见，企业的寿命越来越短，而且在物联网时代可能越来越困难。

进化，是无止境的。海尔的自进化，从"人单合一"的1.0进化到2.0，也还只是进化中的一个阶段性目标。1.0的目标是做到零距离，2.0的目标是做到零边界。

自进化卓越的目标：进化到零边界，创造出物联网时代的新引擎。互联网时代的引擎就是搜索引擎，现在80%的份额都在谷歌手里。现在物联网还没有"火"起来，就是因为缺少物联网时代的新引擎。把搜索引擎直接拿过来行不行？不行。因为搜索引擎只是方便了商品的选购，而物联网的引擎要支持的不是商品选购，而是场景共创。比如，智慧家庭，要求所有的相关产业融合到一起，但如果一个产业还是科层制的，它们也无法融合到一起，满足不了智慧家庭场景的需求。

海尔智慧家庭新引擎

为此我们自己进行了探索——三翼鸟智慧家庭的新引擎、卡奥斯生态经济的新引擎、卡泰驰的汽车生态的新引擎，还有盈康一生的医疗行业的新引擎。新的探索一定很艰巨，因为在一个生态组织中，没有人可

以命令所有的利益攸关方，应该让参与的各方变成一个愿意创新的生态，让大家在其中都能体现出自己的价值。

新引擎能不能成功？决定的因素很多，我认为最重要的因素就是要创造一个生态，一个智能交互的生态，既是共创的生态，又是智能的生态，而且能持续交互的生态。进化到智能交互生态，环境非常重要。人工智能第一定律指出，"智能只能进化出来，从简单到复杂，不能设计出来，进化的环境很重要"。这里说的"不能设计出来"，并不是说就不要设计了，而是强调，如果有了设计但没有进化的环境，这个设计不可能有成果。比如，德国，他们的 AI 设计能力非常强，名列全世界前列，但是他们的转化率只有 15%，而美国的转化率是 50%。所以，我们的四个新引擎，以及更多的新引擎，它们通向成功的道路一定是以建设智能交互生态这个环境为主。

虽然很艰难，但我们仍要持续探索，在探索的过程中一定要坚持下去。这就如同斯图尔特·克雷纳先生在《管理百年》中的那句名言，"管理没有最终的答案，只有永恒的追问"。不同的是，我们现在追问的不是一个产品，不是一项具体的工作，而是追问一种生态。也就是说，我们要永恒追寻的不是一个静态的结果，而是一个动态的生态体系。

跟着时代走，让别人说去吧

既然我们永恒追求的是一个动态的体系，那就引出了我今天演讲的结束语："君子之治也，始于不足见，终于不可及也。"中国西汉时期刘向说的这句话距今有 2000 多年了。在今天的语境里，意味着你的治理一开始并不受人待见，大家也都不看好，但是最终成为别人认可的方向，还吸引了大家也要往这个方向走，但可能已经"不可及"了。这种境界指向的肯定不是单独一个产品，因为产品很容易仿造，而一个动态的体系真正做起来后，别人再想学就很难了。

海尔在 30 多年前做品牌的时候就提出来，我们要创国际品牌而不是给国际品牌贴牌，要创牌不是贴牌。为此，我们在财务上确实受到了很大的压力，不光是产品很难盈利，而且在各国市场也需要投入很大的财力。我们是中国家电企业第一家在美国建厂的，当时的舆论大都是反对的，他们认为美国企业都到中国设厂，海尔为什么要在美国建厂？这样肯定不是赚钱而是赔钱。结果是，我们已经拥有了在海外建厂的经验。现在许多企业也要到国外市场去创牌，到国外去建厂，而我们却已处于领先的地位。但"不可及"的不只是这些，而是我们通过在国外创牌、在国外建厂，掌握了国外市场的运作规律，了解到了国外消费者的心态，更重要的是了解了国外的文化。这些经验为我们的跨国并购打下了基础，我们并购了美国的通用家电、意大利的坎迪（Candy）、新西兰的斐雪派克和日本的三洋等国际家电品牌后，现在它们都发展得很好。很好的前提是，我们没有从总部派一个管理人员，它们还是原来的人，只是它们接受了"人单合一"。是"人单合一"让它们发生了很大的变化。国际并购当中失败率最高的第一因素是文化的不融合，而我们恰恰能做到文化融合，这就是因为我们了解了国外的市场。而且"人单合一"体现了所有人都能接受的理念，就是让每个人体现他自身的价值，让每个人拥有尊严，这是不分民族、不分国家、不分地区都可以接受的。这不仅仅是管理模式层面的，而是人性层面的。在国际化的并购中，这种不派人员却形成文化融合、产生良好成果的先例难以见到。这应该就是"不可及"的境界。

　　这样的体系可以说"不可及"了，但是还要面临新的挑战，新的挑战就是能不能把智能交互生态的新引擎也做起来，这就需要我们静下心来，不要管外界怎么说，一定要静下心来，坚定不移地去探索。因此，我们可以从但丁在《神曲·炼狱篇》中"跟着我走，让别人说去吧"这句话里得到启示。他说"跟着我走，让别人说去吧"，我们现在应该把这句话中的"我"改成"时代"。

　　让我们共同"跟着时代走，让别人说去吧"！
　　谢谢！

2024 年 9 月

后　记

龚阿玲

自从我担任海尔顾问以来，身边常有朋友问我：海尔跟其他家电品牌有什么区别？刚开始，我都会耐心地回答：海尔不仅仅是卖冰箱空调的，还是一家提供全套智慧家庭解决方案的服务商，是一家生态型企业。问的人多了，我就想，不如写一本海尔的"说明书"送给大家。

去年，上海朋友打电话说，她家的别墅要装修，设计师推荐她买卡萨帝品牌的家电，她问我：这个品牌是哪里生产的？产品质量放心吗？我回答说，卡萨帝是海尔的高端品牌，海尔是世界500强企业，产品质量和管理肯定是一流的。我知道，以前她家里的用品多是外国品牌。

今年，为贯彻落实党的二十大提出"推进文化自信自强，铸就社会主义文化新辉煌""讲好中国故事、传播好中国声音"精神，落实中宣部提出"向世界展现可信、可爱、可敬的中国形象，提升讲好中国故事的能力"，中华人民共和国国史学会光明读书会联合中央直属媒体出版社，共同推出外宣品牌"爱上中国"系列丛书，以讲故事的形式，介绍中华文明精髓和中国著名企业的品牌文化，让读者从中真切感受到中华历史文化的光辉灿烂和中国人民艰苦奋斗、自强不息的感人故事。

这是推进文化自信、讲好中国故事的重要尝试，也是向全世界展示中国形象的一次机遇，我不禁眼前一亮。如果有一本介绍海尔的书，就可以让海尔用户比较全面地了解海尔的奋斗历史和创新精神，树立对中国品牌的自信心。因此，《爱上海尔》入选"爱上中国"系列丛书，目的在于多角度、全方位诠释海尔，突显海尔企业特色，挖掘并阐释海尔企业文化资源的内涵和价值，让广大读者在小故事中读懂海尔、爱上海尔，向世界传递海尔品牌的魅力和文化。

在海尔集团董事局主席、首席执行官周云杰的大力支持下，我们顺利完成了《爱上海尔》的策划、组稿工作，这也是海尔模式的一次真实的效率检验。

本书以生动的故事形式讲述海尔的历史、文化、管理、思想等，全书共计26万字，近百幅照片，是企业家、管理者、学者和数字化转型组织的必备读物，也是海尔献给用户的"名片"。

在本书的编写过程中，得到了海尔集团战略运营部，品牌增值平台，各产业以及北京、上海等地分公司的大力支持，为本书提供了大量珍贵的资料和照片。为赶上海尔40周年献礼庆典活动的日子，光明日报出版社的编辑和设计老师们加班加点工作，才让本书得以如期与读者见面，在此我表示特别感谢！

鸣谢：

孙明法　海尔智家文化&公关总经理

张丹丹　盈康一生品牌总监

王　娟　卡奥斯品牌营销总经理

陶菊中　日日顺供应链品牌运营总经理

周　哲　产城融合品牌总经理

毛　锴　卡泰驰品牌总监

万恒超　纳晖新能源品牌总监

黄井洋　海创汇品牌总监

刘　浩　少海汇品牌公关委员会主任

2024年10月9日

以无界生态共创无限可能
More Creation, More Possibilities

我们相信

当更多界限被打破

更多有价值的关系被建立

更多的共创才会发生

世界的未来将因此充满无限精彩的可能

知识分子的精神家园